증보판

사람향기
그리운 날엔

오 태 진

1956년 전남 여수에서 태어났다.
광주일고와 고려대를 나와 1981년 〈조선일보〉에
입사했다. 사회부 문화부 경제부를 거쳐
수석논설위원으로 일하고 있다.

증보판

오태진 에세이

사람향기 그리운 날엔

2013년 5월 30일 초판   발행
2014년 12월 10일 증보판 발행

지은이 • 오태진
발행자 • 趙相浩
발행처 • (주)나남
일러스트 • 이철원 · 오어진 · 박상훈
사진 • 오태진
주소 • 413-120 경기도 파주시 회동길 193
전화 • 031-955-4601(代), FAX -031-955-4555
등록 • 제1-71호(1979.5.12)
홈페이지 • www.nanam.net
전자우편 • post@nanam.net

ISBN 978-89-300-8788-9
ISBN 978-89-300-8655-4(세트)
책값은 뒤표지에 있습니다.

증보판

오태진 에세이

사람향기
그리운 날엔

나남
nanam

그 일이 있기 전까지는 주말 일상이 한심했다. 토요일이면 밀린 잠 잔다며 늦은 아침까지 침대에 누워 있기 일쑤였다. 금요일까지 마신 술이 깨지 않으면 한낮에도 침대 신세를 졌다. 그나마 일어나도 부스스한 머리를 하고 소파에 뒹굴며 TV 리모컨을 눌러댔다. 어쩌다 골프에 불려나가면 뒤풀이 술에 다시 취해 들어오곤 했다. 겨우 외식 한 번 나가는 것으로 가족에게 할 일 했다고 쳤다.

그러다 7년 전 아내가 암 진단을 받았다. 결혼 25년 은혼銀婚 기념일에 아내는 전신마취를 하고 수술실로 실려 들어갔다. 암은 그리 깊지 않았지만 한쪽 가슴을 수술해야 했다. 아내가 수술실에서 나오기까지 기다리는 시간이 무척 길었다. 빈 병실에 앉아 책을 폈지만 눈에 들어오지 않았다. 병원 뒤 한강변으로 나가 생각에 잠겼다.

아내가 기운을 차리고 일어서자 봄이었다. 꽃을 워낙 좋아하는 아내를 태우고 하동 쌍계사에 가 십리 벚꽃 터널을 걸었다. 순전히 꽃구경 하러 먼 길 떠나기는 그때가 처음이었을 것이다. 그 뒤로 부부가 함께하는 나들이가 새로운 주말 일상이 됐다. 주말여행을 거듭할수록 우리 땅에 갈 곳이 이리도 많다는 게 새삼 놀라웠다. 맛있는 음식점 찾아다니는 재미도 쏠쏠했다.

필름카메라를 장에 넣고 디지털카메라를 들였다. 꽤 오래전부터 사진 찍기를 좋아하긴 했어도 가족이나 주변인물 사진 찍어 주는 게 고작이었다. 풍경사진은 달력이나 엽서에 다 있는데 뭐하러 찍나 싶었다. 여행과 디지털카메라가 만나면서 시선이 풍경으로 옮겨갔다. 사진 덕분에 여행이 더욱 풍요로웠다. 하지만 아직도 사진을 여행의 목적으로 삼는 수준은 못 된다. 여행을 기록하고 즐기는 수단으로 만족한다.

일요일 근무가 잦아 토요일 당일 여행을 하는 편이다. 그래도 새벽 일찍 나서면 하루가 길다. 차 몰고 하루에 거제도에 다녀온 적도 있다. 왕복 900km가 넘는 길이다. 오가며 길에 버리는 시간 빼면 언제 구경하느냐고 하겠지만 맛있는 것 먹어가며 거제도 일주가 너끈하다. 밤늦게 돌아오긴 해도.

그렇게 쏘다니자면 기름값, 고속도로 통행료가 만만찮게 든다. 돈을 길바닥에 뿌리고 다닌다는 말이 그리 틀리지 않다. 그러니 주변에서 "주말마다 왜 저러고 다니는지 모르겠다"고들 한다. 사실 새벽에 눈뜨기가 쉽지 않아도 일단 길을 나서면 언제나 '잘 나왔다'는 생각이 든다. 요즘엔 길이 잘 뚫려서 두어 시간만 차를 몰면 탈속脫俗하듯 자연 속에 설 수 있다. 대도시 콘크리트 정글은 먼 나라 얘기가 돼버린다.

세 해 전부터 〈조선일보〉에 쓰는 에세이 '길 위에서'는 부부 주말여행의 기록이다. 취미가 일이 되면 갑자기 하기 싫어진다지만 한 달에 한 번 즐겁게 이야기를 풀어놓는다. 그만큼 여행길에 보고 듣고 느끼는 것들이 풍성하다. 기자로 30년 넘게 살며 전에 없이 스스럼없는 글을 신문에 쓴다는 것도 즐겁다. 어깨에 힘 빼고 논리 대신 느낌을, 주장 대신 마음을 싣는다. 그리고 되도록 사람 이야기를 담으려 했다. 풍경사진에 사람이 들어가야 풍경이 살아나듯.

'시詩가 내게로 왔다'는 2007년부터 1년 남짓 〈주간조선〉에 '시詩로 읽는 세상사'라는 제목으로 연재했던 글이다. 크고 작은 뉴스를 실마리 삼아 세상 사는 이야기를 시로 풀어봤다. 섣부른 문외한이 어쭙잖게 시를 운위한 것부터가 시와 시인들께 송구한 일이다. 그래도 열심히 시집을 뒤적여 인용하면서 "시가 있어 우리 삶이 기름지고 행복하다"는 말을 실감했다.

뜻밖에 '길 위에서'와 '시로 읽는 세상사'를 책으로 엮게 됐다. 한 권의 책이 될 수 있을지 내내 미심쩍었지만 용기를 냈다. 주말여행 길에 찍어 뒀던 사진도 몇 장 추려 곁들였다. 어떤 수준의 사진인지 스스로 잘 알면서도 부끄러움을 접었다. 에세이가 글쓴이의 삶의 숨결이라면 사진 역시 그러리라 생각했다. 이 책이 읽는 분 입가에 미소 한 가닥 띄워줄 수 있다면 더 바랄 게 없다.

2013년 5월

오태진

사람향기 그리운 날엔

/

차례

/

제1부

길 위에서

오래된 음식점,
손맛보다 깊은 정情

국밥집 옆 마당 가마솥 아궁이에 불이 없다. 갈 때마다 장작을 때던 할아버지가 안 보인다. 식당 안도 어딘가 휑하다. 주인 할머니가 쓸쓸히 웃는다. "우리 신랑 하늘나라로 갔어." 예닐곱 해 이 집 다니면서 할아버지 몸이 불편한 건 알았어도 그새 떠나실 줄은 몰랐다. 점심 치르고 손님 뜸한 시간 노부부가 마주 앉아 밥을 먹던 모습이 생각난다. 위로하고 싶은데 입에서는 고작 "그러셨군요"라는 말만 나온다. 집안 어른 부음이라도 들은 듯 덩달아 쓸쓸하다. 가게도 주인도 손님도 이렇게 늙어가는구나 싶다.

여행길 고속도로 휴게소에서 끼니 때울 때가 많지만 내키는 일은 아니다. 휴게소 음식이 많이 좋아졌다곤 해도 손맛과는 거리가 멀다. 부글거리는 속을 집 밥처럼 가라앉혀 주는 음식이 아쉽기 마련이다. 그럴 때 고속도로에서 잠깐 내려 들르는 식당들이 있다. 횡성 둔내면 성우관이 그런 곳이다. 영동고속도로 둔내IC에서 3km쯤 떨어진 둔내시장 입구에 있다. 일흔 살 고운 할머니가 장

꾼에게 새벽 국밥 팔아온 지 35년 됐다.

이 집에 가면 6천 원짜리 된장찌개를 먹는다. 10년 묵힌 된장이 새카맣다. 세월만큼 맛 깊고 구수하다. 차림표에 적힌 '쇠고기 된장찌개' 대신 멸치로 끓여달라고 미리 부탁하고 간다. 보글보글 냄비째 오르는 찌개가 '내 인생의 된장찌개' 다섯 손가락에 든다. 반찬도 기립 박수감이다. 잘 익혀 큼직큼직 썬 무김치가 사근사근 시원하다. 젓갈 없이 담근 배추김치가 개운하면서도 감칠맛 난다. 무채·콩나물도 아삭아삭하다. 찌개 국물에 비벼 먹기 딱 좋다.

할머니는 할아버지 떠나보낸 뒤 소머리국밥과 설렁탕을 차리지 않는다. 아궁이를 보면 할아버지가 생각나서일까. "겨울 오니까 다시 끓여야지" 한다. '이제 기운 차려야지' 하는 말로 들린다. 지난가을 다닌 음식점 중에 유난히 사람 냄새 물씬한 노포老鋪가 많았다. 손맛 깊고, 인심과 정情은 더 깊은 집들이다.

속초 중심가 중앙로 뒷골목 연지한식에서 아침 백반 상을 받았다. 집에서 먹듯 꾸밈없이 친근한 13찬에 된장찌개가 올랐다. 고들빼기김치, 오이김치, 무생채, 무말랭이무침, 가지무침, 호박무침, 꽁치조림…. 특별한 반찬은 없어도 된장부터 배추김치까지 사다 쓰는 건 안 보인다. 그것도 전날 만들어둔 게 아니라 대부분 아침 문 열기에 앞서 버무린 듯하다. 진한 양념으로 덮지 않아 생생한 재료 맛을 음미하며 하나씩 찬 그릇을 비웠다. 된장찌개도 달짝지근하거나 짜지 않고 삼삼하다.

연지한식 기와집은 일대에서 제일 오래됐다. 여관을 하던 일흔아홉 할머니가 25년째 식당을 꾸린다. 가운데 아담한 좌식 공간은 여관 안마당이었다. 거기를 에워싼 크고 작은 방들에서 옛 ㅁ자 집 흔적을 본다. 할머니는 편찮아 아드님이 나와 있다. 어머니 여관 밥 먹어봤던 단골들이 지금도 찾아온다고 했다. 그래서 되도록 조미료는 안 넣는다고 했다. 7천 원 백반 상에 속뿐 아니라 마음까지 편안하다.

단풍 보러 내장산에 갔다가 정읍 충남집에 들렀다. 사철 6천 원짜리 쑥 된장국을 내는 집이다. 늦가을에 쑥국이라니. 그런데 영락없는 봄 향기, 봄맛이다. 김치와 깻김치, 무장아찌도 간이 딱 맞는다. 토하젓 비슷한 젓갈도 올랐다. 고춧가루로 버무려 한 해 숙성시킨 새우젓이다. 새우는 녹아 없어지고 새우 향만 남은 밥도둑이다. 여든두 살 할머니는 오뉴월 내장산에서 캐온 쑥을 데쳐 얼려둔다고 했다. "내장산 쑥 아니면 그 맛이 안 나." 열어 보여주는 냉동실에 곱게 나눠 싼 쑥이 차곡차곡 쌓였다.

할머니는 충남 강경에서 익산으로 시집와 서른다섯에 홀로 됐다. 여섯 남매 먹여 살리려고 정읍 이 집에서 식모살이를 했다. 월급이 밀리자 일수 빚내 식당 사들인 지 44년. 딸이 아팠던 날, 친정어머니 장례 치른 사흘 빼곤 하루도 쉬지 않았다고 했다. 지나간 세월 따라 눈이 허공을 더듬는다. "아프려야 아플 새가 없었어." 동백기름 바르고 빗어 넘겨 쪽 찐 머리가 한 올 흐트러짐 없다.

정읍 간 김에 임실 강진시장 국수가게 행운집까지 내달렸다. 2년 전 3천 원에 여섯 반찬 올랐던 국숫상과 주인 할머니가 여전한지 궁금했다. 문 앞에서 돼지머리 삶아 살 발라내던 할머니가 반색한다. 다리에 깁스를 했다. 달포 전 넘어져 뼈를 다친 뒤 문을 닫았다가 며칠 전 억지로 나왔다고 했다. "아들은 말리지만 단골들이 성화여서…." 실은 퍼주기 좋아하는 할머니가 좀이 쑤셔 못 배겼을 것이다.

부엌 바구니에 연한 얼갈이배추 속잎이 봄빛으로 담겨 있다. 무쳐 먹으면 맛있겠다 생각했더니 금세 무쳐 내준다. 머리 고기와 김치 셋, 새우젓까지 여섯 찬이 변함없다. 국물이 안 보이게 양푼 가득 담은 국수도, 3천 원 하는 값도 그대로다. 어스름 저녁 손님은 공짜 머리 고기에 막걸리 두 통을 비우는 농부뿐이다. 맥주·소주는 3천 원이면서 막걸리는 2천 원 받는다. 시골 장터 인심이다.

마침 큰아들이 밭에서 트럭 가득 무를 뽑아 왔다. 할머니가 농부 손님에게 튼실한 무를 넷이나 들려 보낸다. 농부 입이 벌어졌다. "요즘 무 맛있을 철이여. 생채 해먹어." 우리한테도 한 다발 안긴다. 2년 전 다듬던 상추를 신문지에 한 무더기 싸줬던 것처럼.

2014.11.27

십이선녀탕계곡에서
호젓하게 누린 설악 단풍

지난 주말 설악산 단풍이 절정에 올랐다. 그런 날 제 발로 설악을 찾아가는 건 무모하다. 막히는 찻길 겨우 견뎌 낸다 해도 먼지 풀풀 이는 산길을 앞사람 엉덩이만 보며 오르기 십상이다. 그날 설악에 갔다. 지난 초여름 신록新綠이 녹음綠陰으로 짙어 가던 십이선녀탕계곡에 반해 가을로 물든 계곡을 걷고 싶었다. 새벽 5시에 집을 나섰다. 인제군 북면 남교리 계곡 들머리까지 165km, 두 시간이 채 안 걸린다. 너무 유난을 떨었을까. 귀때기청봉까지 간다는 산꾼 셋 말곤 텅 비었다.

물을 왼쪽으로 두고 걷는다. 껴입은 조끼 안까지 금세 한기寒氣가 파고든다. 찬란하도록 싱그럽던 유월 숲은 이제 황금빛이다. 보기만 해도 시원스럽던 물은 서늘한 겨울 기운을 뿜는다. 영롱하게 노래하는 건 여전하다.

십이선녀탕계곡은 한계령 서쪽 내설악에 숨어 있다. 남설악 단풍 명소 주전골보다 계곡은 좁고 길은 옹색하다. 게다가 돌 많은

너덜강이다. 그래선지 사철 한적하다. 이른 아침 서둘러 달려왔으니 단풍철이라도 적막할 수밖에. 그 적막이 좋아서 슬며시 웃음이 나온다. 숲과 계곡과 공기와 가을을 온전히 누릴 수 있어서다. 다람쥐가 꼬리를 세우고서 따라오라는 듯 빈 길을 뽀르르 앞서간다.

몇 년 전 무릎 연골판 수술을 받은 뒤로 산행을 삼간다. 그래도 십이선녀탕계곡은 만만하다. 계곡이 거의 끝나는 용탕폭포까지 4.2km다. 기울기도 14%쯤으로 완만해 등산이라기보다 걷기에 가깝다. 계곡 지나 대승령이나 귀때기청봉 가는 길은 가파르기가 20%나 된다. 용탕폭포까지만 다녀오는 것으로 족하다.

계곡 가로지르는 첫 다리에 서서 소沼를 내려다본다. 몇만 년 물길에 항아리처럼 움푹 파인 암반이 초록 물을 담았다. 붉은 단풍이 가지를 드리웠다. 쉬엄쉬엄 오르며 크고 작은 소와 폭포를 만난다. 한 길 폭포는 여름에 한 사람 물맞이하기 딱 알맞다. 20m 넘는 응봉폭포는 화강암벽에 하얀 물무늬를 그리며 미끄러져 내린다.

십이선녀탕계곡은 미역 감기 좋은 탕湯이 많아 옛 이름이 탕수동湯水洞이었다. 옹기처럼 생긴 독탕, 북 같은 북탕, 무지개탕…. 헤아리다 워낙 많아 포기한다. 이름은커녕 숫자부터 헷갈려서 '폭瀑8탕'이라고도 하고 '폭 10탕'이라고도 한다. 탕이 열둘이 아니라 선녀 열둘이 목욕했다는 십이선녀탕이다.

서쪽 비탈이어서 열 시쯤에야 햇빛이 든다. 숲이 아연 밝고 투명하게 빛난다. 형형색색 잎들이 일제히 제 빛을 발한다. 가을 숲이 환한 것은 메말라 얇은 잎이 햇빛을 투과하기 때문이다. 요즘 어디나 그렇듯 선홍빛 단풍이 드문 건 아쉽다. 노랗게 물들거나 암갈색으로 말라 버리기 일쑤다. 가을 다 가도록 푸른 낯으로 시치미 떼는 단풍잎도 많다. 이상 기후 탓이라니 눈높이를 낮추는 수밖에 없다.

막바지 절벽에 쇠파이프 박고 데크 올려 길을 냈다. 데크 길 끝에서 곧게 선 암벽과 마주친다. 쇠 난간 붙들고 잠깐 오르면 희한하게 생긴 탕이 있다. 위에서 흘러내린 폭포가 직벽에 긴 지름 10m쯤 둥근 구멍을 냈다. 용이 살았다는 용탕이다. 안에 신비로운 청록빛 소沼를 품었다. 부처 이마의 옥호玉毫인 양, 하얀 암벽에 심은 에메랄드다. 물은 흘러넘쳐 저 아래 또 하나 탕을 뚫었다.

용탕을 사람들은 복숭아탕이라고 부른다. 구멍 윤곽 가운데가 잘록한 게 정말 복숭아 닮았다. 선녀가 앉았다 남긴 엉덩이 자국 같다며 '히프탕'이라고도 한다. 다시 50m쯤 가파른 암반 길을 난간 붙잡고 올라간다. 용탕폭포 너럭바위에 자리 잡고 샌드위치에 커피를 곁들인다. 땀이 식으면서 차갑던 몸이 커피 첫 모금에 녹는다. 날 선 생각들이 커피 향에 누그러진다. 4km 왔을 뿐인데 어느새 깊은 가을 속이다.

돌아내려 가는 길, 부부와 두 딸이 계곡가에 둘러앉아 도시락을 먹는다. 중년 부부는 가을 계곡에 마냥 앉아 있다. 그 모습 그대로 그림이다. 정오쯤 들머리 가까이 가서야 사람들이 줄지어 올라온다. 아래서부터 둘째 다리에서 상류 쪽을 바라보면 왼쪽 숲 앞에 작고 검은 표지석 같은 게 서 있다. 위령비다.

1968년 10월 가톨릭의대 산악부 남녀 학생 아홉이 계곡을 올랐다. 복숭아탕 위에서 야영하고 이튿날 가을 폭우를 만났다. 동굴로 피한 이틀째 밤, 비는 싸락눈으로 바뀌고 강풍이 불어 영하 8도까지 떨어졌다. 몇 끼를 굶은 채 길 끊기고 물 넘치는 계곡을 도로 내려오다 일곱 젊음이 스러졌다. 자식 앞세우고 넋을 놓았을 부모들을 생각했다. 이젠 대부분 꿈에 그리던 자식을 하늘나라에서 만났을 것이다.

2006년 여름에도 폭우가 설악산 계곡을 덮쳤다. 삽시간에 불어난 물이 거대한 바윗돌을 공깃돌처럼 굴리고 내려와 흘림골·주전골·십이선녀탕계곡을 휩쓸었다. 그때 할퀸 흔적이 8년 지나도록 곳곳에 남아 있다. 한 번 파괴된 자연은 되살아나기까지 엄청난 시간이 걸린다.

수해 입은 뒤로 국립공원사무소는 주전골에 데크 길을 깔았다. 그래서 주전골 걷는 맛이 예전만 못하다고들 한다. 단풍도 마찬가지다. 모르긴 해도 지난 주말 주전골은 북새통이었을 것이다. 십이선녀탕계곡은 데크 길이 훨씬 적다. 단풍도 호젓하게 즐겼다. 이제 남으로 번져 가는 단풍 따라 지리산에 가 볼까 싶다. 단풍 곱기로는 피아골이 이름났지만 뱀사골이 가기도 걷기도 쉽고 덜 붐빌 것 같다.

2014.10.23

러시아는 짧고 매운
늦더위로 우리를 반겼다

'유라시아 자전거 원정대'는 지난주 러시아 볼로소보에 들어서자마자 구경거리가 됐다. 상트페테르부르크 서쪽 소읍小邑 사람들 눈길을 끌어당겼다. 자전거 스무 대와 낯선 차 여섯 대가 줄지어 들이닥쳤으니 그럴 만도 했다. 아시아 사람 마흔 명이 한꺼번에 온 것도 아마 처음이었을 것이다.

오토바이 탄 청년들이 호텔까지 따라와 차 안을 기웃거렸다. 그 눈초리에 대원들이 긴장했다. 차 와이퍼와 안테나를 뽑아 간수하자는 얘기가 나왔다. 한나절 85km를 두 바퀴로 달려온 원정대가 스트레칭으로 몸을 풀자 동네 조무래기들이 에워쌌다. 중년 사내 몇은 머플러 뗀 차를 요란하게 타고 왔다. 노인과 아낙들은 멀리서 지켜봤다.

대원들은 러시아 사람이 거칠고 무뚝뚝할 거라고 생각했다. 이방인을 보는 시선도 곱지 않으려니 했다. 그건 지레짐작이었다. 손짓 섞어 아이들과 말문을 트자 마음도 열렸다. 예닐곱 살 여자

아이들이 대원들 앞에서 싸이의 말춤을 췄다. 박수와 환호가 터졌다. 서너 살 사내아이는 두 보조 바퀴 뗀 자전거로 묘기를 뽐냈다. 자전거 고수高手들 앞에서 갑자기 멈춰 앞바퀴를 추어올렸다. 대원들이 탄성을 지르자 아이는 더욱 신바람을 내며 호텔 앞을 누볐다.

아이들은 스스럼없이 대원들과 어울려 사진을 찍었다. 소녀들은 수줍어하면서도 렌즈를 쳐다봤다. 소년 한 무리가 축구공을 몰고 왔다. 젊은 대원들이 공을 가로채 거리 축구가 벌어졌다. 긴 늦여름날 땅거미 지도록 떠들썩하게 축구판이 이어졌다. 대원들은 차 와이퍼도 안테나도 떼어 내지 않았다.

호텔은 이름일 뿐 게스트하우스에 가까웠다. 한 방에 서넛씩 침대를 들였는데도 객실이 모자라 바닥에 침낭을 폈다. 공동 화장실은 깨끗하지 못했다. 물에선 녹 냄새가 심하게 났다. 마을에서 꽤 괜찮다는 곳이 그랬다. 원정대가 자전거 타기 좋게 한적한 길을 찾아 시골로 다녔기 때문이다. 점심 먹을 음식점도 만나기 어려웠다. 걸핏하면 '노상路上 취사장'을 차렸다. 버너로 물 끓여 컵라면에 햇반 말아 먹었다. 봉지에 담긴 '전투 식량'을 뜨거운 물로 불려 점심을 때웠다.

발트 3국을 지날 땐 날씨도 험악했다. 하루도 비를 거르지 않았다. 잿빛 구름이 짙고 날은 쌀쌀했다. 리투아니아에선 내내 비 오고 맞바람이 불었다. 트럭들이 지나가며 일으키는 바람에 자전거가 휘청거렸다. 차들은 물보라까지 끼얹었다. 대원들은 한 치도 움츠러들지 않았다. 자전거로 신천지를 내달리는 즐거움 앞에선 궂은 날씨, 불편한 점심도 대수롭지 않았다.

10월 3일 에스토니아에서 러시아로 넘어오자 기온이 22도까지 올라갔다. 발트 3국보다 5~6도 높다. 하늘은 파랗고 햇볕은 따갑고 공기는 보송보송했다. 전날만 해도 상트페테르부르크 기온이 3도까지 떨어지고 우박이 퍼부었다는데…. 축복하듯 그날부터 '바브이 레타'가 시작했다. 가을이 깊어 갈 무렵 다시 오는 늦더위 '인디언 서머'다. 열흘쯤 가장 찬란한 날이 이어진다고 했다. 경찰차 호위를 받으며 시골길로 접어들자 그 말이 맞았다.

길은 부드럽게 휘며 들판을 나아갔다. 길가엔 키 큰 분홍 꽃이 지면서 하얀 홀씨를 날렸다. 갓털이 눈부시게 빛나며 떠다니는 게 봄날 같다. 우리 분홍바늘꽃 비슷한 '이반-차이'다. '리비나'는 난대림 나무처럼 빨갛고 자잘한 열매를 잔뜩 매달았다. 진홍 여름 꽃이라도 핀 듯하다. 흰 바탕에 코발트빛 칠한 러시아 정교회들이 여름 풍경을 거든다. 노랗게 물들기 시작한 자작나무는 가을이다.

이튿날 볼로소보에서 상트페테르부르크 갈 때도 낮 기온이 20도였다. 발트 해안 에스토니아 수도 탈린엔 첫눈이 왔다는 날이다. 도중에 자전거 대원들만 23km 길을 달렸다. 너비 2~3m밖에 안 돼 차가 따라갈 수 없다. '운하의 도시' 상트페테르부르크로 흘러가는 수로水路 곁으로 난 길이다.

여느 때보다 곱절 걸려 두 시간 뒤 합류한 대원들은 흙탕물투성이다. 곳곳에 고인 물을 지나다 보니 무릎까지 빠지는 웅덩이도 있었다고 한다. 자전거째 넘어져 흙탕물을 뒤집어쓰고도 상기된 얼굴로 "행복하다"고 했다. 서른 살 황인범 대원이 말했다. "자작

나무 숲길에 뱀들이 기어 다녔다. 자동차에 신경 안 쓰고 맑은 공기 마시며 모두 한 호흡으로 달렸다. 속도는 느리고 힘은 들어도 마음의 속도는 빨랐다. 심신이 위로받았다."

러시아에서 계절다운 계절은 5월 봄부터 9월 가을까지 다섯 달이다. 일곱 달은 햇빛 없이 음산하고 눈보라가 몰아친다. 7일 볼가 강변 스타리차로 가는 길가 예쁜 마을에 잠깐 섰다. 목조 집들은 작고 소박해도 경쟁하듯 색색 꽃을 가꿔 놓았다. 짧아서 더 소중한 '햇빛의 계절'을 누리는 방법이다. 꽃을 그렇게 이웃과, 지나는 차들과 함께하고 있었다.

마을 사람들이 나와 원정대에게 손을 흔들어줬다. 며느리·손녀와 집 앞에 선 할머니에게 원정 루트 그린 기념 손수건을 건넸다. 할머니가 집 안에서 병을 들고 와 대원 손에 쥐여 줬다. 야생 딸기로 담근 잼이다. 할머니는 떠나는 원정대를 향해 검지·중지 모아 허공에 거듭 십자가를 그렸다. 모난 데 하나 없는 표정으로 가는 길 무사하기를 빌었다. 러시아 시골은 온화했고 사람들은 순박했다.

10일 모스크바까지 한 달 넘게 원정대와 함께 다녔다. 그러면서 부러웠다. 대원들은 느리게 두 바퀴로 가며 행복해했다. 길에서 마주치는 자연과 풍광과 사람에 고마워했다. 그들 힘찬 기운 나눠 받아 덩달아 젊어지고 행복했다. 이런 길을 언제 다시 갈 수 있겠는가.

2014.9.11

해변 솔 그늘에 접은
안락의자 펴고 한나절

책 몇 줄 읽다 스르르 눈이 감긴다. 졸다 자다 깨다 맥주 홀짝인다. 아무것도 안 하고 멍하니 옥빛 바다를 바라본다. 바닷바람이 불어와 얼굴을 어루만진다. 간간이 숨을 막을 듯 몰아쳐 머리카락을 쓸어 눕힌다. 여름 해변에 시간이 바람처럼 흘러간다. 몸도 마음도, 얽히고설킨 시름도 잡생각도 다 내려놓는다.

7월 중순 여수 돌산 방죽포에서 휴가 한나절을 보냈다. 돌산대교 건너 섬 동남쪽으로 한참 내려가 향일암 길목에 들어앉은 해수욕장이다. 길이 150m, 너비 30m 아담한 해변이 항아리 속같이 옴폭하다. 물이 방죽처럼 잔잔하다. 이른 더위에 보름 전 개장했지만 한낮 바닷가는 한산하다. 뙤약볕 백사장이 텅 비었다. '수영 가능'이라고 쓴 깃발만 펄럭인다. 사람들이 왔다가 썰렁해서 돌아설까 봐 꽂아 놓은 모양이다. 얕은 물에서 첨벙대는 아이들 네댓뿐, 방학 앞둔 평일이라곤 해도 철 지난 바다 같다.

외진 방죽포까지 찾아간 것은 언젠가 봐 뒀던 솔숲에 끌려서다.

이백 살 넘은 방풍 송림이 해변을 에워싸고 있다. 아름드리 소나무 백여 그루가 빽빽하게 들어찼다. 접는 안락의자 둘을 차에서 꺼내 그늘에 폈다. 팔걸이 달린 알루미늄 뼈대에 천을 대 가벼우면서도 꽤 편안하다. 접는 탁자도 펴 책이며 주전부리며 캔맥주를 올려놓는다. 안경 벗어 두고 선글라스 낀다. 몸을 의자에 깊이 묻는다. 솔 그늘에서 솔 내음 맡으며 솔바람 쏘인다. 에어컨이나 선풍기 바람은 흉내도 못 내게 시원하다. 금세 눈꺼풀이 내려앉는다.

솔숲 곳곳에 통나무 의자가 있다. 중년 한 쌍이 나란히 앉아 바다를 본다. 얘기는 주로 여자가 한다. 목소리가 낮아서 더 보기 좋다. 남자가 박자 맞추듯 이따금 고개를 끄덕인다. 바람에 두 사람 이마가 훤히 드러났다. 저쪽 나이 지긋한 장년 남자는 자리 펴고 신발 벗고 누워 뒹군다. 모든 게 멈춘 듯 정밀(靜謐)한 여름 낮이다.

원래는 출출해지면 남쪽으로 잠깐 내려가 이름난 전복죽을 사 먹고 오자고 했었다. 그런데 엉덩이가 떨어지지 않는다. 만사가 귀찮다. 바로 옆 음식점에서 솜씨 서툰 통닭 배달받아 때운다. 바람에 몸을 내맡긴 채 또 졸다 자다 한다. 지루하기는커녕 시간이 어찌 가는지 모르겠다. 어느새 해가 기울면서 바다에 눈부신 은비늘을 띄웠다. 파도가 적신 백사장도 은빛으로 반짝인다. 그제야 일어나 카메라 메고 해변으로 나간다.

아이들만큼 좋은 피사체도 드물다. 할머니와 손녀가 손잡고 물가를 걷는다. 아기는 걸음마 뗀 지 얼마 안 됐는지 뒤뚱거린다. 할머니 손을 놓더니 혼자 아장아장 걸어 물에 발을 들이민다. 얕고 순한 파도가 종아리를 때리자 신이 나서 두 팔 벌리고 웃는다. 해

초 주워 할머니께 건넨다. 할머니도 고개 젖혀 웃음을 터뜨린다. 젊은 할머니에게 이보다 행복한 순간이 있을까.

엄마가 지켜보는 앞에서 딸아이가 튜브 끼고 물장구를 친다. '딸 바보' 아빠와 두 딸이 주저앉아 모래성과 추억을 함께 쌓는다. 가족이 있어 한결 평화롭고 아름다운 바다다. 서쪽 산 그림자가 해변에 길게 누웠다. 의자 접고 짐 챙겨 일어섰다. 방죽포의 오후 한나절이 달콤했다.

몇 년 전 오토 캠핑에 눈독을 들인 적이 있다. 텐트며 갖가지 살림살이를 차에 싣고 가 자연 속에 차려놓고 즐기는 캠핑이다. 용품 가게를 기웃거리다 맨 먼저 접는 안락의자부터 한 쌍 장만하고는 캠핑을 포기했다. 워낙 텐트 짓고 살림 차릴 손재주가 없고 나이 든 사람에겐 캠핑이 안 맞는다 싶었다. 남은 건 접는 의자였다. 흔히 '릴랙스 체어'(relax chair)라고 하던데 '폴딩 암체어'(folding armchair)쯤이 맞는 이름이겠다.

딱히 쓸모를 염두에 둔 건 아니지만 의자를 묵히기 아까워 여행길에 싣고 다녔다. 비 오는 휴양림 '숲 속의 집' 테라스에 펼쳤다. 망상해변 '모빌 홈'에 묵으며 밤 백사장에 펴놓고 별을 봤다. 그러던 작년 8월 말 늦은 여름휴가 마지막 행선지 거제에 갔다. 하루를 온전히 해안 드라이브로 보내기로 하고 섬 서남쪽 저구항에서 출발했다. 선착장 남쪽 해안도로 모퉁이를 돌자마자 작은 해변을 만났다. 바닷물 맑고 모래 고와 명사明砂 해수욕장이라고 했다. 바닷가에 우람한 낙락장송이 늘어섰다. 그 아래 널찍한 나무 데크가 길게 깔렸다.

당장 차에서 접는 의자를 갖고 와 소나무 아래 폈다. 철 지난 바닷가는 한적하고 파도 소리만 철썩였다. 바람 솔솔 부는 그늘에선 남도의 늦더위 노염老炎도 힘을 못 썼다. 더 움직이고 싶은 생각이 싹 가셨다. 낙원을 두고 가기 아까웠다. 그날 일정이 거기서 멈추고 끝났다.

　　여행하면서 계획을 꼼꼼하게 짜는 편이다. 어느 식당에서 어떤 음식 먹을지도 궁리해 코스를 정한다. 일정이 빡빡할 수밖에 없다. 기름값 무서운 줄 모르고 쏘다니다 어느 날 갑자기 새로운 즐거움에 눈을 떴다. 한곳에 오래 머물며 오래 기억할 하루를 보냈다. 거제 명사해변과 돌산 방죽포해변 솔숲 덕분이다. 그보다 기특한 것이 접는 안락의자다. 대수롭지 않은 의자 한 쌍이 그렇게나 다른 느낌을 자아냈다. 빈둥거리며 깨달았다. 휴가란 이런 것이구나.

2014.8.7

김제-익산 ㄱ자 한옥 교회의
'남녀 부동석不同席'

돌담 아래 여름 꽃이 한창이다. 진분홍 채송화와 하얀 초롱꽃이 올망졸망 피었다. 시골 아낙처럼 수더분한 줄만 알았던 접시꽃이 여기선 요염한 선홍빛이다. 담 안에 나무 종탑이 서서 지루한 토요일 낮 찻길을 내다본다.

적벽돌 교회 마당에 ㄱ자 기와집이 앉아 있다. 일자집에 부엌이나 외양간을 직각으로 붙인 옛 고패집을 닮았지만 마루가 없다. 방문도 없이 죄다 벽이다. 대신 ㄱ자 양쪽 마구리에 하나씩 문을 달아 드나든다. 문 위에 '대한예수교 장로회 금산교회'라는 편액이 붙었다. 김제 금산면 금산리 금산교회는 106년 된 한옥 교회다. 이 땅에 둘만 남은 ㄱ자 예배당이다.

댓돌에 신발 벗어 놓고 들어서자 다 트인 청마루다. ㄱ자로 꺾이는 모퉁이 강단에 서면 마루가 날개 펴듯 양쪽으로 뻗었다. 오른쪽이 남자석, 왼쪽이 여자석이다. 출입문부터 남녀가 다르다.

남녀석 사이엔 휘장을 쳐 그나마 서로 안 보이게 했다. 강단과 여자석 사이에도 휘장을 하나 더 드리워 가렸다. 선교 초기 '남녀칠세부동석不同席'의 관습을 해치지 않으려 한 흔적이 고이 남았다. 하나님 앞에 모든 인간이 같다는 평등사상도 함께한다. 유교 규범이 흔들리면서 목사와 여신도 사이 휘장은 30년대 초에 걷었다. 10년 뒤엔 남녀를 가르던 휘장도 치웠다.

1908년 대들보 올리고 붓으로 쓴 상량문上樑文도 둘이다. 남자석 상량문은 고린도 후서 구절을 한문으로 옮겼다. 하나님을 '상제'上帝로 일컬으며 '영원한 하늘 집'에 살기를 소망한다. 여자석 상량문은 순 한글이다. '하나님의 성던(성전聖殿)은 거륵(거룩)하니 너희도 또한 그러하니라'는 고린도 전서 구절이다. 한자보다 한글이 가까운 여신도를 배려했다. 선교사들이 남녀 모두에게 복음을 전하려고 짜낸 지혜가 감탄스럽다.

벽에 나란히 걸린 두 초상화엔 신앙을 뛰어넘는 인간애愛가 깃들어 있다. 망건 쓰고 두루마기 입은 조덕삼(1867~1919) 장로와 양복 차림에 하이칼라 머리, 카이젤 수염을 한 이자익(1879~1958) 목사다. 금산 부자 조덕삼은 어린 떠돌이 이자익을 마부로 거뒀다. 1905년 사랑채를 금산교회로 내주고 이자익을 기독교로 이끈 이도 조덕삼이었다.

교인들이 소나무 베어 와 ㄱ자 교회를 지은 이듬해 1909년, 두 사람은 시험에 들었다. 둘이 맞붙은 장로 선거에서 이자익이 이겼다. 조덕삼은 군말 않고 열두 살 어린 머슴을 장로로 섬겼다. 이자익의 평양신학교 유학도 도왔다. 장로가 된 조덕삼은 목사로 돌아온 이자익을 지성으로 받들었다. 이자익은 조선예수교장로회 총

회장을 세 번 지내고 장로교 헌법의 기초를 닦은 거목으로 섰다. 주인과 머슴, 장로와 목사 사이 우정이 예배당에 밴 솔 내음같이 향기롭다. 조덕삼은 언론인·정치인 조세형의 친할아버지다. 조손祖孫의 이목구비가 빼닮았다.

교회에 남은 옛 회의록 중엔 1921년 10월 당회 결정이 눈길을 붙든다. '아무개는 가정불화에 관하여 권면勸勉하고 아무개는 부모 불효하므로 회개할 동안 성찬 불참케 하고, 아무개는 도박한 일로 출교하고….' 한 세기 전 작은 시골 교회가 교인의 신앙은 물론 일상도 챙겼다. 바르게 살아가도록 이끌고 꾸짖었다. 마을이 교회를 우러를 수밖에 없었다. 웅장한 건물에 구름처럼 교인이 모이는 오늘 대형 교회들을 돌아본다.

금산교회는 정규 예배를 새 벽돌 교회에 넘겨주고 문화재로 남았다. 적막하던 교회가 떠들썩하다. 광주 어느 교회 외국인반 젊은이들이 왔다. 백인 장로가 인솔해 온 중국인 유학생들이다. 남녀가 따로 앉아 금산교회 이인수 목사의 설명을 듣는다. 휘장을 쳤다가 걷어 보며 웃음을 터뜨린다. 백년 교회에 생기가 넘친다.

북으로 60km 올라간 익산 성당면 두동리에 85년 된 두동교회가 있다. 또 하나 ㄱ자 한옥 교회다. 두 교회는 같은 듯 다르다. 금산교회는 남자석이 네 칸이어서 여자석 두 칸보다 길고 크다. 두동교회는 남녀 열 평씩 똑같다. 남녀 사이 휘장만 있을 뿐 목사와 여신도를 가리는 휘장은 애초에 없었다. 두동교회가 한 세대 20여 년 늦게 서면서 그 사이 남녀유별도 옅어졌다.

1920년대 두동마을 3천 석 지주 박재신은 아들이 없었다. 아내

는 교회에 나가야 자식도 볼 수 있다며 박재신을 설득했다. 얼마 안 가 아내가 아기를 갖자 1923년 박재신이 내놓은 사랑채에서 두동교회가 출발했다. 그러나 아들은 여섯 살에 죽고 만다. 박재신은 "하나님이 계신다면 어찌 이런 일이 일어나겠느냐"며 교회를 부정한다. 쫓겨난 신자들은 가난한 소작농이어서 새 교회 지을 일이 막막했다. 그때 기적처럼 안면도 소나무를 실은 배가 금강까지 표류했다. 근처 성당포에 밀려온 소나무를 헐값에 사 세운 것이 ㄱ자 두동교회다.

세월과 손때 쌓여 반질반질 윤나는 송판 마루를 보며 권정생을 떠올렸다. 안동 시골 교회 종지기로 살다 간 아동문학가 권정생은 《우리들의 하느님》에서 60년대 교회 풍경을 추억했다. "농촌 교회의 새벽 기도는 소박하고 아름다웠다. 석유 램프불을 켜 놓고 차가운 마룻바닥에 꿇어앉아 조용히 기도했던 기억은 성스럽기까지 했다. 기도가 끝나 모두 돌아가고 아침 햇살이 비출 때 살펴보면 마룻바닥에 눈물 자국이 얼룩져 있고 눈물은 모두가 얼어 있었다."

ㄱ자 교회 마루엔 또 얼마나 많은 눈물이 떨어졌을까. 두동교회 문 옆에 짤막한 글귀가 붙어 있다. '문은 항상 열려 있습니다. 하나님은 당신을 사랑하십니다.' 두 교회에 가면 신자 아니라도 따스한 감동을 누릴 수 있다. 곱게 늙은 마룻장에서 민초들의 찬송이 잔잔한 풍금 소리와 함께 환청으로 들려온다.

2014.7.10

혼자 가도 8천 원짜리
회 차려 주는 통영統營 식당

회원제 트레킹 클럽을 꾸리는 어느 여행가는 새로운 코스를 개발
하느라 전국을 돌아다닌다. 밥도 챙겨 먹을 겸 괜찮은 음식점도
찾아야 한다. 그럴 때마다 난감한 것이 식당 드나들기다. 멀쩡한
중년 사내가 혼자 밥 먹는 게 머쓱하더니 이젠 이골이 났다. 문제
는 혼자 오는 손님은 아예 받지 않는 식당이 갈수록 늘어난다는
것이다. 한창 바쁜 밥때에 한 사람이 식탁 하나를 차지하는 게 영
못마땅한 모양이다. 몇 번 쫓겨난 뒤로 음식점 들어설 때면 무슨
죄인처럼 조심스럽다. 어쩌다 가끔 편하게 맞아 주는 곳도 있다.
그럴 때면 천사라도 만난 듯 고맙다.

그가 얼마 전 군산에 갔다 들어간 집이 그랬다. 칼국수 한 그릇
을 차려 주는 주인 아주머니의 친절이 과하지도 모자라지도 않았
다. 인상도 말도 부드러워서 아주 편안히 먹을 수 있게 해 줬다.
그는 "음식이 맛있다고 다 좋은 음식점은 아니다. 아무리 유명해
도 손님을 불편하게 하는 집이 많다"고 했다.

맞는 말이다. 음식점 다니다 보면 내가 손님이 맞나 헷갈리기 일쑤다. 두어 사람이 이것저것 맛보고 싶어 각자 시키면 으레 주인의 '명령'이 떨어진다. "한 가지로 통일하라"고. 두 사람이 한 그릇 나눠 먹는 건 꿈도 못 꾼다. 2인분 이상만 판다는 집도 흔하다. 남도 한정식 상은 네 명이 기본이다. 비싼 걸로 많이 시키라고 몰아붙이는 집도 적지 않다.

생닭구이가 이름난 산골 음식점에 간 적이 있다. 닭을 구워 먹고 있자니 젊은 한 쌍이 들어왔다. 둘은 메뉴판 맨 위 7천 원짜리 산채비빔밥을 달라고 했다. 주인은 "안 된다"고 했다. 우리 닭구이 상에도 갖가지 나물이 오른 걸 보면 안 될 리 없지만 주인은 막무가내다. 둘이 돼지구이 2인분을 시키자 이번엔 "양이 많지 않아 3인분 이상만 주문받는다"고 했다. 착한 커플은 울상 짓다 3인분을 주문했다. 곁에 앉은 우리까지 밥맛이 떨어졌다.

곤돌라 타고 오르는 어느 스키장 정상 식당에서도 못 볼 꼴을 봤다. 등산 온 옆자리 중년 부부가 우동 두 그릇을 사놓고 배낭에서 김밥을 꺼냈다. 종업원이 달려와 "싸 온 음식은 못 먹는다. 김밥을 도로 넣어 달라"고 했다. 부부가 "우동을 사 먹지 않느냐"고 해도 종업원은 "안 된다"만 되풀이했다. 그러더니 결국 "나가라"고 했다.

서울 성북동 오래된 국숫집에서 본 일도 잊히지 않는다. 대학생 같은 커플이 1천 원 비싼 '곱빼기' 칼국수 한 그릇을 가운데 놓고 나눠 먹고 있었다. 주머니 가벼운 데이트가 젊고 예뻤다. 늘 붐비는 집인데도 선선히 한 그릇만 차려준 주인을 다시 봤다.

지난달 통영 서호시장 옆 수정식당에 갔다. 통영에서 복국 잘하는 집에 꼽히지만 일부러 찾아간 이유는 따로 있다. 한 사람 먹기 딱 좋게 1인분 회를 낸다는 얘기를 듣고서였다. 혼자 다니는 여행자는 생선회에 반주 한잔 하고 싶어도 마땅치가 않다. 회를 한 명 먹을 만큼만 주는 집도 드물뿐더러 값도 만만찮다.

　수정식당은 문에 차림과 값을 써 붙였다. 미리 메뉴를 '탐색'할 수 있다. 문 열고 일단 안으로 들어서면 돌아 나오기 쉽지 않은 게 우리네 정서다. 바깥 메뉴판은 힙리적인 발상이다. 거기에 '생선회'가 8천 원이라고 쓰여 있다. '소금 적게 쓰는 식당'이라는 팻말도 미덥다.

　자리를 잡고 주인에게 물었다. "회 조금만 맛볼 수 있을까요." 나이 지긋한 남자 주인 대답이 시원시원하다. "해돌라(해달라)는 대로 다 해드립니데이." 네댓 명이 회 1인분 시키든, 혼자서 몇 인분 시키든 원하는 대로 해 주겠다고 한다. 둘이서 2인분 주문했다.

　열린 주방에서 주인이 칼질을 하더니 뚝딱 회 한 접시를 차렸다. 두툼하게 썬 회가 얼핏 봐도 서른 점 넘는다. 참숭어는 껍질째 끓는 물에 잠깐 데쳐 얼음물에 담가 냈다. 껍질은 쫄깃하고 살은 사각거린다. 병어 뼈회가 이렇게 부드럽고 달콤한 줄 몰랐다. 광어는 냉장 숙성해 쫀득쫀득 차지다. 멍게엔 통영 바다 향이 짙다. 이리 실한 회가 1만 6천 원이라니 황송하다. 대신 쌈 채소나 구색 곁 음식은 없다. 마늘과 된장만 곁들였다.

　복국에 밥을 먹고 있는데 언젠가처럼 대학생으로 보이는 한 쌍이 왔다. 남학생이 쭈뼛대다 물었다. "멍게비빔밥 하나만 시켜도

될까요." 주인이 또 시원스럽게 대답한다. "해돌라는 대로 다 해드립니데이." 둘은 사 온 충무김밥을 꺼내 비빔밥과 함께 맛있게 먹었다.

서울로 돌아와 수정식당 다녀온 사람들 이야기를 인터넷에서 찾아봤다. 1인분 회도 알찼다. 겨울 어느 날엔 대구·학꽁치·보리멸 회에 굴이 올랐다. 철 따라 봄 도다리, 여름 농어, 가을 전어가 이어졌다. 주인에게 전화를 걸어 궁금한 것을 물어봤다. 예순다섯 살 윤도수 씨는 1982년 식당을 시작해 지금 자리에선 22년째 장사하고 있다고 했다. 32년 한결같이 1인분 회를 차렸다. 그는 "몇 만 원씩 하는 회는 사 먹는 사람도 파는 사람도 부담스럽다"고 했다.

수정식당엔 활어 수조가 없다. 아니 필요 없다. 매일 새벽 바로 옆 서호시장에서 펄펄 뛰는 제철 생선을 사 오는 덕분이다. 손질한 뒤 그날 상에 올릴 때까지 냉장고에 두면 숙성돼 감칠맛이 난다. 부부가 일하고 주말엔 자식들이 거들어 사람 값도 덜 든다. 제일 중요한 건 마음씨다. "천 원 남을 것, 반만 남기겠다는 생각으로 장사합니데이." 젊은 학생 둘이 김밥 싸 와도 내색 안 해 보기 좋더라고 했더니 이런 대답이 돌아왔다. "어차피 남는 자리, 비워 두면 뭐합니껴."

2014.6.5

'꽃 절' 선암사와
개심사에서 위로받다

봄이 봄 같지 않다. 하늘이 우중충하게 낮다. 맑을 거라던 날에도 안개인지 연무인지 뿌옇기 일쑤다. 기온이 높고 대기가 오래 머무는 데다 비까지 드물어서라고 한다. 봄꽃도 작년보다 이르게는 보름 일찍 피었다. 한꺼번에 우르르 왔다가 우르르 떠났다. 4월에 벌써 아득한 늦봄 냄새가 난다.

지난 주말 잔뜩 찌푸린 하늘보다 가슴이 더 답답했다. 아기 손처럼 여린 연둣빛 새잎들을 보고 싶었다. 순천 선암사를 떠올렸다. 이 1,500년 백제百濟 절로 들어서는 숲길엔 유난히 활엽수가 많다. 지절대는 계곡을 왼쪽에 두고 순한 흙길을 걷는다. 키 큰 활엽수가 빽빽하게 들어차 연록부터 진초록까지 갖은 녹색으로 병풍을 쳤다. 아무리 날이 흐려도 생명의 합창은 찬란하다. 눈이 시원하고 숨통이 터진다.

대웅전 마당으로 드는 만세루에 큼직한 편액 '육조고사'六朝古寺가 붙어 있다. 달마 살던 육조시대 이래 오래된 절을 뜻한다고 한다. 당당한 예서체 글씨는 서포 김만중의 아버지 김익겸이 썼다. 병자호란 때 지키던 강화성城이 떨어지자 남문에서 스물셋에 자진自盡했다. 여느 4월 같으면 초파일 행사를 예고했을 편액 아래 플래카드가 방문객에게 말을 건넨다. '모두 한마음으로 슬픔과 고통을 나눕시다.'

대웅전 옆 공양미 담아둔 학독에 직박구리 한 마리가 날아왔다. 카메라를 겨눴더니 쌀 쪼아 먹으려다 말고 눈치를 본다. 꽁무니 돌려 달아날 채비부터 하면서도 못내 아쉬운지 머뭇거린다. 왼쪽 돌계단을 올라서자 눈이 환해진다. 대웅전 뒤 키 3m나 되는 나무가 온통 진보라 꽃이다. 진달래 진 지가 언젠데…. 떨기가 진달래보다 크고 풍성하고 빛깔도 짙다. 흔히 자산홍紫山紅이라고 부르는 진달랫과 관목 영산자映山紫다. 삼백 살쯤 됐다고 한다. 그 옆 사백 살 흰 철쭉은 나이가 무색한 순백 꽃이 아이 손바닥만 하다.

무우전 돌담길로 올라선다. 거기 줄지어 선 늙은 매화 여남은 그루가 진작에 꽃 떨구고 새 잎 무성하다. 돌담길 초입 원통전 옆 마당에도 영산자 두 그루가 서 있다. 키가 3m를 훌쩍 넘고 화사한 꽃들이 사방으로 뻗어 둥근 꽃 봉분 같다. 곁에 늘어선 겹벚도 소담스러운 진분홍 꽃이 흐드러졌다. 때 아닌 꽃멀미가 난다. 원통전 뒤 칠전선원 앞엔 육백삼십 살 선암매梅가 8m 거목으로 버티고 섰다. 회춘하듯 싱그러운 연두 잎으로 치장했다. 선원禪院 안 마당 보랏빛 영산자와 진홍빛 영산홍이 담 밖으로 가지 내밀어 선암매를 내다본다. 모두 예년보다 열흘쯤 일찍 피었다.

선암사는 '꽃 절'이다. 늦은 3월이나 이른 4월 매화로 시작해 5

월까지 산수유 동백 벚꽃 영산자 영산홍 복사꽃이 피고 지며 꽃대궐을 이룬다. 여름에도 자줏빛 배롱꽃, 노란 모감주꽃, 하얀 치자꽃, 빨간 석류꽃이 이어지는 전통 조경의 보고^{寶庫}다.

불가^{佛家}에서 꽃은 고행의 세월을 견뎌 피기에 온갖 수행, 만행^{萬行}을 상징한다. 세상을 아름답게 가꾸겠다는 보살행^行의 서원^{誓願}이다. 그래서 초·향·차·과일·쌀과 함께 부처에 바치는 육법^{六法} 공양에 든다. 선암사의 봄은 부처를 기쁘게 해 드리려는 꽃공양으로 넘친다.

서울로 돌아오는 길에 서산 상왕산 중턱 백제 고찰^{古刹} 개심사에 들렀다. 아담한 절집을 꽃이 휘감은 또 하나 '꽃 절'이다. '洗心洞'(세심동), '開心寺'(개심사)라고 새긴 자연석 둘이 산문^{山門} 구실을 한다. 마음을 씻는 골짜기, 마음을 여는 절. 절묘한 대구^{對句}다. 솔숲 지나 절에 다다르면 네모난 연못 경지^{鏡池}가 객을 맞는다. 외나무다리 건너며 못 물을 거울삼아 마음 가다듬으라 이른다.

석축 위 범종각은 네 기둥이 휜 나무 그대로 지붕을 떠받쳤다. 춤추듯 굽은 기둥이 범종을 너그럽게 감싸 안았다. 축대 모퉁이엔 겹벚나무 두 그루가 서 있다. 왼쪽 겹벚은 주먹만 한 하얀 꽃떨기를 늘어뜨렸다. 진분홍 꽃가지를 어사화^{御賜花}처럼 드리우던 오른쪽 나무는 가지 다 잘려 뭉툭한 몸통만 남았다. 3년 만에 왔더니 그 사이 명을 다한 모양이다.

대웅전 왼쪽 승방 심검당도 범종각처럼 굽은 나무를 썼다. 기둥과 들보와 문턱이 단청 한 점 없이 말간 얼굴로 물결친다. 자연 거스르지 않고 자연과 함께한 집이다. 여염집 사랑채같이 수더분해서 보는 이 마음에 난 모도 깎여 나간다.

대웅전 마당에서 왼쪽으로 해우소 가는 길목엔 붉고 하얀 겹복사꽃과 새하얀 겹벚꽃이 어우러졌다. 숲 속에 숨듯 들어선 해우소는 진짜 측간이다. '용무 본 뒤 곁에 쌓아둔 낙엽을 뿌려 달라'고 쓰여 있다. 문짝도 없이 트인 변소 칸에 쭈그리고 앉아 앞뜰에 활짝 핀 분홍 겹벚꽃을 본다.

대웅전 오른쪽 명부전 마당 끝에도 겹벚 네댓 그루가 있다. 꽃빛깔이 이상하다. 신비롭게도 푸르스름한 연둣빛을 띠었다. 가까이 들여다보면 하얀 꽃잎에 연록 줄무늬가 나 있다. 개심사에만 있다는 청벚이다. 4월 말, 5월 초에 찾아오던 진객珍客이 올봄엔 서둘러 왔다. 그 아래 서서 서늘한 기운을 쏘인다. 개심사에선 희고 붉고 푸른 겹꽃들이 봄마다 마지막 벚꽃 잔치를 벌인다.

어느 시인이 화창한 봄날 한숨지었다. '꽃은 피고 인자 우예 사꼬.' 봄은 축복이자 환멸이다. 살아 있다는 기쁨과 살아가야 한다는 아픔이 엇갈린다. 온 나라를 어둠에 가둔 이 4월이 잔인하다. 청신한 새잎과 아름다운 공양화花에 묻힌 두 절에서 그나마 위안을 얻는다.

2014.4.24

울산에서 삼척까지
해안길로 봄을 달리다

통도사 영각影閣 앞 홍매紅梅는 졌다. 자장율사를 기려 심은 삼백쉰
살 자장매慈藏梅다. 이른 삼월 피어 매화 찾는 탐매探梅꾼을 부른다.
영각 처마 초록 단청을 뒤로 두면 진홍빛이 더욱 도드라져 사진
가도 몰려든다. 이젠 마르고 바랜 꽃만 몇 남았다.

　대신 영각 옆 늙은 산수유가 연노랑 꽃가지를 처마에 드리웠다.
초록 단청과 친한 빛깔이어서 화사하면서도 눈이 편하다. 극락보
전 뒤 홍매는 아직 붉다. 곳곳에 백매가 순백 꽃을 터뜨렸다.

　이 봄 큰 가람에서 가장 매혹적인 것은 손톱만 한 제비꽃이었
다. 일주문에서 천왕문 가는 잿빛 섬돌 틈에 딱 한 송이 진보라 꽃
이 솟았다. 그 빛이 하도 선연鮮姸해 수줍기는커녕 거만하기까지
하다. 나 여기 있다며 바지 자락을 붙든다. 어쩌다 여기까지 와 피
었을까. 절하듯 수그려 렌즈를 댔다. 입술처럼 튀어나온 아래 꽃
잎 흰 무늬를 들여다본다. 그래, 봄이구나.

　뭍의 봄은 섬진강 하구로 밀려든다. 늦은 삼월 광양 매화, 구례

산수유가 폭죽 터지듯 한다. 올해는 딴 데서 봄을 맞고 싶었다. 지난 주말 구름 한 점 없이 맑고 바람 드셀 거라고 했다. 남쪽 동해가 생각났다. 양산 통도사 거쳐 울산 주전해변에서부터 동해안 드라이브에 나섰다.

해운대 달맞이고개에서 올라온 해안도로가 울산 공업단지에서 끊겼다가 다시 시작하는 곳이 주전이다. 동해 길은 거기서부터 바다에 바짝 붙어 달린다. 바람에 파도가 높다. 한적한 포구 길을 넘쳐 적신다. 갯바위 끝에 비닐 우비 입은 사람이 아슬아슬하게 걸터앉았다. 갈고리 매단 장대를 바다 겨눠 들었다. 챙 긴 모자 쓰고 흰 고무신을 신었다. 일흔쯤 된 할머니다.

파도가 갯바위를 후려칠 때마다 몇 길 물보라가 솟구친다. 할머니는 찬 바닷물을 번번이 뒤집어쓰면서도 고개만 돌릴 뿐 물러설 생각을 않는다. 바다를 노려보다 이따금 장대 디밀어 뭔가 건져 올린다. 파도에 밀려온 한 줌 미역이다. 갯가 삶이 모질다. 자식이 봤으면 마음이 어땠을까. 길가에 '자연산 미역 판다'는 팻말이 서 있다.

울산 맨 북쪽 정자항엔 대게집들이 요란하게 늘어섰다. 어판장엔 참가자미가 제철이다. 등 전체에 작은 돌 같은 게 점점이 박힌 줄가자미도 구경한다. 눈요기만 하고 항구 안쪽으로 갔다. 어둑해지는데도 난전을 걷지 않은 채 할머니들이 말린 참가자미를 판다. 좌판 곁에 하얗게 배 뒤집은 가자미들이 말라 간다. 사진 몇 장 찍었더니 할머니 입이 나왔다. "사진 찍으믄 돈이 나오노, 밥이 나오노." 꾸덕꾸덕 실한 가자미 여섯 마리를 1만 원에 샀다. 싸다.

밤엔 영덕 강구항 남쪽 바닷가 호텔에 들었다. 오래전 묵었다가 소박한 무궁화 둘 3급 호텔에 반했다. 5층 건물 발아래 바다가 찰랑댔다. 로비에서 몇 발짝만 나서면 너비 50m쯤 되는 전용 백사장이다. 방에서도 바다가 뒷마당처럼 바라보인다.

객실은 나무 창틀이며 집기가 낡았어도 그 고집스러움이 묘하게 매력적이었다. 이불깃에 호텔 이름이 자수 글씨로 박혀 있었다. 가볍게 풀 먹여 다린 새하얀 광목 홑청이 기분 좋게 사그락거렸다. 몇 년 전 주인이 바뀌었는지 뜯어고친 뒤론 밋밋한 모텔방이 돼 버렸다. 그래도 워낙 자리가 좋아 가끔 묵어간다.

이튿날 새벽에 눈이 떠졌다. 커튼 젖혔더니 하늘이 벌겋다. 오메가 일출은 아니어도 수평선에서 깨끗하게 해가 떠올랐다. 여기 올 때마다 번번이 구름 끼거나 정면 일출이 아니었다가 처음 제대로 맞는 해오름이다. 봄이 선물 주려고 새벽잠 깨운 모양이다.

강구항에서 축산항까지 강축해안도로는 여전히 으뜸으로 아름다운 바닷가 길이다. 해맞이공원 아래 비다도 변함없이 속 시원하게 푸르다. 북으로 몇 굽이 언덕길 지나 고갯마루 '어촌 체험마을' 표지판에서 바닷가로 내려간다. 가파른 산비탈에 일흔 가구가 사는 석리마을이다. 자그마한 포구 언덕길에서 보는 바다가 한 폭 유화다. 방파제 안 물빛은 남태평양 부럽지 않다.

멀리 흰고래 떼처럼 파도가 밀려드는 갯바위에 원색 옷 입은 사람들이 줄지어 간다. 영덕 해안길 '블루로드'를 걷는 행렬이다. 남쪽 가파른 계단을 헐떡이며 올라온 이들이 탁 트인 석리바다를 보며 일제히 탄성을 지른다. 봄 바다를 제대로 즐길 줄 아는 사람들이다. 당장 따라 걷고 싶지만 이럴 땐 몰고 온 차가 족쇄다.

강축도로 지나도 동해는 숨 가쁘게 아름답다. 영덕 고래불해수욕장 못미처 대진해변은 해안 드라이브의 절정이다. 옥빛 코발트빛 에메랄드빛 청록빛 잉크빛…. 바다가 갖은 빛깔로 일렁인다. 바람 불어 좋은 동해다. 울진 들어서면 후포항에서 평해읍 직산리까지 가는 '울진대게해안도로'를 빠뜨릴 수 없다. 원남면 덕신삼거리에서 망양정해변까지 '쪽빛바다해안도로'에선 가속 페달 밟는 발이 느슨해진다.

삼척 '새천년해안도로'는 도시 속 기암절벽 위를 구불구불 가며 시퍼런 바다를 본다. 그 길 끝에 작은후진해변이 있다. 두어 가족 놀면 딱 맞게 작은 모래해변이 전혀 후지지 않다. 묵호·어달·망상·헌화로·정동진·등명까지 해안길이 이어지지만 이쯤에서 접는다. 동해고속도로 옥계휴게소 남쪽 끝에서 웅장한 망상해변을 내려다본다. 바람이 차도 아리지 않고, 파도가 커도 거칠지 않다. 어느새 봄이 동해에 가득했다. 꽃길만 봄맞이 길이 아니었다.

2014.3.27

경주 대릉원 폭설에
솔가지 부러지는 '죽비 소리'

열흘 전쯤 겨울 휴가를 경주 안강읍에서 시작했을 때 동해안엔
사흘째 폭설이 쏟아지고 있었다. 경주 북쪽 안강이 포항에서 가깝
긴 해도 눈 걱정은 안 했다. 겨울 경주는 갈 때마다 늘 포근했으니
까. 아닌 게 아니라 안강에는 부슬부슬 비가 내렸다.

옥산서원 앞 자계천은 겨울 계곡답지 않게 맑은 소리 내 흐른
다. 비에 불어 봄 개울처럼 지절댄다. 계곡 따라 선 회화나무, 느
티나무, 이팝나무들도 기운을 차렸다. 거북등처럼 갈라진 소나무
껍질이 촉촉하게 젖어 빛난다. 굴참나무에 낀 이끼가 파랗게 깨어
났다. 시리도록 투명한 물 위로 나무 그림자가 춤춘다. 점묘화를
그린다. 금세 봄이 올 것만 같다.

옥산서원은 조선 중기 곧은 선비, 큰 학자 이언적李彦迪.
1491~1553을 모신다. 자계천 거슬러 간 계곡가에 그가 짓고 살던
독락당獨樂堂이 있다. 바른 소리 하다 벼슬에서 쫓겨나 쓸쓸했을
시절이 집 이름에 담겼다. 계곡 건너편 낙엽 쌓인 언덕 대숲이 그

의 기개인 듯 푸르다.

이언적이 나고 자라 뜻을 세운 동쪽 양동마을로 갔다. 추적추적 질긴 비에 온 마을이 고요하다. 어두워질 때까지 고샅길을 천천히 걸었다. 돌담 너머 화장기 없이 단아한 옛집들을 기웃거렸다. 저녁 짓는 연기가 맵싸하게 깔렸다. 600년 이어 온 양반 마을, 거기 밴 세월의 향기를 맡으며 평온했다. 마음에 난 모들이 깎여 나갔다.

따끈한 초가 민박 방에 묵었다. 아침 방 안에 앉은 채로 뜰을 내다본다. 처마 끝 볏짚들이 똑똑 낙숫물을 떨군다. 간짓대로 받친 빨랫줄 따라 쪼르르 빗방울이 달렸다. 먹을 것 찾아 화르르 참새 떼가 날아왔다 날아간다. 바깥주인이 아침밥을 상째 들고 왔다. 한 사람에 5천 원 하는 7찬 밥상이 황송하다. 곱게 부친 배추전부터 개운한 황태국까지 안주인 솜씨가 여간 얌전한 게 아니다. 잘 익은 석박지는 빈 접시 들고 가 더 얻어먹었다.

잠시 비 그친 아침나절, 어제 못 본 고택古宅들을 마저 보고 경주 시내로 갔다. 비가 오락가락하건 말건 경주박물관을 꼼꼼히 구경하고 보문호변 콘도에 들었다. 12층 방 저 아래서 어른 아이들이 까르르 웃는다. 온천수 쓰는 옥외 수영장에서 물놀이가 한창이다. 그 모습에 계절을 잊었더니 정신 차리라는 듯 함박눈이 퍼붓는다. 경주에 폭설이라니.

눈은 이튿날 아침까지 앞이 안 보이게 쏟아졌다. 호숫가 벚나무들이 하얀 겨울꽃을 잔뜩 피웠다. 눈꽃이 버거워 가지가 축 처졌다. 경주 복판 유적들을 걸어서 다니려고 했던 날인데…. 찻길에 나가봤다. 보문호 순환도로를 차가 드문드문 엉금엉금 간다. 어쩌

다 다니는 제설차가 눈 감당을 못한다. 버스 지붕에 쌓인 눈을 보니 간밤에 20cm는 내린 모양이다. 차를 갖고 나갈 엄두가 안 난다.

그래도 콘도에 갇혀 있기는 억울하다. 차려입고 현관에서 서성이다 마침 들어온 택시를 타고 나섰다. 길가 여기저기 눈에 빠지고 사고 난 차들이 서 있다. 시내는 도로 사정이 낫긴 해도 인적이 끊겨 을씨년스럽긴 마찬가지다. 택시 기사에게서 돌아갈 때 연락할 전화번호를 받고 대릉원에 내렸다. 신라 왕과 왕족 무덤 스물셋이 모여 있는 고분군群이다.

들어서자마자 관리소 사람들이 전기톱으로 나무를 자르고 있다. 눈 무게를 못 견딘 소나무가 몸통 절반이 부러져 산책로에 드러누웠다. 남은 줄기도 많이 기울어 베어 낸다. 전기톱 소리 그치자 사방이 정적에 잠겼다. 이따금 우지끈 솔가지 부러지는 소리만 들려올 뿐이다. 노송老松들이 어깨에 얹고 있던 눈을 못내 털어 내면서 작은 눈사태가 난다. 꺾인 솔가지가 곳곳에 널렸다. 천마총까지 솔숲 길을 간다.

잔디 덮여 구릉 같던 무덤들은 가까이서도 잘 보이지 않는다. 풍만한 곡선을 눈이 삼켜 버려 하얀 하늘과 분간이 안 된다. 흑백 천지에 간혹 오가는 사람들 옷이 원색 점을 찍는다. 담처럼 선 대숲도 눈을 못 이겨 양쪽으로 부채 펴듯 쓰러졌다. 코앞에 봄이 와 있다고 자랑하듯 잔뜩 꽃눈을 부풀렸던 목련은 봄은커녕 설경雪景 빛내는 소품이 돼 버렸다. 옷도 카메라도 흠뻑 젖는 줄 모르고 눈과 마음을 빼앗긴다.

천마총 보고 돌아 나오는 솔숲에도 가지 꺾이는 소리가 요란했다. 이상국은 그 소리를 시 〈대결〉에서 '빛나는 자해自害 혹은 아름다운 마감'이라고 했다. "조금씩 조금씩 쌓이는 눈의 무게를 받으며/ 더 이상 견딜 수 없는 시점에 이르기까지/ 나무는 무슨 생각을 했을까."

김선우는 중국 고승 혜가의 '입설단비'立雪斷臂를 떠올렸다. 혜가는 눈밭에서 팔뚝을 잘라 달마에게 바치며 가르침을 청했다. 시인은 "나는 무슨 그리 독한 비원悲願도 이미 없고/ 단지 조금 고적한 아침의 그림자를 원할 뿐/ 아름다운 것의 슬픔을 아는 사람을 만나/ …생나뭇가지 찢어지는 소리를" 듣고 싶다 했다.

꿈꾸듯 대릉원을 걷고 눈보라 속에 홀로 선 첨성대도 마주했다. 보문단지 돌아가려고 콜택시를 불러도 차가 없단다. 보문로가 눈에 폐쇄됐다고 한다. 어쩌다 지나가는 택시를 잡았더니 기사가 "그래도 한번 가 보자"고 해 겨우 콘도로 돌아왔다. 눈은 이튿날 낮 경주 떠날 때까지 그치지 않았다. 얼마 안 가 영천 지나자 거짓말처럼 파란 하늘과 보송보송 마른 고속도로를 만났다.

집에 온 뒤로도 한참 실감 나지 않는 경주의 사흘이었다. 그러더니 경주에서 애꿏게 젊음들을 앗아 간 참사가 났다. 솔가지 부러뜨린 설해雪害는 세상 사람들에게 정신 차리라고 내리친 죽비였을까.

2014.2.20

교회인지 절인지?
114년 된 성공회 강화 성당

강화읍을 내려다보는 북산 자락에 일요일 아침마다 범종 소리가 울려 퍼진다. 800년 전 몽골군에 맞서 도읍과 왕실을 옮겨 왔던 고려 궁지宮址 남쪽 언덕이다. 거기 한옥 마당에서 종은 길게 여운을 끌며 아홉 차례 울린다. 절 범종 소리가 아니다. '거룩하시다'를 아홉 번 거듭해 하나님을 찬미한다는 뜻이다. 주일 미사를 시작한다는 신호다.

지난 주말 성공회 강화 성당을 찾았다. '강화 도령'이 철종 되기 전 살았던 집터 용흥궁과 마주 보는 곳에 돌계단이 나 있다. 늦여름 자줏빛 꽃 피우던 자귀나무가 마른 열매만 콩깍지처럼 매단 채 겨울을 나고 있다. 계단 끝에 세 칸 솟을대문이 버티고 섰다. 가운데 칸 지붕이 높이 솟아오른 옛 대갓집 대문이다.

대문 위와 양쪽 행랑 창엔 홍살을 세우고 태극을 달았다. 조상이 악귀 쫓고 길한 기운만 들어오라고 썼던 길표吉表다. 대문짝엔 향교나 사당 외삼문같이 상서로운 태극 무늬를 그려 놓았다. 빛바

랜 한자 편액 '성공회 강화 성당'만 아니면 영락없는 고택 대문간
이다. 태극 문양도 눈 가늘게 뜨고 보면 둥근 곡선이 성공회 십자
가를 그리고 있다.

　들어서서 걸음 옮길수록 눈이 커지고 입이 벌어진다. 대문 안
세 칸 문은 절 천왕문처럼 생겼다. 왼쪽 칸에 매달린 종은 통나무
종메로 치는 우리 범종이다. 곡선 소담스럽고 소리 묵직하다. 종
메로 때리는 부분 당좌撞座에 연꽃 대신 십자가를 새겼다. 원래 범
종은 1914년 성공회 본부가 있는 영국으로 도면을 갖고 가 지어
부었다고 한다. 일제가 전쟁 물자로 떼어 간 뒤 지금 종은 교인들
이 돈을 모아 마련했다.

　종각 겸한 내삼문 지나면 비로소 예배당이다. 날아갈 듯 우아하
게 팔작지붕을 얹은 기와집이다. '천주성전'天主聖殿이라는 편액이
절 대웅전 편액 보듯 전혀 생소하지가 않다. 양록洋綠 단청도 칠했
다. 처마 끝 서까래 마구리들을 보면 더 기가 막히다. 둥근 마구리
엔 태극을, 사각 마구리엔 십자가를 그렸다. 태극과 십자가의 어
울림. 이보다 한국적인 성당, 이보다 이 땅에 잘 녹아든 교회가 있
을까. 지나가던 스님과 불교 신자들이 '이상한 절도 다 있다'며 합
장했다는 얘기가 우스개가 아니다.

　법당 기둥에 경전 구절 써 붙이듯 다섯 기둥엔 주련柱聯까지 붙
였다. '無始無終 先作形聲 眞主宰(처음도 끝도 없으시나 형태와 소리
를 먼저 지은 분이 진실한 주재자시다) 三位一體天主 萬有之眞原(삼
위일체 하나님은 세상 만물의 참된 근원이시라) 福音宣播啓衆民 永生
之方(복음 널리 펴 백성 깨우치니 영생하는 길이로다)…' 이 기특한

문자 속이 도대체 누구 것일까. 생긴 것은 경전 같되 담긴 것은 하나님 섭리다.

십자가는 용마루 끝에 겸양하듯 자그맣게 서 있다. 용머리 열두 개가 추녀마루 곳곳에 잡상雜像처럼 올라앉았다. 예수 열두 제자를 의미한다. 뒤편 사제관도 태극 대문을 단 한옥이다. 사는 곳까지 한국인의 삶을 따라 했던 성공회 선교사들의 마음을 생각했다.

예배당은 겉과 달리 서구 바실리카 양식으로 꾸몄다. 천장 높은 장방형 공간에 기둥을 줄지어 세우고 회랑을 내 장엄하다. 1900년 성당을 지은 트롤로프 신부가 백두산 적송을 뗏목에 싣고 와 기둥으로 세웠다고 한다. 성당은 114년이 지나는 사이 조금씩 고치긴 했어도 처음 모습을 잘 간직하고 있다. 유리창도 백 년 넘은 것이 많다.

앞마당 한구석에 보리수 두 그루가 10m도 넘게 솟아 있다. 백년 전쯤 영국인 신부가 인도를 거쳐 오면서 묘목을 갖고 와 심었다고 한다. 그 아래서 석가모니가 깨달음을 일었다는 나무다. 성당 왼쪽엔 선비나무, 학자수學者樹로 부르는 회화나무가 거목으로 서 있다. 불교의 보리수, 유교의 회화나무까지 보듬는 품이 크다.

돌아 나오는 돌계단 난간에도 눈길이 간다. 범종과 함께 일제가 떼어 갔다는 쇠 난간이다. 지금 난간은 2010년 일본 성공회 성직자와 신자들이 새로 만들어 바쳤다. 곁에 기념 글이 있다. '일제日帝의 침략 전쟁을 참회하고 두 나라 화해와 동아시아 평화를 염원하는 마음을 담다.'

전등사가 있는 정족산 아래 온수리에도 1906년에 지은 성공회 한옥 성당이 있다. 유난히 높다란 솟을대문 천장에 종을 매달아 종탑을 겸했다. 온수리는 성공회 김성수 주교의 고향이다. 김 주교 집안은 할아버지가 온수리 성당에서 세례받은 성공회 가족이다. 김 주교는 어릴 적부터 강화 성당과 온수리 성당에 다녔다. 여든넷 김 주교는 온수리에 재활공동체 '우리마을'을 세우고 장애 아들과 여생을 함께하고 있다.

강화 별미 두부새우젓국을 먹으러 마니산 남쪽 음식점에 갔다. 세로로 긴 한옥 안, 대들보·서까래가 다 드러난 천장이 시원스레 높다. 오래전 성공회 분소였다고 한다.

16세기 영국에서 출발한 성공회는 '비아 메디아'(Via Media)를 가치로 삼는다. 종교개혁 이래 가톨릭과 개신교 사이에서 지켜 온 '중용中庸의 길'이다. 편견과 고집보다 공존과 조화를 앞세우는 성공회 정신을 한옥 성당에서 실감 나게 봤다.

단군설화 깃든 신성한 섬, 숱한 외침外侵 버텨낸 항쟁 기지, 바깥 문물 쏟아져 들어온 길목. 강화도는 역사의 땅이다. 그래서 온 섬이 '지붕 없는 박물관'이라더니 성공회 성당 둘만 만나기에도 한나절이 짧다.

2014.1.16

장터에 구성지게
울려 퍼진 정선아리랑

강을 사이에 두고 사는 처녀 총각이 머릿기름 짜는 생강나무 열매를 따러 가기로 했다. 약속한 날 폭우로 물이 불어 아우라지 나루터 배가 끊겼다. "아우라지 뱃사공아 배 좀 건네주게. 싸릿골 올동박이 다 떨어진다. 떨어진 동박은 낙엽에나 쌓이지. 잠시 잠깐 임 그리워 나는 못 살겠네. 아리랑 아리랑 아라리요. 아리랑 고개 고개로 나를 넘겨주게."

나라 잃은 설움부터 산골 삶과 뗏목 일의 고달픔, 남녀 사랑, 고부 갈등까지. 달고 맵고 쓰고 시고 떫은 인생 오미伍味가 구성진 가락에 실려 장터에 퍼진다. 나이 지긋한 정선군립 아리랑예술단 원들이 북 치고 춤사위 곁들여 아라리를 풀어놓는다.

느리고 애틋하던 한恨은 어느새 빠르고 흥겨운 해학으로 넘어 간다. "우리 낭군님은 나를 흑싸리 껍데기로 알지만 나는 낭군님을 공산 명월로 안다오⋯." 다채로운 소리 한판 30분이 어찌 갔는지 모르겠다. 뜻밖에도 닷새 장터에서 곡진한 정선아리랑을 공짜로 즐겼다. 아침 일찍 240km 길 달려온 피로가 싹 가신다.

정선읍 닷새 장은 끝자리가 2나 7로 끝나는 날, 닷새마다 선다. 지난 주말 7일이 모처럼 장날과 맞아떨어져서 벼르던 장 구경을 갔다. 고속도로가 사통팔달 뚫린 세상에 참 멀기도 멀다. 영월에서도 굽이굽이 왕복 2차로 산길을 한참 넘고서야 정선이다. 앞 남산과 뒤 비봉산에 빨랫줄을 맨다더니 엔간한 두메산골이 아니다.

농한기 12월에 들면 시골 장터는 썰렁하기 마련이다. 겨울에 쉬는 장도 많다. 성선장이 서는 아리랑시장온 도회지 시장통 뺨친다. 주변 찻길 곳곳에 불법 주정차 차량 찍는 CCTV가 매달렸다. 4천 평 넘는 장터에 상설 시장처럼 번듯한 반투명 지붕을 얹었다.

아침 10시, 아직 이른 시간인데도 입구부터 참기름 발라 김 굽는 상인들 손이 바쁘다. 시장 통로 양쪽으로 간판 내건 가게가 즐비하다. 옷가게 정육점 다방 미용실 노래방에 경양식집 '별동별' 싸전 '풍년상회'…. 250개가 넘는 가게 앞 통로에 정선 사람 100명과 외지 장꾼 60명쯤이 난전을 벌인다. 좌판·노점보다 점포가 훨씬 많은 장이다.

정선장엔 사철 나물과 약재가 끊이지 않는다. '올해 캔 햇나물'이라고 써 붙인 곤드레 취 곰취가 수북이 쌓였다. 더덕, 장뇌삼, 영지버섯, 뽕잎, 헛개나무, 부지깽이나물에 '살 빠진다'는 빼빼목, '천연 비아그라' 야관문도 있다. 나물부터 더덕까지 장아찌 가짓수가 많기도 하다.

된장을 독째 내놓고 맛보라 한다. 콩이 안 보이게 곱고 잘 삭은 진갈색 집된장이다. 10년 묵었다는 '조선간장'은 진한 빛깔에 아주 옅은 단맛이 돈다. 요즘 사 먹기 힘든 간장이라 한 통을 1만 원에 샀다. 참기름도 짜 갈까 싶어 방앗간에 들렀다. 고춧가루 빻는 매운 내에 참기름 짜는 고소한 내가 뒤섞여 눈코가 정신을 못 차린다. 기다리는 사람이 많아 그냥 나왔다.

잡곡 좌판을 벌인 할머니께 "사진 찍어도 될까요"했다가 핀잔만 들었다. "아직 마수걸이도 못했다"며 손을 내젓는다. 그 옆 무말랭이를 다듬는 할머니는 가슴에 큼직하게 신분증을 달고 있다. 정선 사람이 정선에서 키운 토종 농산물만 판다는 '신토불이' 증이란다. 할머니 성함과 사진이 들어가 있다. 할머니가 딴 데를 보며 못 이긴 척 촬영을 허락한다. 인사 삼아 손수 농사지었다는 수수 한 되 1만 원어치를 샀다. 밥에 섞어 먹을 생각이다.

사람들 틈을 비집고 고무줄 행상이 다닌다. 바퀴 달린 고무 함지에 흰 고무줄 타래를 싣고 발로 밀며 호객한다. "평생 안 끊어지드래요. 아는 사람만 사고 모르는 사람은 못 사드래요." 정선장에서 가장 시골 장꾼다운 아저씨다. 아내가 반갑다는 듯 세 가닥을 3천 원에 산다.

여기저기 번철 내놓고 기름 둘러 지지고 부치는 소리며 냄새가 요란하다. 차진 수수 반죽에 팥이나 녹두 앙금 넣어 수수부꾸미를 지진다. 배추 잎을 얇은 메밀전에 부친 게 메밀부치기다. 메밀전병은 다진 신 김치를 말아 부친다. 찐빵 솥뚜껑 열자 퍼져 나온 김이 초겨울 추위를 녹인다. 육수 끓는 족발 솥 걸어 두고 바로바로 꺼내 썰어 준다. 바닷물로 빚었다는 따끈한 두부는 금세 동났다. 엿과 튀밥도 빠질 수 없다.

시장 안 먹자골목 이름난 집에서 이른 점심을 들었다. 5천 원씩 하는 콧등치기와 곤드레밥, 모음전을 시켰다. 메밀 면발이 탱탱해 후루룩 빨면 코를 때린다고 콧등치기다. 김 가루와 다진 김치를 고명으로 얹은 국물이 시원하다. 곤드레밥은 별 양념도 없는데 맛있다. 좋은 참기름을 쓰는 모양이다. 모음전은 미리 부쳐 뒀다 내는지 미지근하다.

　정오가 넘자 제대로 걷기도 힘들게 붐빈다. 아침 8시 10분 청량리역을 떠난 '정선오일장 열차'가 정선역에 도착하면서다. 1999년부터 장날마다 오가는 관광 열차다. 정선장은 1966년 나물과 생필품을 사고파는 물물교환 장으로 시작해 이제 으뜸가는 민속장이 됐다. 올 들어 10월까지 41만 명을 불러 모았다. 지난 4월 '아리랑시장'으로 재개장한 뒤 11월까지 가게 평균 매출이 9천 7백만 원이라고 한다. 정선 사람들이 정성을 다해 준비하고 손님 맞은 덕분일 것이다. 다만 워낙 이름이 나다 보니 아무래도 정情과 인심을 나누는 시골 장터 맛은 덜하다.

　싸라기눈 뿌리는 산길을 돌아 나오면서 귓가에 정선아리랑 가락이 맴돌았다. "눈이 올라나 비가 올라나 억수장마 질라나. 만수산 검은 구름이 막 모여든다. 아리랑 아리랑 아라리요…." 정선장에 가면 낮 12시와 1시 반 두 차례 공연은 꼭 보시라.

2013.12.12

가을비 맞으며
광릉 숲길을 걸었다

비에 낯을 씻은 당단풍 빨간빛이 새뜻하다. 복자기, 붉나무, 화살나무 잎이 단풍 못지않게 붉다. 서어나무, 졸참나무, 갈참나무 잎도 노을빛이다. 물푸레나무, 생강나무, 고로쇠나무는 은행잎만큼이나 노랗다. 빨간 건 빨간 대로, 노란 건 노란 대로, 철없이 푸른 건 푸른 대로 한결 맑다. 제 빛깔보다 채도彩度가 한두 단계씩 높아졌다. 천년 숲을 적시는 가을비 덕분이다.

비가 먼지를 가라앉히면서 숲은 진한 가을 내음을 뿜는다. 어릴 적 해 질 무렵 동네를 싸고돌던 밥 짓는 연기 냄새 같다. 쌉싸래한 약초 냄새 같기도 하다. 습지에 쌓여 삭아 가는 낙엽 냄새가 시큼하다. 솔 내음이 알싸하다. 금빛으로 물드는 여든 살 거목 계수나무 밑은 달콤하다. 솜사탕 냄새, 딸기잼 냄새가 난다. 하트 모양 가을 잎에 쌓인 엿당糖이 숨구멍으로 달짝지근한 향기를 솔솔 풍긴다.

비는 소리를 낮게 가둔다. 앞서 가는 부부가 아기의 팔을 하나

씩 붙잡고 번쩍 들어올렸다. 아기가 허공에서 발을 구르며 까르르 터뜨리는 웃음이 새소리보다 영롱하다. 잉어가 호숫물 첨벙이는 소리도 코앞인 듯 가깝다.

지난 주말 포천에 있는 국립 광릉수목원을 가려고 예약해 뒀다. 비 온다는 예보쯤은 무시하고 아침 일찍 일어났다. 그런데 신문 1면에 미세먼지가 중국에서 엄청 날아온다는 기사가 실렸다. 바깥 출입을 삼가란다. 포기하고 집에 앉아 있자니 마당 은행나무가 가랑비에 촉촉이 젖어 간다. 미세먼지고 뭐고, 벌떡 일어섰다.

383번 지방도 따라 광릉 어귀에 들어서면서부터 미소가 솟는다. 길가에 높이 선 소나무, 전나무, 느티나무들이 안개에 잠겨 있다. 그냥 집에 있었으면 땅을 치고 후회했겠다. 선경仙境을 사진에 담고 싶어도 차 세울 곳 마땅찮은 게 아쉬울 뿐이다.

주말 광릉수목원은 3천 명만 받는다. 일기예보 덕에 더 한가롭다. 비와 안개와 낙엽 내린 숲길을 젊은 한 쌍이 간다. 제 우산은 접어 들고 머리를 연인의 듬직한 어깨에 기대고 간다. 짙은 가을 속을 아빠와 아기가 걷는다. 부부가 걷고 친구가 걷는다. 우비 입은 서너 살 아이들이 고인 물 찰박대며, 강아지처럼 깡충거리며 간다. 동요를 흥얼거린다.

세조는 자기가 묻힐 광릉 터를 마련하고 풀 한 포기도 뽑지 말라 했다. 광릉 숲은 세조 뜻대로 550년을 고이 지났다. 활엽수림이 세월 따라 변해 온 끝에 절정으로 무르익은 극상림極相林이 됐다. 키가 몇 십 m나 되는 활엽수들이 갖가지 빛깔로 물든 장관은 광릉 숲 말곤 보기 힘들다.

순환로를 잠시 벗어나 '숲 생태 관찰로'를 걸었다. 손대지 않은 원시림을 가까이 보고 호흡하게 꼬불꼬불 데크 길을 깔았다. 숲은 치열한 삶의 경쟁을 접고 고요한 쉼을 준비하고 있다. 낙엽 내음이 구수하다. 미국 청년이 숲길에 삼각대 세우고 망원경을 얹어 놓았다. 목에 맨 쌍안경도 번갈아 들여다본다.

"뭘 보느냐"고 물었더니 목소리를 낮춰 "새"라고 한다. 못 알아들었을까 봐 우리말로 "탐조"探鳥라고 덧붙이더니 망원경을 보라며 내 준다. 앞쪽 키 큰 나무에 새 한 마리가 앉았다 금세 날아간다. 청년은 "귀한 노랑배박새(Yellow-bellied tit)가 저 나무에 스무 마리쯤 있다"며 엄지손가락을 세워 보였다. 광릉 숲이 깊어 탐조꾼도 불러 모으는 모양이다. 자그마한 저수지 육림호育林湖 변, 통나무로 지은 찻집에 들렀다. 비는 잦아들고 안개는 더 짙어졌다. 테라스에 앉아 커피 한잔 마시며 호수를 본다. 미세먼지는 벌써 잊었다. 비가 다 씻어 갔을 것이다.

호수 둘레를 걷고 전나무 길로 들어섰다. 아흔 살 전나무들이 꼭대기가 안 보이게 치솟아 600m를 늘어섰다. 1927년 오대산 월정사 전나무 숲에서 다섯 살 전나무를 가져다 심어 가꿨다. 엄마 격인 월정사 길, 부안 내소사 길과 함께 3대 전나무 길에 꼽힌다. 나무 향이 빗속에 더욱 진하다. '공중의 비타민' 피톤치드가 바로 방향芳香 물질, 향기다. 전나무 발치에 빨갛게 선 단풍이 어둑한 숲을 밝힌다.

전나무 숲 지나 언덕을 오르면 동물원이다. 반달가슴곰과 늑대·멧돼지가 철창 가까이 와서 알은체를 한다. 언덕 내려서서 호랑이 우리로 간다. 2005년 중국에서 온 백두산 호랑이가 산다. 새끼를 보려고 한 쌍을 들여왔다가 암놈은 죽고 열두 살 수놈만 홀아비로 남았다. 호랑이 수명이 스무 살 안팎이니 중년에 든 셈이다. 작년 여름과 올봄에 왔을 땐 한구석에서 늘어지게 잠만 자고 있어서 짠했다.

오늘은 보란 듯 철창에 바짝 붙어 끊임없이 오간다. 거센 숨 몰아쉬며 노려본다. 철창을 사이에 뒀지만 겁이 나도록 용맹하다. 가을비가 야성野性을 깨웠을까. 호랑이다운 호랑이가 반가웠다.

수목원 한 바퀴 도는 8km 단풍 길을 쉬엄쉬엄 네 시간 넘게 걸었다. 황홀한 만추晚秋 속을 헤매며 세상 시름 다 잊었다. 빛 고운 단풍 보겠다고 가을마다 몇 백 km를 달려갔다가 실망해 돌아오곤 했다. 집에서 45km 떨어진 곳에 단풍 천국이 있다는 걸 이제야 알았다. 그것도 사람에 치일 걱정 없이 온전히 내 것으로 누렸다.

한강 선유도공원, 서울대공원 산림욕장, 구리 한강시민공원 코스모스, 인천 드림파크 국화, 안산 습지공원 갈대밭…. 서울 사는 맛 나게 가까운 가을 명소 목록이 또 하나 늘었다.

2013.11.7

초가을 아침 걸었던
오대산 천년 숲길

아무도 없는 아침 숲길을 걷는다. 공기가 달다. 숲 냄새가 싱그럽다. 계곡물 맑은 소리에 귀를 씻는다.

숲은 아직 가을빛이 이르지만 다투어 결실을 보고 있다. 날개 넷 달린 나래회나무 열매가 무르익어 벌어졌다. 주홍 씨앗들이 진홍 열매 껍질을 양산처럼 받쳐 들고 조롱조롱 매달렸다. 솜씨 매운 장인인들 이리 화려한 귀걸이를 빚을 수 있을까. 갈라진 회목나무 열매는 세련된 브로치다. 분홍 껍질 아래 씨앗은 주황 속살 끝이 칠한 듯 까맣다. 괴불나무 열매는 체리보다 빨갛게 빛난다. 손톱만 한 산외 열매가 그네 타듯 덩굴 끝에 대롱거린다.

숲은 막바지 들꽃도 피우고 있다. 투구꽃은 뒤 꽃잎이 고깔처럼 덮어 영락없이 투구 쓴 모습이다. 중부 이북 깊은 산골에 무리 지어 피어 가을을 알린다. 용담은 큼직한 보라 꽃이 나팔같이 벌어져 오가는 이에게 꽃다발이라도 바치는 것 같다. 또릿또릿 샛노란 이고들빼기, 수줍은 연자줏빛 나도송이풀, 진자줏빛 참당귀도 숲

길을 밝힌다. 사위질빵은 산발하듯 꽃 지고, 진보라 각시취와 배초향도 시들어 간다. 오대산 계곡 선재길을 따라 내려가며 만난 초가을 생명들이다.

추석 연휴 아침 일찍 평창 월정사 입구에서 진부발發 버스를 타고 상원사에 올랐다. 1960년대 두 절을 잇는 찻길이 나기 전까지 사람들은 숲길을 오르내렸다. 화전민에겐 삶 일구는 길, 벌목꾼에겐 산판 길, 불자佛子에겐 순례 길이었다. 신작로가 놓이면서 숲 속 길은 시나브로 형체를 잃고 자연으로 돌아갔다.

그 8.6km 옛길을 몇 년 차근차근 되살려 재작년에 다 낸 것이 선재길이다. 화엄경에 나오는 선재善財 동자에서 이름을 따 왔다. 오대산을 상징하는 문수보살의 가르침을 따라 진리 세계로 들어갔다는 구도자求道者다. 아직은 예전에 부르던 이름 '오대산 천년의 숲길'이나 '옛길'이 더 익숙하다.

상원사 발치 오대천 상류 계곡을 징검다리로 건너면서 선재길이 시작한다. 앞 주말 폭우가 쏟아진 덕분인지 계곡물이 청량淸亮한 소리를 내며 흘러내린다. 바닥이 투명하게 비친다. 손을 단 몇 초도 못 담그게 물이 차갑다. 숲으로 낮게 스며드는 아침 햇살이 물무늬를 그린다. 늦더위가 모진 날이었지만 계곡물 서늘한 기운에 바람막이를 덧입는다. 잘 왔다, 일찍 나서길 잘했다 싶어지는 순간이다.

숲은 참나무, 떡갈나무, 상수리나무, 물푸레나무, 거제수나무, 까치박달나무 우거진 활엽수림이다. 구름 한 점 없는 날이어서 모자와 선글라스를 가져갔지만 그늘이 짙어 꺼낼 일이 없다. 두 사람 겨우 비켜가게 좁은 길이 부드럽게 휘며 간다. 신작로에서 겨우 20~30m 떨어져 가는데도 별천지다. 10년 전 차들이 흙먼지 풀풀 피우는 찻길을 오르던 때와는 걷는 맛이 하늘과 땅 차이다.

간간이 마른 잎들이 날려 길바닥에 제법 쌓였다. 가을이 깊어가면 푹신한 낙엽 길이 될 것이다. 계곡 따라 단풍나무들이 푸른 잎을 드리웠다. 10월 중순이면 물감 푼 듯 계곡물을 붉게 물들일 것이다.

오대산장에 늘었다. 대피소 구실노 하고 간난한 음식도 팔던 곳이다. 할머니 '바리스타' 두 분이 서툰 대로 정성껏 커피를 내려준다 해서 맛보렸더니 텅 빈 채 문이 잠겼다. 모든 장사를 접었다고 한다. 선재길에서 그나마 컵라면에 커피 한잔 사 마시며 쉬어 갈 곳이 없어졌다.

옛길은 곳곳에 지나온 역사의 흔적을 품고 있다. 길섶에 녹슨 철도 레일 몇 가닥이 뒹군다. 일제日帝는 베어 낸 목재를 실어 내려고 여러 산에 협궤 '산림철도'를 놓았다. 오대산에선 전쟁 물자로 박달나무를 몽땅 베어 갔다. 유난히 목질이 단단해 소총 개머리판으로 깎아 썼다고 한다.

화전민들은 천 년 전부터 오대산 골짜기에 귀틀집과 너와집을 짓고 조·콩·메밀을 갈았다. 1968년 정부가 화전정리법을 만들어 이주시키면서 화전민은 사라졌다. 그 시절 세운 듯 '화전 금지'라는 시멘트 표지석이 서 있다. 버드나무로 기둥 세우고 솔가지 덮은 섶다리도 만났다.

길은 서너 차례 계곡 건너 엇갈리면서도 내내 계곡과 함께 간다. 외길인 데다 표지판이 착실하게 걸려 있어 길 잃을 염려가 없다. 그런데도 두 번이나 길을 잘못 들었다. 눈 번히 뜨고 길 놓치기 일쑤인 '길치癡' 신세를 이번에도 면치 못했다. 명절이어선지 선재길 거의 다 내려가서야 앞서 가는 다른 일행을 만났다. 마주 올라오는 이들도 고작 두어 팀이다. 덕분에 월정사까지 조붓한 숲길을 온전히 내 것으로 누렸다.

오대산 걷기는 월정사 금강교에서 일주문까지 늘어선 1km 전나무 길로 정점을 찍는다. 백 살 안팎 전나무 천 그루가 30m까지 솟아 있다. 단연 첫손가락에 꼽는 절 들머리 길이다.

선재길은 평지처럼 완만한 흙길이어서 올라가기도 그리 힘들지 않다. 산 타는 사람들은 왕복을 해도 싱겁다 할 길이다. 하지만 초보 트래커에겐 이보다 행복한 길도 드물 것 같다. 선재길은 봄엔 신록, 여름엔 녹음, 가을엔 단풍, 겨울엔 설경이 좋다고 한다. 오대천 계곡이 하얀 솜이불 덮는 겨울을 으뜸으로 치는 이가 많다. 당장 이 가을 단풍 들 때 다시 가 봐야겠다.

2013.10.3

문인文人들 흔적 찾아 떠난
늦여름 남도 기행

장흥반도 남쪽 끝 진목리까지는 군청에서 35km 길이었다. 노염老炎에 지친 듯 적막한 회진면 소재지를 지나 산허리를 몇 차례나 돌았을까. 언덕에 고만고만한 집이 다닥다닥 붙은 진목마을을 만났다. 슬레이트 지붕을 얹은 집들은 콘크리트 담과 벽을 꽁꽁 둘러쳤다. 그 사이로 쩨쩨하게 난 고샅길 바닥에도 시멘트를 발랐다. 두 번 꼬부라진 골목 끝에 대문도 없는 네 칸짜리 일자 기와집이 있다. 작가 이청준의 생가다.

남향집 마당에 서면 간척으로 메운 들녘이 내려다보인다. 이청준 어릴 적엔 집 앞까지 바닷물이 들던 갯벌이었다. 그 갯벌에서 60년 전 이청준이 도회지 중학교로 유학 가기 전날 모자母子가 게를 잡았다. 홀어머니는 가난했지만 아들을 맡아 줄 친척집에 빈손으로 보낼 순 없었다. 이튿날 이청준이 삼백 리 버스 길을 가 친척집에 닿자 게들은 상해 고약한 냄새를 풍겼다. 친척 누님이 코를 막고 게 자루를 쓰레기통에 버렸을 때 이청준은 자기가 버려진

듯 비참했다. 가난과 어머니는 이청준 문학의 숨은 씨앗이었다.

이청준이 고등학교 들어갈 무렵 어머니는 가난에 몰려 집까지 팔아야 했다. 아들에겐 집 판 일을 숨긴 채 빈집을 드나들며 먼지 털고 걸레질했다. 아들이 고향에 다니러 오자 내 집인 양 밥해 먹이고 하룻밤 재워 보냈다. 어머니는 신새벽 눈 쌓인 십리 산길을 걸어 아들을 읍내까지 배웅하고 돌아선다. 눈길엔 모자가 걸어온 발자국이 남아 있다. 어머니는 아들의 온기가 밴 아들 발자국만 밟고 온다. 이청준이 단편 '눈길'로 쓴 사연이다.

이청준 문학의 태 자리 옛집을 장흥군이 사들여 기와 얹고 손질해 문학 순례자들에게 열었다. 마루에 작은 나무 밥상 놓고 방명록을 올려놓았다. 안방엔 이청준이 쓴 어머니와 고향 집 이야기들이 걸려 있다. 따스하면서도 애틋한 작가의 마음을 읽으며 5년 전 떠난 그의 체취를 맡았다.

진작부터 와 보고 싶어 했던 바람을 풀면서도 마음 한구석이 언짢았다. 방 둘에 남은 그의 흔적이 소박하다 못해 초라했다. 안방 문에 기대 놓은 이청준 사진은 한쪽이 찢겼다. 집 입구부터 곳곳에 거미줄이고, 문간방 문설주를 벌레가 갉아먹는지 나뭇가루가 널려 있다. 돌아 나오는 골목길 뙤약볕이 더 따가웠다.

지난주 느지막하게 여름휴가를 냈다. 전남 영암부터 경남 거제까지 며칠 남해안을 가며 쉬엄쉬엄 문인들의 고향에 들렀다. 영랑 생가는 강진군이 30년 다듬어 온 국가 민속자료다. 영랑 김윤식이 1903년 태어나 유학 시절 빼고 마흔 몇 해를 살았다. 초가 안채 옆 삼백 살 동백숲에 시비詩碑 〈동백 잎에 빛나는 마음〉이 서

있다. 우물가엔 〈마당 앞 맑은 새암을〉이, 붉은 감잎 날아들던 '장 꽝'엔 〈누이의 마음아 나를 보아라〉가 새겨져 있다.

뜰엔 모란을 심어 명시 〈모란이 피기까지는〉을 기렸다. 꽃 대 신 열매가 벌어져 야무진 씨앗을 드러냈다. 사랑채엔 배롱나무가 진분홍 꽃가지를 드리웠다. 영랑이 심은 은행나무는 거목으로 자 랐다. 거기 그늘에 앉아 땀을 식히며 시인의 곧은 삶과 영롱한 시 어詩語를 떠올렸다.

순천문학관은 차가 닿지 않는 습지 뚝방 길가에 들어앉았다. 순 천만 갈대밭에서 장난감 같은 '갈대 열차'만 다닌다. 탈것 대신 습 지 속 자전거 길을 1km쯤 걸어 들어갔다. 우거진 수초 사이로 새 와 게와 물고기, 갖은 생명이 숨 쉰다. 이런 문학관도 있을 수 있 구나 싶다. 초가 두 채에 순천 사람 정채봉과 김승옥의 흔적을 모 았다. 박이 소담스럽게 열린 정채봉관에선 배냇저고리에 눈길이 갔다. 태어나 얼마 안 돼 어머니를 잃어 엄마라고 한 번 불러보지 못했다는 그가 배냇저고리를 평생 간직한 마음을 생각했다.

이병주문학관은 지리산 남쪽 그의 고향 하동 북천면에 자리했 다. 깊은 골에 알프스 산장처럼 지붕 높은 건물이 시원스럽다. 선 굵고 스케일 큰 '기록자·증언가로서 소설가' 이병주를 닮았다. 한 창땐 한 달에 원고지 천 장씩 써 냈다는 몽블랑 만년필이 전시관 의 상징으로 서 있다.

재작년부터 사무국장으로 일하는 진주晉州 시인 유홍준이 가지 와 오이를 한 접시 차려 준다. 주변 비탈을 괭이로 일궈 가꿨다 고 한다. 벌목장 통나무 메고 나르는 산판부터 정신병원 관리사까지 온갖 궂은 일을 해 '정육점의 시인'으로 불렸던 그다. 생전 처음 하는 책상 일이 답답해 틈틈이 고추 농사 지어 마흔 근을 거뒀단다. 이젠 김장 배추 씨를 뿌릴 참이다. 달도록 공기 맑은 곳에서 봄 산나물 캐고 여름 계곡 다슬기 잡는다니 이보다 좋은 일터도 드물겠다. 좀이 쑤신다는 엄살과 달리 얼굴이 해맑다.

통영 청마문학관과 생가는 바다를 바라보는 망일산 기슭에 올라앉았다. 한 사람에게 두 생가가 있을 리 없지만 거제에도 청마 생가와 기념관이 있다. 이웃한 두 도시는 청마 유치환이 자기네 태생이라고 다퉈 왔다. 거제는 청마가 둔덕면에서 태어나 두 살에 통영으로 이사했다고 말한다. 통영은 청마의 호적부와 고향에 관한 글을 내세운다. 복도 많은 청마지만 그의 생가를 두 곳에서 만나는 여행자들은 문학 기행의 흥이 식는다. 그래도 여행길 내내 그윽한 문향文香에 늦더위를 잊었다.

2013.9.5

성호 긋지 않아도…
위안과 평화 주는 옛 성당

어릴 적 시골 동네 어귀에 교회가 있었다. 크리스마스 무렵 교회에서 나눠 주는 사탕이 탐나 몇 번인가 갔다. 마룻바닥에 방석 깔고 찬송가를 더듬더듬 따라 불렀다. 낮게 앉아 쳐다보는 강단과 설교대가 높고 컸다. 철들어 다시 찾은 교회는 어찌 그리 작던지. 예배당엔 방석 대신 긴 의자들이 놓여 있었다. 시멘트를 발라 버린 바닥이 유난히 차갑고 휑했다. 여태 종교를 갖지 못했지만 50년 전 마룻바닥 예배의 푸근한 기억이 몸에 새겨져 있다.

강원도 횡성 산골짜기에 의자 없이 맨 마루만 깔아놓은 성당이 있다. 106년 전 성당 지을 때 송판 마루 그대로다. 순례자들은 한쪽에 쌓인 방석을 가져다 깔고 꿇어앉는다. 제대祭臺를 우러르며 기도한다. 넓지도 좁지도 않게 아흔 평 남짓한 예배당에 앉으면 고향에라도 온 것 같다. 무언가로 서성이며 살아온 일상의 앙금이 가라앉는다. 신자 아니라도 마음이 편안하고 정갈해진다. 이 땅에 일곱 번째로 지은 성당, 한국인 신부가 처음 세운 성당, 우리나라

두 번째 본당이자 강원도 첫 성당, 가톨릭 최초·최대 신앙촌…. 풍수원성당이다.

　장맛비가 잠깐 그친 주말, 횡성군 서원면 유현리로 차를 몰았다. 양평 6번 국도 따라가는 90km 길이 번듯하지만 90년대까지도 좁은 흙길로만 닿던 곳이다. 주차장에 차 세우고 순한 언덕을 오른다. 작년 늦가을 비에 젖어 황금빛으로 찬란하던 잎들이 어느덧 진초록으로 무성하다. 걸음을 뗄 때마다 아침 안개 옅게 낀 언덕 끝에서 붉은 벽돌 성당이 조금씩 얼굴을 내민다. 작고 간결하고 소박하지만 모양새는 명동성당을 빼닮았다. 22m 종탑보다 키가 큰 이백 살 느티나무 두 그루가 성당 문에 푸른 가지를 드리웠다.

　신발 벗고 한 짝짜리 여닫이문을 밀고 들어섰다. 이른 아침이어서 예배당 마루가 텅 비었다. 열어 둔 옆문 앞에 수녀 한 분이 앉아 책을 읽는다. 제단도 조촐하다. 단정한 스테인드글라스 창으로 아침 햇살이 은은하고 따스하게 비쳐든다.

　벽을 빙 둘러 가며 예수 수난부터 죽음까지 열네 장면을 담은 '4처處' 그림이 걸려 있다. 석고로 빚고 채색한 부조浮彫들이 촌스럽도록 투박하다. 그 아래 쓰인 글은 더 예스럽다. 백 년 전 성경 말씀처럼 고어古語투다. '예수 죽을 죄인으로 판단함을 받으심이라', '성 베로니카 흰 수건으로 예수의 성면聖面을 씻음이라', '예수 기력이 핍진하사 제이차 엎더지심이라', '예수의 성시聖屍를 장사葬事함이라'….

　들고 있던 카메라가 그럴싸해 보였는지 수녀님이 "사진작가냐"고 묻는다. "그냥 취미"라고 하자 "마룻바닥에 누워 둥근 천장을

찍으면 멋지게 나온다더라"며 불까지 켜 준다. 친절을 마다할 수 없어 누워서 몇 컷 찍는데 면셔츠·반바지에 면장갑 낀 남자가 왔다. 일하는 인부인가 했더니 도끼눈으로 쨰려본다. 제단의 낡은 카펫을 바꾸러 들어온 주임신부다. 머리 허연 자^者가 경건한 성전^聖殿에 벌렁 누워 있으니 어이가 없었을 것이다.

머쓱해서 밖으로 나왔다. 외벽 벽돌에도 세월의 더께가 앉았다. 붉은빛이 많이 바랬다. 그나마 잿빛, 검은빛 벽돌이 드문드문 섞여 땜질이라도 해놓은 것 같다. 백몇 년 전 벽돌을 굽고 쌓았을 신자들의 땀과 기쁨이 배 있다.

1801년 용인 사는 천주교 신자 마흔 몇이 신유박해를 피해 여드레를 헤매다 풍수원에 숨어들었다. 화전 일구고 옹기 구우며 믿음을 지켰다. 쇄국정책 속에 탄압은 더욱 모질었고 곳곳에서 신자가 모여 천 명에 이르렀다. 1887년 신앙의 자유가 열리고 조선 동부를 아우르는 본당이 됐을 땐 이천 명을 넘었다. 그 환희와 찬송이 얼마나 컸을까.

1896년 세 번째 한국인 사제 정규하 신부가 풍수원에 부임해 왔다. 그는 제대로 된 성당을 지으려고 명동성당을 본떠 설계도를 그렸다. 신자들이 산에서 나무를 베어 오고 옹기 가마에서 벽돌을 구워냈다. 강릉·양양 신자들까지 태백산맥을 보름 걸려 넘어와 일손을 보탰다. 몸과 마음을 쏟아부은 공사 끝에 1907년 성당이 섰다. 풍수원은 광복 후까지 전국에서 모여든 신자들로 붐비다 본당들이 가지 쳐 나가면서 고즈넉한 성지^聖地로 남았다.

풍수원에서 '십자가의 길'을 걷지 않으면 절반밖에 못 보는 셈이다. 성당 왼쪽 뒤 예수 평화상像에서 숲 속 언덕길이 시작한다. 판화가 이철수가 그림과 글을 새긴 14처 비碑가 늘어섰다. '예수 사형선고 받으시다', '십자가를 지시다', '두 번째 넘어지시다'…. 성당 안과 달리 간명하다. 작년 가을 잘 익은 밤송이가 후드득 떨어지던 길엔 싱그러운 녹음이 들어찼다. 소나무 몸뚱이에 여름 비 먹은 이끼가 파랗다. 예수의 고난을 따라 묵상默想하는 길, 천천히 걸으며 삶을 돌아보는 사색의 길이다.

풍수원엔 세 번째 걸음 했다. 성호는 그을 줄 몰라도 갈 때마다 위안과 평화를 얻는다. 머리가 맑아진다. 그래서 원주 용소막성당, 익산 나바위 한옥 성당, 아산 공세리성당도 가 봤다. 거기 깃든 백 년 세월과 믿음과 헌신獻身을 호흡하자면 한결같이 평온해진다. 우리 땅엔 갈 곳이 참 많다.

2013.7.2

해창막걸리 예찬

'해창주조장'은 내비게이터에 뜨지 않았다. 가까이 있는 '시인 김
남주 생가'를 대신 찍고 지난 주말 전남 해남군 화산면까지 차를
몰았다. 1990년대 마흔 줄에 세상을 뜬 김남주·고정희 시인의 고
향 마을이다. 진도 바다로 흘러가는 삼산천에 접어들면서 지나가
던 아주머니에게 길을 물었다. 덤덤한 얼굴로 "조금 더 가라"고
일러준다. 고맙다 인사하고 막 차창을 올리려는데 덤덤하게 한마
디 덧붙인다. "맛있어요." 해창주조장 막걸리가 맛있다는 얘기다.
400km 길이 헛걸음은 아닌 모양이다.

　해창주조장은 삼산천 곁 나직한 언덕에 서 있다. 대문을 활짝
열어 놓아 너른 마당과 살림집이 훤히 들여다보인다. 90년 된 일
본식 이층집이다. 뜰엔 보랏빛 송엽국이 한창이다. 근육질 울퉁불
퉁한 청가시나무와 모세나무에 세월이 배 있다. 낮은 담 너머 푸
른 강과 고천암 들녘이 평화롭다. 200년 전 선승禪僧 백파白坡 선사
가 거닐었다는 소요대逍遙臺가 비석으로만 남아 있다. 이런 곳에서

익는 막걸리는 향이 좋을 수밖에 없겠다.

집이 비어 있어 뒷마당부터 구경했다. 90년 전 일본인 주인이 심은 거목들이 800평 정원에 들어찼다. 실화백, 육박나무, 가시나무, 단풍나무, 벚나무, 아왜나무, 모과나무, 마로니에들이다. 춤추듯 뒤틀린 배롱나무 네 그루는 많게는 육백 살을 먹었다. 못 파고 다리 놓고 뒤쪽 형제산까지 아우르는 정원은 조경학도들을 불러들인다. 이 정원을 연구해 학위를 딴 박사가 둘이나 나왔다고 한다.

정원은 지금 유월이 절정이다. 초록은 짙어가고 바닥엔 온통 파란 이끼다. 빨간 찔레꽃, 노란 낮달맞이꽃, 자줏빛 우단동자꽃, 주홍 석류꽃이 원색 점을 찍는다. "쪼로롱 쪼로롱", "뻐꾹 뻐꾹"…. 갖가지 새가 무성한 나무에 숨어 갖가지 곡조로 지저귄다.

정원에 넋 놓고 있자니 안주인이 돌아왔다. 사 들고 온 토종닭을 뜰에 걸어 둔 솥에 넣는다. 배달 나갔던 바깥주인도 왔다. 정원 긴 탁자에 막걸리를 내놓는다. 머위대나물, 마늘종장아찌에 아삭아삭 묵은 김치도 올랐다. 양은 잔에 막걸리를 따랐다. 우윳빛에 발그레한 누룩 기운이 살짝 감돈다. 은은한 과일 향이 난다. 쌀이 발효하면서 내는 사과향이다. 한 모금 들이켰다. 달지 않고 시원하다. 기분 좋은 감칠맛이 뒤따른다. 목 넘김이 비단결 같다. 누룩 향도 지나치지 않게 구수하다. 사이다처럼 달고 탄산가스 톡 쏘는 여느 시중 막걸리와는 영 다르다. 농촌진흥청이 공인한 전통주 소믈리에 1호 오형우가 최고 막걸리로 꼽을 만하다.

부부는 새벽 다섯 시 고두밥부터 찐다. 누룩도 만들어 쓴다. 발효를 앞당기려고 흔히 넣는 효모제 '술약'은 구경도 못했다. 누룩

정원 긴 탁자에 막걸리를 내놓는다. 머위대나물, 마늘종장아찌에

아삭아삭 묵은 김치도 올랐다. 양은 잔에 막걸리를 따랐다.

우윳빛에 발그레한 누룩 기운이 살짝 감돈다. 은은한 과일 향이 난다.

쌀이 발효하면서 내는 사과향이다. 한 모금 들이켰다. 달지 않고

시원하다. 기분 좋은 감칠맛이 뒤따른다. 목 넘김이 비단결 같다.

누룩 향도 지나치지 않게 구수하다. 사이다처럼 달고 탄산가스 톡 쏘는

여느 시중 막걸리와는 영 다르다.

만으로 자연 발효시키느라 숙성기간이 여느 막걸리 세 배, 보름이 넘는다. 물은 150m 지하수를 길어 쓴다. 막걸리통에 적힌 원료 표시는 딱 두 줄이다. 국내산 쌀 100%, 아스파탐 0.0005%. 인공감미료 아스파탐은 떫은맛을 없애려고 600리터 발효통에 커피 스푼 둘만 넣는다. 보통 막걸리 10분의 1도 안 된다. 그렇게 빚은 막걸리를 하루 700통쯤만 걸러 낸다.

토종닭이 익자 반년을 냉장 숙성시킨 막걸리를 내온다. 한 말 담가 됐던 것을 손님 온다고 손으로 체에 밭쳐 냈다. 요구르트처럼 걸쭉하다. 쌀이 오래 삭아 달큰하고 솔향이 상큼하다. 유산균이 바깥 공기를 만나 뽀글뽀글 기포를 올리며 살아 숨 쉰다. 거목 그늘에서 온갖 새소리 들으며 얼근해진다. 이런 술자리는 처음이다.

쉰둘 동갑내기 오병인·박미숙 부부는 서울 살던 귀농인이다. 술꾼 남편은 10년 전 해남에 왔다가 해창막걸리에 반했다. 잡맛 없이 깔끔하고 기분 좋게 취하고 이튿날 깨끗했다. 해창막걸리를 3년 택배로 즐기던 부부에게 주조장 주인이 "나 대신 해보지 않겠느냐"고 했다. 1937년부터 해 온 가업을 아들들이 이을 처지가 아니었다.

부부는 아무 연고도 없는 해남행을 결심했다. "막걸리가 맛없었다면 안 왔다"고 했다. 마을과 정원과 고택도 마음을 끌어당겼다. 아내가 막걸리 학교에 다닌 뒤 2007년 아들을 데리고 먼저 내려왔다. 해창막걸리 비법을 배우고 서울을 오가며 막걸리를 공부했다. 2년 뒤엔 남편이 직장을 정리하고 왔다. 지금까지 뗀 막걸리·전통주 교육과정이 일곱이다.

부부는 "유산균도 사람을 탄다"고 말한다. 날씨 따라 재료 따라 빚는 사람 기분 따라 들쭉날쭉하다. 비 오는 날이나 부부 싸움 한 뒤 걸러 낸 막걸리는 맛이 없다. 새벽 여섯 시 갓 거른 막걸리를 빈속에 한잔 맛본다. 잘 익어 향이 좋은 날은 '오늘 누가 안 찾아오나' 싶다. 덜 발효돼 밋밋한 날은 '택배 주문이 안 왔으면' 한다. 그럴 땐 위에 맑게 뜨는 '청주'를 한 양동이 섞는다. 술 공장이 아니라 오롯이 부부만 하는 술도가여서 대장금처럼 영감靈感 떠오르는 대로 한다. 정 맘에 안 들면 몇 말이고 쏟아 버린다.

부부는 "막걸리를 싸고 천하게 빚으면 싸고 천한 대접을 받는다"고 했다. 해남 쌀과 물과 바닷바람에 자존심과 자부심 담아 술을 익힌다. 지난 몇 년 입맛에 맞는 막걸리를 찾아다니다 해창막걸리를 만났다. 다녀온 지 며칠 안 돼 그 정원 술자리가 어른거린다. 멀지만 않으면 풀 방구리에 생쥐 드나들듯 할 텐데.

2013.6.20

후지마루호^號 선상^{船上}에서

비빔국수, 갈치조림, 황태구이, 잡채, 쇠고기뭇국, 두부찌개, 물김치…. 일본 크루즈선 후지마루호^號의 저녁 뷔페 차림은 서울 어느 한식 뷔페를 옮겨다 놓은 듯했다. 아침상엔 시원한 조개콩나물국이나 황태국이 오르곤 했다. 주방에 분명 한국인 요리사가 있을 거라고 생각했다. 알고 보니 모든 게 쉰네 살 조리장 이와모토 마쓰히로 씨 솜씨였다.

그는 2008년 후지마루호에서 일하기 전까지는 한국 음식을 전혀 몰랐다. 그러다 많아야 한 해 네 차례 후지마루를 세내는 한국인 승객들을 위해 한식을 공부하기 시작했다. 그는 부산과 인천에 갈 때마다 음식점을 돌아다녔다. 한식을 맛보며 사진 찍고 메모했다. 일본에서도 집에 한국 식당 음식을 싸 와 연구했다. 한국 요리책을 스무 권 넘게 구해 들여다봤다.

처음엔 서투를 수밖에 없었다. 풋고추가 너무 매워 가늘게 채 썰어 냈더니 다들 웃었다. 한국 사람들이 그 매운 걸 통째로 먹는다는 얘기에 놀랐다. 생선회에 초고추장만 곁들이기도 했다. 이제는 일본식 니쿠肉우동에 한국 불고기를 얹어 한·일 퓨전 요리를 구사하는 수준에 이르렀다.

그는 한식과 친해진 지금도 매운 것은 잘 못 먹는다고 했다. 매운 음식을 만들 때마다 얼마나 맵게 해야 하나 고민한다. 그래서 배추김치와 깍두기는 아예 부산에서 잔뜩 사 실었다. 상추·마늘과 함께 일식이든 양식이든 끼니마다 상에 올려줬다. 덕분에 후지마루호 식탁에선 음식에 물릴 새가 없었다.

이와모토 씨는 많게는 600명분 음식을 준비하느라 새벽 세 시 반에 일어나 자정에 잠든다. 승객들이 상륙해 배가 비는 점심 전후해 네 시간 쉬었다가 다시 저녁상을 차린다. 그는 "한식은 몸에 좋은 요리가 많아 약藥 같다"고 했다. "매운 음식만 있는 게 아니라 맵고 심심한 음식들의 균형이 잘 맞는다"고 했다.

지난달 '일본 속의 한민족사史' 탐방단 556명에 끼어 부산에서 후지마루호에 올랐다. 고대 이래 일본에 전해진 한민족 문화의 흔적을 찾아가는 5박 6일 역사 여행이다. 조상들이 일본을 오갔던 세토내해內海 물길 따라 규슈·오사카·아스카·나라·교토를 둘러봤다. 전국 초·중·고 선생님들을 위해 마련한 일정에 일반 역사 여행자들도 함께했다.

크루즈 여행에서 배는 움직이는 호텔이다. 후지마루에서 엿새를 먹고 자며 승무원들과 자연스럽게 낯을 익혔다. 예순세 살 지배인 마쓰모토 헤이하치로 씨는 매일 아침 탐방단이 배를 나설 때마다 항구 주차장에 내려와 지켜보고 배웅했다. 규슈 하카타항

크루즈 여행에서 배는 움직이는 호텔이다. 후지마루에서 엿새를 먹고 자며 승무원들과 자연스럽게 낯을 익혔다. 예순세 살 지배인 마쓰모토 헤이하치로 씨는 매일 아침 탐방단이 배를 나설 때마다 항구 주차장에 내려와 지켜보고 배웅했다. 규슈 하카타항으로 입국할 땐 입국장 지나 터미널 앞까지 나와 챙겼다. 탐방단이 돌아올 때도 어김없이 배 입구 맨 앞에 서서 반겼다. 그는 "날마다 전송하고 마중하는 것은 손님에 대한 예의"라고 했다.

으로 입국할 땐 입국장 지나 터미널 앞까지 나와 챙겼다. 탐방단이 돌아올 때도 어김없이 배 입구 맨 앞에 서서 반겼다. 그는 "날마다 전송하고 마중하는 것은 손님에 대한 예의"라고 했다.

마쓰모토 씨는 1988년 초기 탐방단을 실어 나른 선샤인후지호 시절부터 승선해 한민족사 탐방과 인연을 맺었다. 1997년 IMF 금융 위기와 2011년 동일본 대지진 때 탐방단이 일본 방문을 거른 것만 빼고 25년을 이어 온 인연이다. 그는 "한국 사람은 싫고 좋고가 분명하고 솔직, 화끈해서 내 스타일과 맞는다"고 했다.

그의 고향은 시코쿠四國섬 고치高知현이다. 메이지유신을 이끌어 낸 사카모토 료마를 배출한 곳이다. 마쓰모토 씨는 고치가 임진왜란 후 조선 사람들이 정착한 곳이라는 얘기를 어려서부터 들었다고 했다. 그래서인지 일본에서 드물게 생마늘과 도토리묵을 먹었다. 고치 사람들이 술잔을 비워 권하는 것도 한국인과 꼭 닮았다. 그는 "한민족사 탐방단이 배에 타면 고향 사람 만난 것 같다"고 했다.

고객 서비스를 지휘하는 쉰 살 선임 승무원 히노데 요시미 씨는 한국어 교재도 보고 승객 대화도 귀동냥하며 한국말을 나름대로 열심히 공부했다. 4년 공부하고 벼른 끝에 재작년 승객 안전교육을 한국말로 진행했다. 발음이 이상했던지 사람들이 킥킥 웃었다. 조는 사람도 있었다. 그래도 끝까지 했더니 모두가 손뼉을 쳐 줬다. 탐방단과 함께한 후지마루호 12년에서 가장 기뻤던 순간이다.

후지마루호 승무원 133명 중에 95명이 필리핀 사람이다. 필리

핀 용역회사 소속으로 승선해 궂은일을 도맡는다. 마흔일곱 살 프롤리안 도밍고 씨는 "엿새를 함께 지내다 헤어지는 게 슬퍼 손을 붙들고 눈물 흘리는 분들에게 감동한다"고 했다. "한국인이 윗사람 잘 모시는 것을 보며 많이 배운다"고도 했다. 그 역시 몇 년째 한국어를 배우고 있다고 했다. 그러나 이 후지마루호 식구들을 다시 만나기 어렵게 됐다. 후지마루가 그간 쌓인 적자를 버티지 못해 6월 말 운항을 멈추고 팔 곳을 찾기 때문이다.

지난 26년 '일본 속의 한민족사 탐방'을 통해 1만 5천여 선생님과 참가자가 한·일 고대사 현장을 밟았다. 우리 역사와 문화에 대한 사랑과 자랑을 키우고 일본을 좀더 깊이 알게 됐다. 그래서 한민족사 탐방은 소통의 여행이기도 하다. 한국 승객과 후지마루 승무원들부터가 한배를 타며 그렇게 사람과 사람 사이 이해와 교감의 끈을 맺어 오고 있었다.

2013.5.16

흑매 야매 올벚에 빠져 …
비오는 화엄사의 한나절

어쩐지 봄이 순하다 싶었다. 4월 오도록 변변한 꽃샘추위 한 번 없었다. 꽃들도 작년보다 일주일쯤 일찍 피었다. 아니나 다를까 지난 토요일 태풍급級 저기압이 몰아닥친다고 했다. 남쪽에 80mm 폭우가 쏟아지고 초속 20m 바람이 불 거라고 했다. 잔가지가 부러진다는 강풍이다.

구례 화엄사華嚴寺로 흑매黑梅 보러 가려고 꼽아뒀던 날이지만 머뭇거릴 수밖에 없다. 붉다 못해 피처럼 검붉다 해서 흑매라고 부르는 삼백쉰 살 홍매화紅梅花다.

선잠 자다 새벽에 깼다. 흑매의 선홍빛이 어른거렸다. 여린 홑꽃잎이 비바람에 다 지면 또 1년을 기다려야 한다. 여섯 시에 차 몰고 나섰다. 이쯤이면 병病 치고도 깊은 병이다. 생각보다 빗발이 모질지 않아 아홉 시 채 안 돼 화엄사 들머릿길에 다다랐다. 길가 벚나무들이 분분히 꽃잎을 날렸다. 길바닥에 하얀 융단을 깔았다. 저 아래 하동 쌍계사 십리벚꽃길과 섬진강변 벚꽃 터널도 하

늘 가득 꽃비를 뿌리고 있을 것이다.

　화엄사는 비와 안개와 고요에 잠겨 있다. 일기예보 덕분에 호젓하다. 낮게 깔린 운무雲霧가 빗소리까지 빨아들이는지 새소리만 영롱하다. 일주문·금강문·천왕문 지나는 곳곳에 벚꽃이 흐드러졌다. 불가佛家에선 벚꽃을 피안앵彼岸櫻이라고 한다. 깨달음의 세계, 피안을 상징한다. 만월당 처마에 구름처럼 머문 벚꽃이 피안의 황홀을 노래한다. 욕심 노여움 어리석음 속세 삼독三毒이 가신다.

　대웅전 왼쪽 각황전 오르는 계단 너머 흑매가 빨갛게 꽃불을 밝혔다. 잿빛 허공에 새빨간 물감을 양동이로 퍼부은 듯하다. 한달음에 뛰어올랐다. 각황전 오른쪽 모퉁이에 선 흑매가 비바람에 스러지기는커녕 보란 듯 의연하다. 검은 등걸에 검버섯처럼 붙어 있던 청회색 이끼가 단비에 화들짝 초록으로 살아났다. 연분홍 여느 홍매보다 가뜩이나 붉은 꽃잎이 비에 젖어 더욱 선연하다. 송알송알 빗방울 매달아 생생하다. 겨우내 몸속에 가둬뒀던 그리움을 알큰한 향기로 토해낸다.

　각황전은 절집 중에 제일 우람한 전각殿閣이다. 2층 지붕까지 18m다. 각황전을 숙종 때 다시 지으면서 심은 것이 흑매다. 각황전 1층 처마보다 높게 자랐다. 10m가 넘는다. 화엄華嚴은 끝없이 넓고 큰 불법佛法을 뜻한다. 만행萬行과 만덕萬德을 쌓아 장엄하게 맺은 결실을 이른다. 그렇다면 각황전 처마에 드리운 흑매는 화엄의 꽃가지다. 300년 넘는 공덕을 쌓지 않고서야 죽은 듯 잠자던 등걸에서 이리도 장엄한 진홍 꽃을 피울 수 있을까.

　석가모니가 영취산에서 꽃을 들어 대중에게 흔들어 보이니 아무도 그 뜻을 몰랐다. 제자 가섭만이 깨닫고 말없이 미소 지었다. 그렇게 이심전심以心傳心 뜻 전하는 것을 염화시중拈華示衆의 미소라고 한다. 그렇다면 흑매는 메마른 산하에 부처의 자비처럼 찾아온 봄날을 심심상인心心相印 찬미하는 염화의 꽃이겠다.

대웅전 뒤 계곡 따라 구층암으로 간다. 울퉁불퉁 모과나무 그대로 기둥 삼은 암자다. 장독대 오른쪽으로 대숲 길을 가면 언덕에 길상암이 서 있다. 단아한 한옥을 지리산 자락이 싸안았다. 하얀 산벚꽃과 노랗고 불그레한 새잎, 새 움이 파스텔화를 그린다. 이름 모를 새가 "쪼로롱 쪼로롱" 맑디맑게 운다. 소리 나는 쪽을 쳐다보기만 해도 달아나듯 퍼드득 날아가 또 운다. 선경仙境이 따로 없다.

홍매·백매·산수유꽃 만발한 마당 끝, 대숲을 등지고 이끼 낀 고목이 기우뚱 서 있다. 꼬인 듯 뒤틀린 등걸이 강인한 사내의 근육 같다. 살집 없는 몸이 거친 힘을 뿜는다. 사백쉰 살 천연기념물 화엄매華嚴梅다. 매화는 대개 접을 붙여 키운다. 아주 드물게는 사람이나 짐승이 매실을 먹고 버린 씨앗이 싹을 틔워 자란다. 화엄매가 바로 그 들매화, 야매野梅다. 섬진강 거슬러 올라온 매화의 정령精靈이 노고단 넘다 숨 한번 고르고 간 흔적일까. 사람 손 탄 매화보다 꽃이 작고 성겨도 향기는 더 진하다. 올봄엔 개화가 늦어 몇 송이 눈에 띌 뿐이다. 이번 주말 지나야 냉담하도록 꾸밈없는 아름다움을 떨칠 모양이다.

또 한 그루 화엄사 명목名木을 만나려면 일주문을 나서야 한다. 계곡 다리 건너 왼쪽 언덕에 지장암이 있다. 여염집처럼 수더분한 암자 뒤 동백숲 속에 버티고 선 벚나무 하나. 삼백쉰 살 천연기념물 올벚이다. 일찍 거두는 올벼, 올밤처럼 일찍 꽃이 핀다 해서 올벚이다.

벚나무 껍질 화피樺皮는 활에 감아 습기를 막고 탄력을 키운다. 칼자루, 마구馬具에도 썼던 옛 군수물자다. 인조는 오랑캐에게 짓밟힌 치욕을 다시 겪지 않으려고 벚나무 심기를 장려했다. 화엄사를 다시 일으킨 의승장義僧將 벽암 대사가 심은 벚나무 중에 혼자 살아남은 것이 지장암 올벚이다. 광복 직후 태풍에 줄기가 꺾이고도 두 곁줄기가 12m로 자랐다. 풍파에 망가진 몸을 시멘트로 때운 채 앳되고 청초한 꽃을 피워 올렸다.

지장암 툇마루에 앉아 비에 젖은 행색을 추슬렀다. 마당에 이백 살 살구나무가 분홍꽃을 가득 매달았다. 비 오는 화엄사의 한나절이 꿈결 같다. 우화羽化의 꽃비를 맞은 듯했다. 봄이 겹다.

2013.4.11

봄 내음, 사람 향기
솔솔 풍기는 옛날 식당들

어릴 적 밥상에 '정어리 조림'이 자주 올랐다. 자박자박 매콤한 국물이 조림이라기보다 찌개에 가까웠다. 어른 가운뎃손가락만 한 정어리가 잔뼈째 고소하게 씹혔다. 쌈을 하면 비릿한 정어리와 상큼한 상추가 오묘하게 어울렸다. 타지로 진학하면서 그 남도 갯가 음식은 잊었다. 이따금 받는 고향 밥상에서도 사라졌다.

철들자 정어리 조림이 문득문득 생각났다. 혀는 매콤 짭짤 비릿한 그 맛을 생생히 기억했다. 혹시나 얻어먹을 곳이 있을까 기웃거렸지만 허사였다. 그러다 정어리가 20cm 넘는 청어과라는 걸 알게 됐다. 어려서 먹던 정어리는 10cm나 됐을까. 정어리는 1930년대까지 흔하디흔했다가 광복 즈음부터 거의 잡히지 않았다 한다. 그렇다면 그 정어리 조림은 무엇이었을까.

7년 전 이른 봄 경남 남해 섬을 돌다 삼동면 지족리에 갔다. 원시 어업 죽방렴으로 유명한 지족해협 남쪽 마을이다. 면 소재지인데도 먼지 뒤집어쓴 가게들이 문을 닫은 채 유령 도시처럼 늘어서 있었다. 그 길 끝에 우리식당이 있었다. 1975년부터 '멸치쌈밥'을 차린다기에 긴가민가하며 찾아간 집이다.

넓은 질그릇에 시래기와 고구마 줄기 깔고 멸치가 수북이 담겨 나왔다. 상추도 한 바구니 곁들였다. 눈이 번쩍 뜨였다. 혀보다 코가 먼저 알아차렸다. 어머니의 부엌에서 방으로 새 들어와 아침잠을 깨우던 냄새. 40 몇 년 전 그 조림이었다. 통통한 멸치를 쌉싸름한 상추에 싸 먹으니 고향 집에 온 듯 마음까지 편안했다. 어려서 먹던 건 정어리가 아니라 멸치 중에 가장 굵은 '대멸'이었다. 대멸을 광양만 건너 고향에선 정어리라고 불렀다는 걸 그제야 알았다.

집에 갖고 가 조려 먹으려고 주인아주머니께 "생멸치 좀 팔 수 없겠느냐"고 여쭸다. 아주머니는 선선하게 스티로폼 상자 가득 헐값에 멸치를 채워줬다. 내친김에 묵은 김치도 얻자 했더니 볼락김치를 꺼내 왔다. 영락없이 딸에게 싸 들려 보내는 친정어머니 같다. 짐 싣고 떠나려는 참에 아주머니가 달려 나와 비닐봉지를 내밀었다. "먹고 싶어서 방금 쪘는데 찻길에 먹으라"고 했다. 해쑥으로 빚은 따끈한 쑥떡 네댓 쪽이었다. 봄 내음, 사람 향기가 솔솔 풍겼다.

지난 주말 꽃샘추위에 붙들린 서울을 떠나 봄 맞으러 남해로 내달렸다. 섬 길가엔 또릿또릿 야무진 동백꽃이 타는 듯 붉게 피었다. 피는 아름다움이 겨워 벌써 지는 슬픔을 흩뿌려놓았다. 초록 마늘밭에도 봄이 내려앉았다. 해안길을 가며 히터 끄고 차창을 내렸다.

우리식당 앞에는 점심 자리 나길 기다리는 줄이 서른 명쯤 늘어섰다. 이웃해 못 보던 멸치쌈밥 집이 두어 곳 생겼다. 우리식당에 넘쳐나는 손님을 받으려는 음식점인 듯싶다. 7년 전 썰렁하던 마을엔 카페, 병원, 약국이 들어섰다. 면사무소 주차장이 외지 승용차로 꽉 찼다. 우리식당이 이름나면서 찾아든 변화다. 이제 삼동면뿐 아니라 남해 어딜 가나 멸치쌈밥집 없는 곳이 없다.

일흔을 바라보는 이순심 씨는 여전히 부엌에서 허리를 펴지 못했다. 생멸치를 일일이 손으로 다듬었다. 찬거리도 모두 남해산을 쓴다. 간장·된장·젓갈·식초도 손수 담근다.

"예까지 찾아주는 손님들이 고맙지예. 정신없이 붐벼서 전처럼 식탁을 돌며 챙겨드리지 못해 마음에 걸립니더."

그래서 5년 전부터 여름마다 손님들에게 햇마늘 열통씩을 봉지에 담아 선물했다. 굵고 단단해 쉬 무르지 않고 톡 쏘는 남해 마늘이다. 선물용으로 사들이는 마늘만 한 철에 2,000봉지, 200접이다.

서울로 돌아오는 길에 전남 구례읍에 들렀다. 작년 봄 맛봤던 동아식당 가오리찜에 막걸리가 생각나서다. 70년 넘어 허름한 주막과 꾸밈없이 살가운 인심도 그리웠다. 그런데 읍내 큰길가 동아식당이 흔적도 없이 헐렸다. 집터가 작년 11월 팔렸기 때문이다. 동아식당은 길 건너 골목 안으로 옮겨가 있었다.

새 가게는 환하게 넓고 손님도 많았지만 마음이 허전했다. 잿빛 슬레이트 지붕이 주저앉을 듯 낮은 집, 어둑한 실내에 아련하게 스며 있던 정취가 사라져버렸다. 딱 하나, 슬레이트에 검정 페인

서울로 돌아오는 길에 전남 구례읍에 들렀다.

작년 봄 맛봤던 동아식당 가오리찜에 막걸리가 생각나서다.

70년 넘어 허름한 주막과 꾸밈없이 살가운 인심도 그리웠다.

그런데 읍내 큰길가 동아식당이 흔적도 없이 헐렸다.

새 가게는 환하게 넓고 손님도 많았지만 마음이 허전했다.

트로 쓴 빛바랜 옛 간판은 걸려 있다. 예순일곱 여주인 김길엽 씨는 이사하는 날 단골들이 몰려와 이삿짐 날라주고 옛 간판도 떼와 달아줬다고 했다. 낡은 간판이 부스러지다시피 해서 솜씨 좋은 단골이 조각조각 맞춰 붙였다고 한다.

지리산 자락 구례와 하동엔 진정한 행복을 찾아온 귀농·귀촌인이 많다. 이들이 '지리산학교'라는 이름으로 모인 예술·문학·음악 동아리만 세 곳이다. 그 지리산 귀농인들이 즐겨 찾는 집이 동아식당이다. 뒤뜰에서 여름엔 감자 삶고 겨울엔 팥죽 끓여 작은 음악회를 열었다. 15년째 지리산에 사는 이원규 시인은 "막걸리에 안주에 푸지게 먹어도 2만~3만 원이 고작이어서 놀란다"고 했다.

동아식당을 사랑하는 사람들은 옛 가게를 잃는 아쉬움을 새 가게 개업을 거들며 달랬다. 주인은 단골 복이 많은 셈이지만 따져보면 다 덕德을 쌓아 온 덕분이다. "인심을 먹는다"는 말이 있다. 우리식당과 동아식당이 그런 집이다. '옛 추억과 맛을 그대로 간직했다'는 동아식당 새 간판 글귀처럼 두 음식점이 오래도록 변함없기를 바랐다.

2013.3.7

보석 같은 길들 숨어 있는
'걷기 천국' 부산

바닷가 벼랑 길섶, 메마른 갈색 덤불에서 연둣빛 점들이 솟아오른
다. 누렇게 매달린 묵은 잎들을 젖히고 새 해국海菊 잎이 돋아난다.
새잎들은 또르르 말려 있다가 100원 동전만 하게 갓 벌어졌다. 영
락없이 장미꽃처럼 생겼다. 솜털이 보송보송한 게 벨벳으로 만든
장미 코르사주가 이보다 사랑스러울까 싶다.

찔레나무 비슷한 돌가시나무도 새끼손톱만 한 잎을 내밀었다.
잎도 가지도 새뜻한 진자줏빛이다. 여리디여린 청회색 해쑥도 고
개를 들었다. 국화향 닮은 쑥향이 번져 온다. 봄 냄새다. 온 나라
에 폭설과 한파가 번갈아 들이닥쳐도 부산엔 봄이 오고 있었다.

지난 주말 부산 이기대二妓臺 해안길을 걸었다. 용호부두에서 남
쪽 오륙도 해맞이공원까지 오르락내리락 5.5km를 갔다. 왼쪽으
론 푸른 캔버스처럼 거침없는 바다가 펼쳐진다. 유람선과 요트가
이따금 오가며 하얀 금을 그어댄다. 오른쪽으론 가파른 장산봉 비
탈이다. 절벽엔 나무 데크를 얹어 길을 냈다. 금세 땀이 나 겉옷을

벗어 들었다. 오가는 사람들 옷차림도 가볍다.

갯바위엔 낚시꾼들이 늘어서서 봄을 낚는다. 더러 따라 나온 아내들은 곁에서 따개비를 따거나 미역을 건져 올린다. 너럭바위에 가마우지들이 앉아 해바라기를 한다. 숨이 차오르는데도 연방 감탄이 터져 나온다. 바다에 홀린다. 제주 올레길 중에서도 가장 아름답다는 7코스가 부럽지 않다.

이기대는 두 기생의 무덤이 있었다는 바닷가 바위 언덕이다. 임진왜란 때 왜군 장수를 두 의기義妓가 논개처럼 끌어안고 떨어졌다는 얘기도 있다. 군사보호구역이던 곳에 철책을 걷어내고 2005년 해안길을 닦았다. 나무 계단과 데크 말고는 자연 그대로다. 그래도 고개만 살짝 뒤로 돌리면 어디서든 광안대교와 해운대와 달맞이고개가 눈에 든다. 해운대 마천루 숲은 350만이 사는 대도시의 콘크리트 문명을 뽐낸다. 이기대 길은 문명을 시야에 둔 채 자연을 누린다. 그래서 더 속이 후련하다.

두 시간 넘게 걸어 오륙도공원에 다다랐다. 물이 나면 다섯, 물이 들면 여섯이 되는 오륙도가 코앞에 떠 있다. 30년 전 용호동 한센병 환자촌을 취재하러 왔을 때 돼지우리가 빼곡했던 비탈엔 고층 아파트가 올라섰다. 용호부두에서 문명을 떠나 오륙도공원에서 문명으로 돌아왔다. 그 길이 꿈같다.

지난주 나흘 휴가를 부산에서 보냈다. 주변에서 "나흘이나 뭐 하며 지낼 거냐"고 의아해했다. "걸으러 간다"고 대답했다. 부산엔 이름난 태종대나 해운대~동백섬 길보다 길고 호젓하고 아름다운 길이 많다. 이기대처럼 보석 같은 길이 숨어 있다. 도심 언저리에, 그리고 도심 속에.

절영 산책로는 남항대교 동쪽 끝에서 중리해변까지 3.2km 영도 바닷가를 간다. 역시 해안이 가파르고 군사지역으로 묶여 있다 새로 뚫은 길이다. 처음 1km쯤은 바다와 눈높이를 맞추며 편안하게 간다. 오색 칠을 한 153계단을 오른 뒤로는 벼랑 굴곡을 따라 오르내린다. 절벽을 다듬어 계단을 쌓고 출렁다리를 놓았다. 갯바위를 걸으며 몽돌 구르는 소리도 듣는다.

길 끝 중리해변 안쪽엔 해녀들이 난전을 벌인다. 몇십 년 전 '먹고 살려고' 부산에 온 제주도 해녀들이 할머니가 됐다. 아침 일찍 잡아 싱싱한 해산물을 고무 함지에 담아놓고 호객한다. 전복·해삼·돌멍게에 소주를 곁들였다. 돌멍게 껍질에 소주 부어두면 멍게향, 바다향이 우러난다. 껍질 그대로 훌륭한 소주잔이다.

초읍동 시가지 복판 어린이회관 뒷산의 성지곡수원지 둘레길은 온통 편백 숲이다. 키 몇십 미터에 이르는 편백이 빽빽하게 들어차 하늘을 가렸다. 전남 장성 편백 숲에 조금도 못지않다. 둘레길은 만덕고개 너머 금정산성까지 이어진다.

이기대 길, 절영 산책로, 성지곡수원지 길은 부산을 한 바퀴 도는 263km 갈맷길의 극히 일부일 뿐이다. 이 '갈매기 나는 길'은 동쪽 기장에서 서쪽 가덕도까지 바닷가를 갔다가 부산 북쪽을 돌아 다시 기장으로 간다. 부산은 나홀로는 어림도 없는 걷기 천국이다.

금요일엔 종일 비가 쏟아졌다. 그래도 걷기 즐거운 곳이 있다.

중구 원 도심이다. 용두산공원 부산타워부터 오르는 게 순서다. 120m 전망대에서 사방으로 초량왜관 터부터 부산항까지 430년 중구 역사의 흔적을 더듬는다. 그러곤 광복동으로 내려와 천천히 걸었다. 영화의 거리, 국제시장, 부평시장…. 보수동 책방골목은 빗속이어서 더 쿰쿰한 헌책 냄새가 아련했다. 가는 곳마다 주전부리를 빼놓을 수 없다. 독특한 물만두 완당, 씨앗호떡, 비빔당면을 거쳐 남마담집 고등어구이로 한나절 순례를 끝냈다. 저마다 40~65년 역사를 지닌 노포老鋪들이다.

　1960년대부터 여남은 가게가 대학생들로 붐비던 고갈비 골목엔 두 집만 남았다. 일흔을 바라보는 남마담집 여주인은 "옛날엔 하루 100마리 넘게 팔았는데 학생들 입맛이 변했다"고 했다. 그나마 옛 학생들이 중년이 돼 찾아오는 게 낙이라 했다. 이제 늙어버린 젊음들은 고갈비에 밴 부산 뒷골목 정취가 더 그리웠을 것이다.

2013.2.7

대구탕과 석쇠구이가 손짓하는
쪽빛 겨울바다

쏴 하고 끝없이 파도치는 소리가 잠을 깨운다. 여기가 어디길래 바닷소리가 들리나. 잠결에 잠깐 헷갈린다. 어슴푸레 밝아 오는 창, 대관령 자락 200년 금강송이 에워싼 휴양림 숲 속의 집이다. 파도 소리가 아니라 송림을 쓸고 가는 솔바람 소리다. 모질게 추운 주말 강릉에 와 하룻밤 묵은 것은 휴일 하루 온전히 동해안을 쏘다니기 위해서다. 주섬주섬 챙겨 입고 경포에서 속초까지 진짜 파도 소리 들으러 나섰다.

경포해변 남쪽, 강문 솟대다리에 섰다. 코끝 맵싸하게 찬바람이 몰아친다. 카메라 셔터 두어 번 누르기 무섭게 손가락이 곱는다. 맑게 갠 겨울날 으르렁대는 바다를 마주하면 정신이 번쩍 든다. 여름 동해가 코발트빛 연한 수채화라면 겨울 동해는 진한 쪽빛에 청록 물감 덧칠한 유화油畵다. 잉크처럼 짙푸른 먼바다가 내달려오면서 에메랄드빛이 됐다가 발치에서 옥빛으로 부서진다. 머리를 치켜세우고서 멀리 강문해변으로 밀려드는 파도가 고래떼 같다.

아침 속풀이는 강문 횟집촌 초입 태광식당에서 했다. 7천 원 하는 말린 우럭미역국 한 그릇이면 아무리 뒤집힌 속도 금세 가라 앉는다. 생선뼈 푹 고아 고소한 국물에 미역을 넉넉하게 넣고 끓였다. 우럭 살은 부스러져 간간이 씹힌다. 미역 빛깔이 우러난 녹색 진국에 밥 말아 싹싹 비웠다.

66세 여주인은 강문 토박이다. 아버지가 '머구리'라고 부르는 잠수부였다. 배고프던 시절 아버지가 우럭을 잡아 오면 미역국에 넣고 솥 가득 끓여 온 식구가 한 대접씩 물배를 채웠다. 지겹게 먹던 그 가난의 음식이 스물 몇 해 장사 밑천이 됐다. 새벽 경포에 온 여행자와 사진가들의 몸과 마음을 녹여주는 영혼의 음식이 됐다.

워낙 추워선지 경포해변마저 휑하다. 말 두 마리가 바닷바람 속에 서 있다. 손님 기다리는 말의 눈이 슬프다. 느릿하게 북으로 차를 몰아 순긋·사천진·연곡 해변을 차례로 지난다. 찻길 바로 옆이 바다라 내릴 필요도 없다. 눈길 당기는 풍경을 만나면 차를 세운다. 차창 내리고 B B 킹의 진한 블루스 틀어놓고 보온병에 담아 온 커피를 마신다.

주문진 남쪽 영진해변 갯바위에 물새들이 뭔가를 기다리듯 앉아 있다. 그러다 파도가 바위를 덮칠 즈음에야 날아오른다. 파도가 피워 올린 물보라와 무지개 속을 이리저리 비상한다. 그러곤 다시 바위에 내려앉아 다음 파도를 기다린다. 고기 잡는 것도 잊은 채 요동치는 겨울바다를 즐기고 희롱한다.

주문진항에선 차가 밀렸다. 싸고 싱싱한 생선 사고 회 먹으러 온 행렬이다. 크고 작은 주문진 어시장 중에 사람 사는 냄새가 제일 물씬한 곳이 부두 바로 남쪽 바닷가 '좌판 수산물 종합시장'이다. 천장만 씌운 가건물 안에 활어·선어·자반·조개, 온갖 난전이 빼곡하다. 생태 세 마리, 고등어 일곱 마리, 꽁치 스무 마리를 1만 원씩에 사 얼음 채운 스티로폼 상자에 담았다. 3만 원어치 들짐이 묵직한 게 횡재라도 한 것 같다.

난전에서 바닷가 따라 부두 쪽으로 가는 골목엔 생선 굽는 냄새가 꽉 찼다. 가게들 앞 넓은 화덕에 갈탄 피워놓고 석쇠 구이를 한다. 사람들이 화덕에 둘러앉아 양미리·도루묵·오징어·가리비·새우를 구워먹는다. 도저히 그냥 지나칠 수 없는 골목이다. 끼어 앉아 막걸리 한 사발 곁들여야 하는데…. 아직 배가 꺼지지 않았고 갈 길 멀어 눈 질끈 감고 지나가자니 여간 괴로운 게 아니다.

주문진항 북쪽 소돌·주문진 해변 끝나고 지경리에서 양양 바다가 시작한다. 우중충한 해안 경비 철책을 걷어내고 산뜻한 하늘빛 울타리를 세워놓았다. 짤막한 1.5km 해변이지만 언제 와도 한적한 '나만의 바다'다. 바다에 붙은 찻길을 천천히 지나가기만 해도 좋다. 남애항에선 새빨간 등대가 서 있는 방파제를 걷는다. 포구를 에워싼 두 방파제 안에 갇힌 물조차 시리도록 새파란 미항이다.

늦은 점심은 속초항 북단 영랑동 속초생대구에서 들었다. 문 연지 두 해 된 가게 안팎이 연세 지긋한 주인 부부처럼 곱고 깔끔하다. 화학조미료 넣지 않았다는 맑은 대구탕이 맛 깊고 시원하다. 젓가락질에 살점이 뚝뚝 떨어지는 서울 여느 냉동 대구탕과는 비길 수도 없이 부드럽다. 수컷 정소精巢 '이리'도 섭섭잖게 담겨 크림처럼 사르르 녹는 '천상의 맛'을 누린다. 얌전한 대구전도 빼놓

아침 속 풀이는 강문 횟집촌 초입 태광식당에서 했다.

7천 원 하는 말린 우럭미역국 한 그릇이면 아무리 뒤집힌 속도

금세 가라앉는다. 66세 여주인은 강문 토박이다. 아버지가

'머구리'라고 부르는 잠수부였다. 배고프던 시절

아버지가 우럭을 잡아 오면 미역국에 넣고 솥 가득 끓여 온

식구가 한 대접씩 물배를 채웠다. 지겹게 먹던 그 가난의 음식이

스물 몇 해 장사 밑천이 됐다. 새벽 경포에 온

여행자와 사진가들의 몸과 마음을 녹여주는 영혼의 음식이 됐다.

을 수 없다.

마침표는 속초 중앙시장에서 찍었다. 삶의 짭조름한 내음 밴 우리네 항구 시장이다. 그래서 새 이름 관광수산시장보다 중앙시장이 좋다. 밑간하고 꾸덕꾸덕 알맞게 말려 깨끗하게 손질한 건어물 가게가 많다. '오미자 반건조생선'에서 가자미·볼락·우럭·가오리들을 손 보따리로 들 수 있는 한도까지 샀다. 그래도 6만 원어치가 안 된다. 전국에 이름난 닭강정도 샀더니 차 트렁크가 꽉 찬다.

동해안 나들이는 겨울바다 앞에 서는 것만으로도 행복하다. 거기에다 진미珍味라고 할 순 없어도 겨울 별미別味 맛보고, 호사스럽진 않아도 식탁을 빛낼 먹을거리 챙기고…. 한나절 해안 드라이브가 이리도 풍성할 수가 없다.

2013.1.10

도심 근처에 살짝 숨은
산속 눈길 7km

겨울 산길이 눈부시게 하얗다. 눈이 두툼하게 쌓여 나무 계단이 잘 보이지 않는다. 발 디딜 때마다 아이젠이 눈 다지는 뽀드득 소리가 상쾌하다. 박새는 쩍쩍 찌르, 멧새는 삐이 삐이 뱃종 뱃종, 겨울 텃새들 지저귐에도 귀가 즐겁다. 코끝 맵도록 차고 달콤하도록 맑은 공기를 한껏 들이마신다. 오르락내리락 산허리를 가는 숲속 눈길 7km를 지난 주말 걸었다. 집에서 차로 20분쯤 나간 경기도 과천 서울대공원에서 눈 세상을 누렸다.

지난주 금요일까지 내리 사흘 눈이 왔다. 중부에 눈 그친 토요일, 날이 개면서 서울 기온이 영하 12도까지 떨어졌다. 이런 날 산에 가면 황홀한 눈꽃과 상고대를 만날 공산이 크다. 그러나 겨울 산행은 아무나 할 수 있는 게 아니다. 걸맞은 체력과 장비가 받쳐줘야 한다.

일기예보를 유심히 살피다 함백산 눈꽃 산행 가는 여행사 상품을 샀다. 강원도 태백 함백산은 고도 1,572m에 이르지만 정선 만항재에서 출발하면 높이로 쳐서 230m만 오르면 된다. 천천히 걸어도 세 시간이면 오갈 수 있다. 겨울 등산에 자신 없는 사람도 감당할 만하다. 만항재까지는 여행사 버스가 데려다주니까 눈길 운전 걱정도 없다.

금요일 오후 여행사에서 취소 통보가 왔다. 강원도에 눈이 많이 와서 버스가 만항재까지 올라가기 힘들 것 같다고 한다. 신발과 바짓단에 눈·바람 막아주는 스패치까지 장만했는데….

그러다 서울대공원 산림욕장을 떠올렸다. 동물원 남쪽을 둥그렇게 에워싼 과천 청계산 중턱 5부 능선쯤에 빙 둘러 소로를 냈다. 그리 가파르진 않아도 들쭉날쭉 언덕과 골 따라 아기자기한 길을 오르내리자면 금세 땀이 솟는다.

동물원 입장료 3,000원을 내고 정문 들어서서 오른쪽 산기슭에서 산림욕장이 시작된다. 날이 추운 데다 아침 9시 문 연 직후여서 사람이 없다. 아무도 밟지 않은 눈밭, 나직한 아침 햇살을 받아 반짝이는 결정結晶들이 유리가루 뿌려놓은 것 같다. 눈 위로 고개 내민 마른 풀잎들과 눈을 맞춘다. 하얀 눈 두르고서 비탈에 선 겨울나무들도 사진에 담는다. 해찰하며 걷자니 사람들이 하나 둘 앞질러 간다.

산림욕장 곳곳엔 약수터와 정자, 탁자를 놓아 쉬어 가게 했다. 양지 바른 정자에서 싸 온 커피를 마시는데 귀여운 박새들이 주변을 맴돈다. 정자 마루 한쪽에 누군가 겨울새들 먹으라고 과자 부스러기를 놓아두고 갔다. 새들이 과자를 주워 먹고 싶어도 사람이 앉아 있어서 쭈뼛거린다. 자리를 비켜주고 긴 줌 렌즈 끼워 겨

누고 있었더니 냉큼 달려든다. 셔터 소리가 요란했던지 한 톨 물
자마자 꽁지 빠지게 달아난다. 그래도 한 마리씩 차례로 공습하듯
내려앉아 별식別食을 챙겨 간다.

제주도 말로 놀멍 쉬멍 느긋하게 걸어 주차장으로 돌아오기까
지 네 시간 걸렸다. 몸은 노곤하고 머리는 개운한 게 함백산이라
고 이만 할까. 과천 산림욕장은 연둣빛 신록 내미는 봄, 녹음 짙
은 여름, 울긋불긋 가을, 눈 덮인 겨울까지 사철 버릴 게 없다. 지
하철 대공원역이 있어 오기 쉽고, 길이 험하지 않아 걷기 좋고, 잘
관리해 언제나 열려 있다.

아쉬움은 딱 하나, 눈꽃이 시원찮았다. 간밤에 바람이 드셌던
탓인지 가지에 눈이 거의 얹혀 있지 않았다. 상고대는 응달에서도
찾아볼 수 없었다. 하늘도 파랗게 열렸으면 설경雪景이 더 돋보였
을 텐데.

새삼스럽게 무주 덕유산 눈꽃이 참 아름답구나 싶었다. 덕유산
향적봉은 1,614m로 남한에서 네 번째로 높지만 네댓 살 아이부
터 여든 노인까지 누구에게나 겨울 비경祕景을 허락한다. 산 아래
덕유산리조트에서 1,520m 설천봉까지 곤돌라가 다니는 덕분이
다. 설천봉 스키 슬로프 출발점까지 곤돌라로 15분 걸린다. 설천
봉에서 향적봉까지 600m 계단 길은 20분이면 걸어 오른다.

향적봉에서 중봉 가는 2km 능선 숲길은 눈꽃 터널, 설화雪花 천
국이다. 눈꽃과 상고대가 11월 중순부터 늦게는 4월까지 수시로
핀다. 눈꽃은 바람에 날린 눈이 나뭇가지에 꽃처럼 달라붙은 것이
다. 상고대는 공중 습기가 추운 날씨를 만나 나무에 얼어붙은 나

그러다 서울대공원 산림욕장을 떠올렸다.

아무도 밟지 않은 눈밭, 나직한 아침 햇살을 받아 반짝이는

길정들이 유리가루 뿌려놓은 것 같다.

눈 위로 고개 내민 마른 풀잎들과 눈을 맞춘다.

하얀 눈 두르고서 비탈에 선 겨울나무들도 사진에 담는다.

해찰하며 걷자니 사람들이 하나 둘 앞질러 간다.

무 서리, 수상樹霜이다. 눈꽃 가득 매단 가지들이 춤추는 것 같다. 새떼가 가득 올라앉은 것 같다. '살아 천년, 죽어 천년' 주목에 어린 상고대는 신령스럽다.

그렇듯 눈꽃 황홀경을 산악인만 즐길 수 있는 것은 아니다. 강원도 평창 발왕산 눈꽃도 용평리조트 곤돌라로 편하게 올라가 볼 수 있다. 덕유산처럼 별다른 겨울 장비 없이 옷만 잘 껴입으면 된다. 운동화를 신어도 좋지만 아이젠은 꼭 차야 한다. 아이젠이 없으면 엉금엉금 기다시피 걷느라 설경 즐길 겨를도 없다. 앞뒤 사람에게 방해만 된다.

무주나 용평·정선까지 찾아가기 어렵다면 눈 그치고 맑게 갠 날 아침 일찍 서울대공원 산림욕장에 나가보자. 아이 손잡고 가족끼리 걸어보자. 눈꽃과 상고대는 못 만난다 해도 정신 번쩍 드는 겨울 산 기운에 행복해질 것이다.

2012.12.13

마음이 허(虛)한 날엔
국수가 먹고 싶다

한 그릇 3천 원 하는 국숫상에 여섯 반찬이 올랐다. 얼갈이배추김치와 파김치엔 진한 젓갈향, 짭짤한 손맛이 배 있다. 깍두기는 사근사근하고 고들빼기김치는 쌉쌀하다. 요즘엔 사람들이 쓴 것을 싫어해서 고들빼기를 연한 소금물에 담가 쓴맛을 빼버린다. 그래서 이 맛도 저 맛도 아닌데 모처럼 쌉싸래한 고들빼기김치가 입맛을 깨운다.

얼핏 봐선 뭔지 모를 고기도 한 접시 삶아 나왔다. 누르지 않은 돼지머리 고기다. 차진 맛은 덜해도 포근포근 씹히는 게 꽤 고소하다. 마늘 썰어 넣고 깔끔하게 무친 새우젓도 곁들였다. 11월 첫 주말 전북 임실 행운집에서 받은 상이다. 읍에서도 18km 떨어진 강진면 강진시장까지 간 것은 이 집 국수를 먹기 위해서지만 반찬을 보고는 막걸리 한잔 안 할 수 없다.

멸치 국수는 호박채를 곱게 얹어 크고 깊은 양푼에 가득 담았다. 면이 얼마나 푸진지 국물이 잘 보이지 않는다. 국숫발은 흔히

'중면'이라고 부르는 것보다 더 굵어 보인다. 굵은 면발은 오래 삶느라 불기 쉬운데 부드러우면서도 뜻밖에 탄력 있다. 전분을 넣은 것 같진 않고. 이 집에서 쓰는 국수 포장을 살펴봤다. "고급 밀가루에 강력분을 조금 섞어 쫄깃하다"고 쓰여 있다. 면발에 소금 간도 한 듯 짭조름하다.

행운집은 28년 동안 백양국수라는 읍내 가내공장에서 면을 받아다 쓴다. 노부부가 45년 내내 살림집 2층에 널어 말리는 자연건조 국수다. 덜거덕거리는 기계에서 뽑아낸 면을 하얀 천 말리듯 대나무에 죽 걸어놓는 풍경은 이제 전국에 두어 곳밖에 안 남았다. 그래서인지 행운집 국수에선 햇살 내음, 바람 냄새가 나는 것 같다.

비빔국수도 맛보려고 시켰다. 점심 먹은 지 얼마 안 돼 조금만 달라고 해야 하는 걸 깜빡 잊었더니 역시 양푼에 넘치도록 나왔다. 달지도 맵지도 않아 수더분한 맛이다. 배가 불러 젓가락을 놓고 주인아주머니에게 "남겨서 미안하다"고 했다. 아주머니가 자리에 와 앉는다.

"멀리서 일부러 온 분 같아서 조미료도 안 넣고 들깨 듬뿍 넣어 비볐는데…."

아깝다는 듯 비빔국수 그릇을 당겨 가 호로록 호로록 먹는다.

"국수만 파는 집에서 웬 머리 고기까지 내느냐"고 물었다. 예순다섯 살 아주머니는 술 찾는 장꾼이 많아 원래 공짜 안주로 냈던 것이라고 했다. 그러다 국수 손님들이 우리는 왜 안 주느냐고 해 국수 찬이 돼버렸다고 한다. 채소 반찬들도 아주머니가 밭 일궈

마음이 허할 때, 삶이 허기질 때면 문득문득 국수를 생각한다.

사는 일은 밥처럼 물리지 않는 것이라지만

때로는 허름한 식당에서

어머니 같은 여자가 끓여주는

국수가 먹고 싶다

—이상국, 〈국수가 먹고 싶다〉.

키운 것이라 한다. 밥때 지나서도 간간이 오는 손님 맞다가도 가게 앞에 주저앉아 채소 다듬느라 쉴 틈이 없다. 자리에서 일어서는데 아주머니가 "맛있는 토종 상추"라며 한 무더기를 신문지에 싸 건넨다.

국수는 매끈한 요리가 아니다. 입맛을 요란하게 들쑤시지도 않는다. 가난하고 소박하다. 그래서 오히려 국수 그릇에 담긴 인정은 얕지 않다. 반찬 한 가지라도 더 올리고, 다듬던 푸성귀라도 들려 보내고 싶어 하는 행운집 아주머니 마음처럼.

임실에서 멀지 않은 완주 봉동읍 봉동시장에도 푸짐한 국숫집이 있다. 50년 넘은 3대 할머니국수다. 1960년 권부녀 할머니가 8남매를 먹여 살리려고 장터에서 국수를 말아 팔기 시작했다. 지금은 며느리와 손자며느리가 꾸린다. 차림은 멸치 국수 딱 하나다. 소짜 3천 원, 중짜 3천 5백 원, 대짜 4천 원이다. 소짜가 중국집 우동 그릇만 하고, 중짜는 그보다 한 배 반, 대짜는 두 배쯤 된다.

이 집 30년 단골은 "그나마 예전보다 작아졌다. 대짜가 세숫대야만 했다"고 말한다. 맛도 양 못지않다. 말갛게 비치면서도 진하고 구수한 멸치 국물에 알맞게 삶은 면발이 잘 어우러졌다. 화학조미료를 넣지 않아 속이 편하고 살짝 띨군 들기름 향이 독특하다.

다녀본 국숫집 중에 멸치 국물이 잡냄새 없이 가장 깔끔하고 맛깊었던 곳은 전주 이연국수다. 좋은 멸치를 우려내고 주인이 담근 국간장을 쓰는 덕분일 것이다. 국숫발도 반년을 숙성시키는 주문 제품을 받아 온다고 한다. 전남 담양엔 천변 숲길 관방제림 따라 국수거리가 늘어서 있다. 50년 전 죽세공품 시장에서 국수를 팔던 진우네집을 시작으로 국숫집이 열 곳 넘게 이어진다. 가게 앞 평상들에 모르는 사람끼리 둘러앉아 국수를 먹자면 금세 이웃이 되고 친구가 된다.

국수는 위안의 음식이자 소통의 음식, 교감의 음식이다. 저마다 지닌 무의식 속 자아自我와 연결돼 있다. 국수 국물 멸치 냄새는 어린 시절 고향 냄새다. 국수를 먹는 것은 고향에 가는 것, 옛 고향집에서 어머니의 손맛을 누리는 것이다.

하루하루 메마른 일상을 살다 사람들은 불현듯 끈끈한 무언가를 그리워한다. 마음이 허할 때, 삶이 허기질 때면 문득문득 국수를 생각한다.

사는 일은 밥처럼 물리지 않는 것이라지만
때로는 허름한 식당에서
어머니 같은 여자가 끓여주는
국수가 먹고 싶다

—이상국, 〈국수가 먹고 싶다〉.

2012.11.15

결혼식부터 수목장까지
활짝 열린 자연휴양림

방 안으로 어슴푸레 빛이 스며들었다. 자리에서 일어나 커튼을 젖혔다. 창 너머 솔숲 사이로 손바닥만 하게 보이는 건 바다가 분명했다. 그 위로 불덩어리가 올라오고 있었다. 동해 일출을 보는 자연휴양림이라고 말은 들었지만 방에서 해맞이를 하게 될 줄은 몰랐다. 그것도 바닷가 7번 국도에서 8km나 꼬불꼬불 들어온 산속에서.

커피 한잔 들고 마당으로 나갔다. 통나무집을 에워싼 금강송 줄기들이 햇살을 수평으로 받아 더욱 붉다. 청신한 아침 공기, 알싸한 솔향을 달콤한 커피에 타 마셨다. 이보다 맛있는 봉지 커피도 드물 것이다. 지난달 늦은 휴가길, 경북 영덕 칠보산 자연휴양림 숲 속의 집에서 그렇게 첫 아침을 맞았다.

이튿날 아침엔 휴양림 산 중턱을 가로지르는 1.6km '칠보 숲길'을 걸었다. 우아하도록 늘씬한 금강송 숲 사이로 난 길이다. 휴양림 들어오는 산길에서부터 낙락장송이 우거져 있더니, 칠보산은 울진 금강송 군락지 못지않다. 산책로가 끝나갈 무렵 정자처럼 꾸민 전망대가 있다. 휴양림 하늘이 맑아서 동해가 잘 보이겠거니 싶어 올라갔다. 코앞 산줄기를 짙은 운무雲霧가 뒤덮어 아무것도 안 보인다. 산중 날씨, 변화무쌍하다.

숲 속의 집으로 돌아와 아침을 차려 먹었다. 떠날 채비를 하는데 창밖이 어둑해진다. 아까 봤던 운무가 야금야금 밀려들고 있었다. 송림과 앞마당까지 온통 뿌옇게 덮이도록 한참을 넋 놓고 창가에 서 있었다. 운무가 새소리까지 삼킨 듯 사위가 고요했다.

경남 남해 편백휴양림엔 여의도 한 배 반만 한 산림에 마흔 살 넘은 편백나무 100만 그루가 자란다. 사철 푸르른 편백은 '공중의 비타민' 피톤치드를 가장 많이 내뿜는다는 나무다. 남해군 삼동면 대기봉 자락, 휴양림 전망대에 올라서면 맑은 날 남해의 남쪽 바다가 바라다보인다. 광활한 편백숲에서 위안과 생기를 얻으려는 사람들이 줄을 이어 산림청 휴양림 서른일곱 곳 중에 가장 인기 있다. 지난 여름 예약 추첨에선 숲 속의 집 경쟁률이 485 대 1에 이르렀다.

강원도 횡성 청태산휴양림엔 15m쯤 헌칠하게 뻗은 잣나무들이 하늘이 보이지 않도록 빽빽하다. 잣나무 숲 사이로 데크 길을 지그재그로 놓아 휠체어 탄 장애인도, 유모차 탄 아기도 숲을 즐길 수 있다. 강릉 대관령휴양림은 쉰 살에서 많게는 이백 살 된 소나무 숲이 계곡과 어우러져 탈속脫俗한 듯하다. 경기도 가평 유명산 휴양림과 충남 서천 희리산휴양림은 못 가봤지만 역시 아름답고 호젓한 곳으로 이름났다.

이 자연휴양림 여섯 곳을 산림청이 '작은 결혼식' 예식장으로 내놓았다. 호텔 호화 결혼식, 하객이 줄 서는 과시 결혼식을 마다하고 자연 속에 가족·친지가 모여 혼례 치르려는 사람들을 위해서다. 휴양림은 잔디밭 광장, 숲 속 수련장을 갖추고 있어서 야외 결혼식에 딱 알맞다. 날씨가 궂어도 너른 강당이 있다. 유명산휴양림은 수도권에서, 대관령휴양림은 영동권 도시에서 한 시간 거리밖에 안 된다. 칠보산휴양림과 남해 편백휴양림, 청태산휴양림은 외진 편이지만 찻길이 잘 닦여 있어 나들이하듯 나서기 좋다.

이돈구 산림청장은 "숲에서 신랑 신부가 등장하는 결혼식만큼 아름다운 예식이 없다"고 했다. "원한다면 숲 속 결혼식에서 기꺼이 주례를 서겠다"고 했다.

하긴 봄 신록과 가을 단풍 속 신부는 얼마나 아름답겠는가. 신랑 신부를 축복해주면서 맑은 공기, 싱그러운 자연까지 누리는 사람들은 또 얼마나 즐겁겠는가. 산림청은 시설을 다듬어 11월부터 예식장을 연다. 이용료나 대관료는 없고 단체 입장료 7백 원씩과 주차료 3천 원씩만 받겠다고 한다. 식당이 없는 게 단점이지만 산림청은 출장 연회업체를 불러들여도 괜찮다고 말한다. 청태산휴양림처럼 고기를 구워먹을 수 있는 곳에선 바비큐 파티를 벌여보는 것도 야외 결혼식에 제격이겠다.

"요람에서 무덤까지"라는 말이 있다. 거기서 몇 걸음 더 나아가 숲은 우리네 삶에서 '배 속에서 사후死後까지' 함께 가는 동반자다. 휴양림과 국유림에는 임신부를 위한 '숲 태교' 프로그램이 있

봄 신록과 가을 단풍 속 신부는 얼마나 아름답겠는가.

신랑 신부를 축복해주면서 맑은 공기,

싱그러운 사연까지 누리는 사람들은 또 얼마나 즐겁겠는가.

......

숲 결혼식을 올린다면 신랑 신부가 첫날밤을 휴양림 숲 속의 집에서

묵는 건 어떨까. 찬란한 일출을 마주하거나 꿈처럼 운무에 싸이는

신혼 아침의 감동은 어떤 밀월蜜月 여행지도 따르지 못할 것이다.

다. 아이를 낳으면 '탄생목木'을 심게 하고, 유아 때부터 자연과 가 깝게 해주는 '숲 유치원'도 운영한다. 어린이·청소년에겐 숲을 가 르쳐 정서를 살찌운다. 물론 가족의 쉼터로 숲만큼 좋은 곳도 없 다. 아이들 게임중독부터 어른들 몸과 마음의 병을 다스리는 '치 유의 숲'도 곳곳에 있다. 죽어서는 나무 아래 유골을 묻는 수목장 樹木葬을 치른다. 그리고 숲은 제 발치에 잠든 영혼을 영원히 지킬 것이다. 숲은 생활이자 복지福祉다.

이제 인류대사 결혼이 더해져 일생에 걸친 숲의 역할이 한결 풍성해졌다. 기왕에 숲 결혼식을 올린다면 신랑 신부가 첫날밤을 휴양림 숲 속의 집에서 묵는 건 어떨까. 찬란한 일출을 마주하거 나 꿈처럼 운무에 싸이는 신혼 아침의 감동은 어떤 밀월蜜月 여행 지도 따르지 못할 것이다.

2012.10.18

진분홍 꽃잔치 지난 자리,
불꽃잔치 열리는 하회마을

지난 여름은 혹독했다. 장마·폭염·폭우·태풍, 어느 하나 그냥 지나가지 않았다. 그 모진 여름에도 안동 병산서원屛山書院은 꽃물결에 잠겼다. 이 초가을 오도록 내내 진분홍 레이스를 둘렀다. 배롱나무꽃이다.

하회마을 휘감아 도는 낙동강을 거슬러 동쪽으로 3km 남짓 떨어진 강변 언덕에 병산서원이 있다. 서원 들어서는 잔디밭부터 배롱나무들이 꽃떨기를 매달았다. 서원 안 배롱나무도 꽃가지를 담 너머로 드리워 바깥을 기웃거린다. 한여름 배롱꽃은 작렬하는 햇살을 못 이겨 빛바랜 것처럼 보인다. 이제 태양도 숨죽인 9월, 꽃빛은 한결 선연하다. 하지만 사람을 달뜨게 하는 화려함이 아니다. 눈과 마음을 씻어 주는 화사함이다.

배롱나무들이 양쪽으로 늘어선 사이로 대문이 나 있다. 여염집 문간처럼 수수한 복례문이다. 병산서원은 안동 도산서원이나 영주 소수서원에 비길 수도 없이 단출하다. 복례문 지나 계단 올라서면 만대루晩對樓, 만대루 아래로 또 계단 오르면 입교당이다. 서애西厓 류성룡을 모시는 사당까지 여덟 채가 전부다. 그래도 병산서원을 최고로 치는 이가 많다. 자연을 거스르지 않고 꼭 있어야 할 집만 아늑하게 들어앉아 마음을 잡아끈다.

만대루엔 건물도 자연의 하나로 여겼던 조상들 생각이 담겼다. 주춧돌은 정으로 쪼아내지도 않은 듯 생긴 그대로 기둥을 받쳤다. 기둥은 휜 그대로 누각을 받쳤다. 대들보는 낙동강처럼 구불구불한 채로 지붕을 받쳤다. 계단은 커다란 통나무 한 덩어리를 투박하게 잘라내 걸쳤다.

만대루晩對樓라는 이름은 두보 시 '백제성루'白帝城樓 한 구절 "푸른 병풍처럼 둘러친 산수를 늦을 녘 마주할 만하다"翠屛宜晩對에서 따 왔다. 만대루에 오르면 솔숲 너머 너른 백사장이 펼쳐진다. 유유히 흐르는 낙동강 건너편엔 짙푸른 병산屛山이 병풍屛風 치듯 서 있다. 가깝고 먼 풍경이 해 질 녘 한 폭 수묵화로 어우러진다. 시간이 멈춰선 것 같은 풍경이다.

아쉽게도 만대루는 2년 전부터 올라가지 못한다. 단체 방문객이 많아지면서 누각이 버텨내지 못할까 염려해서다. 난간 위까지 솟아오른 배롱꽃 보는 것으로 아쉬움을 달래는 수밖에 없다.

유생을 가르쳤던 입교당 뒤, 서애 부자 위패를 모신 존덕사 앞엔 4백 살 가까운 8m 배롱 거목이 꽃구름을 피워 올렸다. 340년 전 서애가 이곳으로 서당을 옮겨오기 전부터 낙동강변을 지키고 있다.

병산서원 배롱꽃은 담양 명옥헌 것보다는 성기다. 명옥헌 배롱 숲은 워낙 울창해서 정자를 숨기다시피 한다. 늦여름 절정엔 진분

한여름 배롱꽃은 작렬하는 햇살을 못 이겨 빛바랜 것처럼 보인다.

이제 태양도 숨죽인 9월, 꽃빛은 한결 선연하다. 하지만 사람을

달뜨게 하는 화려함이 아니다. 눈과 마음을 씻어 주는 화사함이다

홍꽃이 아찔하게 흐드러진다. 그에 비해 병산서원 배롱꽃은 서원의 문향文香과 정취를 곁에서 돋워준다. 선비 혼魂처럼 기품 있다.

배롱나무는 흔히 '나무 백일홍'이라고 부른다. 백일홍처럼 꽃이 석 달 열흘을 가기 때문이다. "열흘 가는 꽃 없다"花無十日紅·화무십 일홍는 말이 무색하다. 실은 한 꽃이 오래 피는 것이 아니라 쉴 새 없이 피고 진다. 계절까지 넘나들며 서원과 정자와 절 마당을 느긋하게 걷고 싶은 곳으로 꾸며준다. 병산서원 배롱꽃도 이제 끝물이다. 엊그제 태풍에 그나마 남아 있다는 게 신통하다. 게다가 병산서원은 앞으로 한 달 문화재 실측을 하느라 철제 비계飛階 투성이다. 당분간 고즈넉한 산책은 어렵겠다.

그래도 하회마을 낙동강변엔 꽃잔치 하나가 남았다. '선유船遊 줄불놀이'라는 불꽃잔치다. 하회 사람들은 마을을 감고 가는 낙동강 상류를 '꽃내', 화천花川이라고 불렀다. 마을 뒷산은 화산花山이고, 마을 앞 강 건너 절벽은 연꽃을 뜻하는 부용대芙蓉臺다. 옛 하회 선비들은 음력 7월 열엿샛 날 밤 화천과 부용대에서 뱃놀이와 불꽃놀이를 즐겼다.

줄불놀이는 그날 오후 병산서원 앞 강물에 달걀 껍데기나 잘게 쪼갠 바가지 몇백개를 띄워 시작한다. 거기에 들기름이나 피마자 기름 먹인 솜덩이를 얹어 불을 붙인다. 이 '달걀 불'이 강물에 떠가 어둑해질 무렵 하회마을 앞에 다다른다. 부용대와 마을 강변 만송정 솔숲 사이 공중엔 긴 새끼줄 네댓 개를 왕복으로 걸어놓는다. 그 줄에 뽕나무 뿌리를 태운 숯가루와 마른 쑥으로 삼은 심지를 한지 봉투에 담아 줄줄이 매단다.

달걀 불이 환히 핀 연꽃처럼 점점이 부용대 앞까지 떠내려 오고 둥근달이 떠오른다. 때맞춰 봉투 심지에 불을 붙여 부용대 쪽에서 천천히 줄을 당겨 올린다. 부용대 위에선 소나무 무더기 '솟갑단'에 불을 질러 떨어뜨린다. 허공엔 타닥타닥 불꽃 튀기는 '줄불'이 떠가고, 절벽에선 불더미가 '낙화'落火하고, 선비들은 배 띄워 술잔 돌리며 시창詩唱을 읊는다.

이 신명나는 장관은 조선 말 맥이 끊겼다가 안동 국제탈춤페스티벌에서 되살아났다. 축제 중 두 토요일 밤에 벌어진다. 올해는 9월 29일 추석 전야와 10월 6일이다. 서양 불꽃놀이하고는 차원이 다른 '하회 스타일' 불꽃잔치가 한가위를 더욱 흥겹게 해줄 것이다. 하회마을은 들여다볼수록 볼거리, 이야깃거리가 많은 곳이다.

2012.9.20

쉰네 살 중화권 파워블로거,
한국 땅에 '취한' 사연

그는 주말이면 사진기 메고 길을 나선다. 지난 토요일에도 경북 영주로 내달렸다. 영주에만 네 번째 하는 걸음이다. 부석사와 소수서원은 진작에 가봤다. 그래서 이날 일정은 풍기 인삼시장, 소백산 희방폭포와 희방사, 죽령 옛길 왕복 5km 걷기로 잡았다. 그는 주한 타이베이대표부 부산 사무처 로티엔홍羅添宏 처장이다. 쉽게 말해 부산 주재 대만 총영사다.

로 총영사를 영주에서 만나 함께 소백산 골짜기를 걸었다. 후텁지근한 날씨에 땀범벅이어도 그는 짙푸른 계곡 숲길을 내내 즐겼다. 열심히 사진을 찍었다. 희방폭포는 '영남 제일 폭포'답게 30m 물기둥을 요란하고 시원하게 내리꽂았다. 그는 "한국의 자연은 컬러풀하다"고 했다. 사계절이 있고 산과 강과 섬이 다채롭다고 했다.

가파른 비탈을 올라 희방사에 다다르자 그는 또 감탄했다.

"한국엔 천년 넘지 않은 절이 드물다."

그는 "절들이 하나같이 경치가 빼어나고 문화재도 많다"고 했

© 이철원

그는 주말이면 사진기 메고 길을 나선다.

후텁지근한 날씨에 땀범벅이어도 그는 짙푸른 계곡

숲길을 내내 즐겼다. 열심히 사진을 찍었다.

희방폭포는 '영남 제일 폭포' 답게 30m 물기둥을

요란하고 시원하게 내리꽂았다.

그는 "한국의 자연은 컬러풀하다"고 했다.

사계절이 있고 산과 강과 섬이 다채롭다고 했다.

다. 그가 지난 5년 찾아다닌 사찰이 백 곳을 넘는다.

그에게 영주는 낙동강 유역이라는 의미가 크다. 그가 태백 황지 연못부터 봉화·영주 거쳐 부산 다대포까지 지명 스물댓 개를 줄줄이 읊었다.

"예천 문경 안동 상주 의성 구미 칠곡 달성…."

칠백리 낙동강이 흘러가는 시·군들이다. 그는 꼬박 두 해에 걸쳐 낙동강을 답사했다. 건성이 아니라 그곳 명소들을 훤히 꿰었다.

그는 안동 도산서원 얘기를 하면서 천원 지폐에 찍힌 서원 그림을 꺼내 보였다. 상주 경천대는 TV 드라마 〈상도〉를 찍은 곳이라 했다. 달성 도동서원은 그의 이름 자 '宏'을 쓰는 성리학자 김굉필金宏弼을 모셔 반가웠다. 고령 개경포가 강화도에서 뱃길로 실어 온 팔만대장경을 낙동강 거슬러 올라 부렸던 나루터라는 것도 알고 있었다.

그는 낙동강에 관한 모든 것을 블로그에 올려놓았다. '韓國也可以這樣玩'(한국 이렇게도 즐길 수 있다)(www.myblog.yahoo.com / lovesong-tansui)이라는 한문 블로그다. 거기에 '낙동강'을 비롯한 여행기 336건을 쓰고 사진 1만 1천 장을 찍어 실었다. 북쪽으로 화진포, 서쪽으로 홍도까지 방방곡곡 빠진 곳이 없다.

그는 "한국은 역사와 문화도 컬러풀하다"고 했다. 그 말처럼 모든 글에 그곳 역사와 풍물을 담았다. 지도와 교통·음식 정보도 곁들였다. 끄트머리엔 그곳을 노래한 가요의 가사를 올리고 노래를 들을 수 있게 했다. 낙동강은 〈처녀 뱃사공〉, 화진포는 〈화진포에서 맺은 사랑〉, 설악산은 〈한계령〉식이다. 그는 부산 용두산공원

글엔 〈용두산 에레지〉를 떠워뒀다며 "용두산아 용두산아 너만은 변치 말자"며 첫 소절을 불렀다. 제일 좋아하는 노래가 〈울릉도 트위스트〉라며 멜로디를 "따다다다 따다다다~"하고 신나게 흥얼거렸다.

그는 중화권 사람들에게 인기 높은 '파워 블로거'다. 블로그 방문 횟수가 37만을 넘었다. 접속자를 대충 헤아려보니 대만 40%, 홍콩 30%, 한국 20%, 미국 7%쯤이더라고 했다. 블로그에 들어오는 한국 여행 문의에 저녁마다 답글을 다는 게 중요한 일과다. 4월 벚꽃 철과 10월 단풍 철을 앞두고는 질문이 밀려들어 정신을 못 차린다. 그는 2009년 한국관광공사가 뽑는 파워 블로거에 오르기도 했다.

로 총영사는 2007년 7월 부산에 부임했다. 몇 달 살아보니 부산은 '매혹적인 월드 클래스 도시'였다. 그 감상을 한시漢詩 〈부산〉으로 썼다.

"산천은 수려하고 / 기후는 온화하여 / 풍요로운 대한민국"으로 시작해 "부산, 잊지 못할 도시 부산, 오색찬란한 도시 부산, 진정한 세계수준의 도시"로 끝난다. 그는 2008년 정초 부산과 한국을 탐구하고 알리는 블로그를 열고 이 시를 첫 글로 올렸다.

그는 3년 임기가 끝나가자 드물게 임기 연장을 신청했다. 한국의 자연과 부산 친구들을 떠나기 싫었다. 그는 작년에 어윤태 영도구청장을 만나 인사를 건넸다.

"신미양요 때 순국한 어재연 장군의 어魚씨이시군요."

어 장군 후손인 어 청장은 놀라자빠졌고 두 사람은 자연스럽게 친해졌다. 이런 그에게 마음 통하는 부산 친구가 많을 수밖에 없다. 그는 시청·구청 초청을 받아 부산 시민에게 '부산'을 강연하러 다닌다. 용두산 부산타워에서 사진전도 열었다.

그는 임기를 마치고 귀국하더라도 블로그는 계속하겠다고 했다. 여행기 쉰 개는 올릴 쓸거리가 쌓여 있다. 그는 한국에 관한 책도 차근차근 써볼 생각이다. 첫 책은 〈명찰名刹과 명산〉, 다음 책은 〈작은 섬들〉로 점찍어뒀다. 로티엔홍 총영사는 "대한민국에 매우 좋고 아름다운 곳이 많다는 걸 중화권에 끊임없이 알리겠다"고 했다. 이 쉰네 살 대만 외교관은 머리보다 가슴으로 일하는 사람이라는 생각이 들었다. 그를 보며 우리는 우리 땅을 얼마나 사랑하는지 돌아봤다.

2012.8.23

자연 벗 삼아 생각하며 걷는
어느 '조용한 여행'

7월 분주령은 하늘나라 꽃밭이다. 태백기린초, 하늘말나리, 할미밀망, 꽃며느리밥풀, 큰까치수영, 산꿩의다리, 물봉선, 동자꽃, 일월비비추가 앞서거니 뒤서거니 핀다. 갈 길이 멀어도 길섶 들꽃들과 인사를 나누느라 걸음이 떨어지질 않는다.

한여름 분주령 능선 길은 표범나비 천국이다. 벌보다 나비가 많다. 보랏빛 꿀풀은 물론 가냘픈 범의꼬리에까지 매달려 꿀을 빨아댄다. 60mm 접사렌즈를 바짝 들이대도 꽃에 정신이 팔려 아는 척도 안 한다.

폭우 갓 그친 주말 아침 강원도 태백 분주령 길을 걸었다. 정선에서 태백 넘어가는 옛 38번 국도를 꼬불꼬불 버스로 오른 고갯마루. '백두대간 두문동재 해발 1,268m'라고 새긴 길가 표지석에서 천상天上의 꽃길이 시작한다. 숲길을 들어서자 비에 식은 여름 흙냄새, 풀냄새가 기분 좋게 밀려온다. 길 오른쪽 금대봉까지 가는 불바래기 능선에서 봄부터 가을까지 꽃잔치가 벌어진다. 옛날

ⓒ 이철원

7월 분주령은 하늘나라 꽃밭이다.

갈 길이 멀어도 길섶 들꽃들과 인사를 나누느라

걸음이 떨어지질 않는다.

한여름 분주령 능선 길은 표범나비 천국이다.

벌보다 나비가 많다.

보랏빛 꿀풀은 물론 가냘픈 범의꼬리에까지

매달려 꿀을 빨아댄다.

화전민들이 밭 일구려고 불을 지른 뒤 이곳에 맞불을 놓아 산불로 번지는 걸 막았다고 해서 '불바래기'다.

길은 불바래기 능선을 지나 하늘이 보이지 않는 원시림으로 들어간다. 어둑한 숲 속 생명들이 비를 맞고 화들짝 깨어났다. 모처럼 낯을 씻은 단풍잎이 반짝반짝 빛난다. 바위 이끼, 나무 이끼도 목마름을 풀고 푸르게 일어섰다. 손톱만 한 달팽이가 제 몸만 한 집을 지고 이파리에 붙어 있다. 수풀 속에서 둥근이질풀, 터리풀, 갈퀴나물 꽃들이 점점이 연보라·연분홍 불을 밝혔다.

깊은 숲길은 분주령까지 2.5km를 이어간다. 거기서 잠깐 대덕산에 올랐다가 한강 발원지 검룡소까지 모두 10km 길이 편안하다. 내려가는 산길이어서 등산이 서툰 사람도 거뜬하다. 대덕산과 금대봉이 해발 1,307m, 1,418m이지만 출발점 두문동재보다 40m, 150m 더 높을 뿐이다. 여행사 버스를 타고 온 덕분에 되돌아갈 필요도 없다. 버스는 두문동재에 사람들을 내려준 뒤 저 아래 검룡소 주차장에서 기다렸다.

승용차 여행이라면 산길을 왕복하거나 버스나 택시를 타고 차둔 곳으로 돌아가야 한다. 버스 타고 검룡소에서 두문동재로 돌아오기도 쉽지 않다. 두 곳을 곧바로 잇는 버스 편도 없다. 택시를 불러 타기에도 멀다. 여행사 단체여행에 끼면 그런 번거로움이 없을 뿐더러 운전대를 잡지 않아 편하다. 기름값과 고속도로 통행료를 생각하면 돈도 덜 든다. 분주령 트레킹처럼 여행사 버스가 딱 알맞은 여행지가 적지 않다.

그런 장점을 알면서도 좀처럼 단체여행이 내키지 않았다. 관광지나 고속도로 휴게소에서 시끌벅적한 관광버스를 워낙 많이 봤기 때문이다. 그러다 분주령 상품을 산 곳이 '김휴림의 아름다운 여행'이다. 이 작은 여행클럽이 추구하는 '차분하고 조용한 여행'에 마음이 끌렸다. '김휴림'은 '흥겨운 여행을 원하는 분은 다른 여행사를 이용해 달라'고 권한다. 우선 버스 안 TV를 켜지 않는다. 버스에선 동행자하고도 꼭 필요한 몇 마디 말고는 대화를 삼가야 한다. 떠드는 사람은 봐뒀다가 다음 여행부터 신청을 받지 않는다.

여행에 참가하려면 회원가입부터 해야 한다. 일행은 두 명까지만 받는다. 산악회원은 사절한다. 부모가 자녀와 함께하는 경우에만 네 명까지 올 수 있다. 한 팀을 두 명씩 나눠 따로따로 신청했다가 일행이라는 게 들통나면 역시 '블랙리스트'에 오른다. 도도해 보이기까지 하지만 어수선한 여행을 싫어하는 사람들이 알음알음 찾아온다.

홈페이지 '김휴림의 여행편지'는 여행정보를 풍성하게 쌓아둔 보물창고다. 갈 곳, 먹을 곳, 잘 곳이 지역과 주제에 따라 백과사전처럼 담겼다. 추천하는 여행코스를 8월 초, 8월 말 식으로 세분해놓아 갈 데 마땅찮은 사람에게 그만이다.

'아름다운 여행'과 '여행편지'를 꾸리는 이가 여행가 김휴림이다. 서울대 나온 공학도가 여행에 빠져 여행업까지 벌였다가 실패를 맛봤다. 나이 마흔에 뒤돌아보니 너무 정신없이 살았구나 싶었다. '쉴 휴休'자에 '수풀 림林'자로 필명을 짓고, 남에게도 쉬어가는 숲이 돼야겠다 맘먹었다. '여행편지'를 열어 하루도 쉬지 않고 새로운 글과 정보를 올려온 지 10년째다. 일주일에 두어 차례 진행하는 '아름다운 여행'도 500회를 훌쩍 넘겼다.

김휴림은 "안달하지 않고 욕심을 줄이고 기대를 버렸더니 세상이 천천히 움직이더라"고 했다. 여행클럽도 그렇게 운영한다. 그는 "사람마다 생각하는 여행의 의미가 달라서 많은 사람이 함께 여행할 때 모든 것을 맞춰줄 수는 없다"고 했다.

그는 들떠서 놀러 가는 것과 여행을 구분한다. 여행이란 일상을 떠나 제시간을 갖고 스스로를 돌아보는 시간이 돼야 한다고 믿는다. 그래서 경치 좋은 곳, 이름난 관광지를 피해 조용히 걸으며 생각하는 일정을 짠다. 이를테면 '독서 같은 여행'이다.

김휴림의 버스를 타보니 우리네 단체여행도 분화하고 진화하고 있구나 하는 생각이 들었다. 입을 오래 다물고 있었더니 입안에 가시가 돋는 듯하긴 했지만.

2012.7.26

'살럼'(안녕) 한마디에
따뜻하게 미소 짓는 나라, 이란

두 주 전 이란 여행을 떠나기 앞서 함께 갈 일행으로부터 전갈이
왔다. 여행자 보험을 들려고 알아봤더니 이란에 간다니까 보험사
들이 가입을 거절하더라는 얘기였다. 다른 일행이 보험사 한 곳을
찾아냈지만 보통 몇천 원이면 되는 보험료로 3만 원을 요구했다.
결국 일행 중에 여행사 사장이 단골 보험사에게 얘기해 1만 3천
원짜리 보험에 가입했다고 알려 왔다. 찜찜한 생각이 들어서 여행
자 보험을 생전 처음으로 샀다.

　일행끼리 주고받은 이란 여행정보도 살벌했다. 입국할 때 달러
와 카메라, 노트북을 신고하지 않으면 압수당한다. 술은 한 방울
도 들어갈 수 없다. 관광지 아닌 곳에서 사진을 함부로 찍으면 체
포된다. 외국인이라도 이슬람 율법에 따라 여자는 머리에 스카프
를 두르고 긴 옷으로 팔다리를 감춰야 한다. 남자도 반바지와 민
소매 윗도리를 입지 말라. 옷차림이 '불량'하면 경찰서에 끌려갈
수 있다.…

이란은 1979년 팔레비 왕조를 무너뜨린 '호메이니 혁명' 이후 반미反美 이슬람 신정神政일치 체제를 이어 온다. 서방西方으로부터 경제 제재를 받은 지도 30년이 넘었다. 핵 개발을 밀어붙이면서 7월부터는 EU가 이란산 원유 수입을 중단한다. 이란 사람들이 이방인을 보는 눈길도 차갑겠거니 했던 선입견은 테헤란 공항에서부터 깨졌다.

입국 심사대로 걸어가면서 여자 일행은 서둘러 머리에 스카프를 썼다. 한 명만 스카프를 준비해 오지 않아 맨머리인 채였다. 비행기에서 함께 내린 이란 여인들이 다가와 서로 이슬람 머릿수건 히잡을 빌려주겠다고 했다. 한 여인이 손가방에서 여벌 히잡을 꺼내 미소와 함께 '선물'이라며 건네곤 총총히 앞서 사라졌다.

입국하면서는 출입국 신고서는커녕 세관 신고서도 없었다. 입국 심사대 직원은 질문 하나 없이 도장을 찍어줬다. 짐 검사도 큰 가방만 검색대를 통과하는 것으로 끝이었다. 일행이 공항 사진을 찍어댔지만 아무도 뭐라 하지 않았다.

입국장에서 지나가는 이란 미인에게 함께 사진을 찍자고 했더니 선선히 응했다. 사람들은 시끌벅적 플래시를 터뜨리는 한국인 열댓 명을 신기하게 구경했다.

2500년 전 페르시아 제국의 여름 궁전 페르세폴리스를 둘러본 뒤 정자처럼 생긴 곳에 앉아 수박을 쪼개 먹었다. 그 곁 수돗가에서 온몸을 검정 차도르로 감싼 여인들이 아기들의 목을 축여주고 있었다. 천사처럼 예쁜 아기들에게 혹한 일행이 하나 둘 카메라를 꺼내 들었다. 잔뜩 경계하던 여인들도 아기를 귀여워해주는 이방인들에게 마음을 열었다. 수박을 나눠 먹고 일행과 어울려 사진을 찍었다. 렌즈 앞에서 모두가 손을 흔들며 함성을 내질렀다. 왁자지껄한 풍경을 먼발치서 보며 지나가던 사람들도 웃으며 손을 흔들어줬다. 사흘 전 테헤란 공항에 내릴 땐 상상도 못한 일이었다.

14세기 솔레이먼 왕이 여덟 아내를 거느리고 살던 이스파한의 궁전은 널따란 정원과 숲에 에워싸여 있었다. 그곳 풀밭에 사람들이 삼삼오오 자리를 펴고 앉아 쉬고 있었다. 어느 가족의 사진을 찍자 소녀가 영어로 "차를 마시고 가라"고 했다. 궁전을 보고 나오는 길에 들르겠다고 했더니 소녀는 길목에 나와 기다리고 있었다.

열다섯 살 보테미는 근처 아흐마밧이라는 동네에 사는 고교 2학년이었다. 이슬람 주말인 목요일마다 가족과 함께 나와 차를 마신다고 했다. 보테미는 외할아버지·외할머니와 엄마·이모, 두 외삼촌을 차례대로 소개해줬다. 아버지는 수퍼마켓에서 일하느라 빠졌다고 했다. 소녀는 가스버너 위에서 끓는 차를 따라 호박씨 구이와 함께 대접했다.

보테미는 "우리 가족은 이란 중산층"이라며 "가족·친척과 즐겁게 지내는 게 행복하다"고 했다. "대학을 가고 싶지만 어떻게 될지는 모르겠다"고 했다. 소녀는 "이란 사람은 손님을 좋아한다. 손님과 이야기하는 게 즐겁다"고 했다.

열흘 여행길 내내 이란 사람들이 먼저 인사해줬다. "친(중국)이냐, 저폰(일본)이냐" 묻고는 "코레"(한국)라는 대답에 반색했다. 젊은이들은 곧잘 "하이"라고 영어 인사를 했다. 거리를 걸을 땐

무표정하던 사람들도 "살럼"(안녕) 한마디에 낯빛을 풀었다.

이란에선 찡그리는 사람을 보지 못했다.

모두가 밝고 자부심에 차 있었다.

그 얼굴들은 오래도록 마음속에 머물며,

살아가는 나날 문득문득 따사롭게 떠오를 것이다.

차를 타고 가던 사람들이 차창을 내리고 손을 흔들어줬다. 영어를 하는 사람들은 이것저것 물어 왔다. 사진을 찍으면 오히려 "고맙다"고 했다. 무표정하던 사람들도 "살렘"(안녕) 한마디에 낯빛을 풀었다. 타브리즈의 전통 시장 바자르를 구경하고 나오는 길에 한 사내가 "CIA 스파이"라고 소리친 것이 유일한 '박대'였다.

이란 여행 정보는 대부분 과장되거나 잘못된 것이었다. 이슬람식 옷차림도 이란 사람들에 대한 예의라는 생각이 들었다. 어디서도 술을 구경할 수 없는 금주禁酒 국가라는 것만은 정확했다. '무無 알코올 여행'도 색다른 즐거움이었다. 술기운에 해롱대는 명정酩酊이 아니라 명징明澄한 머리가 여행을 더욱 풍요롭게 했다.

이란에선 찡그리는 사람을 보지 못했다. 모두가 밝고 자부심에 차 있었다. 그 얼굴들은 오래도록 마음속에 머물며, 살아가는 나날 문득문득 따사롭게 떠오를 것이다.

2012.6.28

신록 우거진 산책로에서
생명의 기운 마시는 '숲체원'

물 졸졸 흐르는 산 아래 계곡에서 데크 길이 시작한다. 나무 깔고 난간을 대 '편안한 등산로'다. 완만하게 산허리를 휘감아 오르는 길을 따라가자면 평지를 걷는 것 같다. 마음이 절로 넉넉해져서 길섶 들꽃들과 일일이 눈을 맞춘다. 키가 3m 가깝게 훤칠한 산철쭉 군락은 연분홍 꽃떨기가 많이 시들었다. 끝물이다. 그래도 아쉽지 않다. 비탈 가득 싱그러운 연둣빛 새잎들이 눈과 가슴을 시원하게 틔워주는 덕분이다.

졸참나무, 신갈나무, 물박달나무, 물푸레나무, 층층나무….

활엽수가 매단 잎들은 하늘하늘 얇아서 하늘이 비쳐 보이는 반투명이다. 키 낮은 꽃나무들이 팔랑팔랑 내민 여린 잎은 영락없는 아기 손이다. "꽃보다 신록이 아름답다"는 말이 맞다.

숲이 녹음綠陰으로 짙어지기 앞서 이맘때면 강원도 횡성 태기산 자락에 들어앉은 '숲체원'을 찾아간다. 아름다운 신록을 이만큼 호젓하게 즐길 수 있는 곳도 드물다. 사철 짙푸른 편백과 삼나무 숲, 아직 잎이 성긴 잣나무와 낙엽송들 그리고 연록 활엽수 잎이 어우러져 짙고 옅은 녹색 잔치를 벌인다.

지난 주말 숲체원 데크 길을 걸었다. 900m나 이어지는 데크 길을 산책하듯 걷다보면 어느새 꼭대기에 다다른다. 태기산과 마주보는 해발 920m 봉우리다. 바로 옆 청태산휴양림이나 경기도 양평 산음휴양림 숲속에도 데크 길이 놓여 있지만 200m도 채 안 되게 짤막하다. 정상까지 줄곧 데크 길을 깔아놓은 곳은 숲체원뿐이다.

산과 산타기를 사랑하는 사람들은 데크 길이 달갑지 않을 것이다. 산을 산 그대로 둬야지 자꾸 인공 구조물을 들이느냐고 탓할 것이다. 숲체원 데크 길엔 나름 깊은 뜻이 있다. 산과 숲은 누구나 즐길 수 있어야 한다는 생각이다. 데크 길은 기울기가 4.5도밖에 안 돼 휠체어도 유모차도 쉽게 밀고 갈 수 있다. 할머니 할아버지부터 갓난아기까지, 몸 불편한 장애인부터 아이 밴 엄마까지 정상에 올랐다는 기쁨을 누린다.

돌아 내려오는 데크 길에서 두 무리 아이들을 만났다. 경기도 광주 장애인학교 학생들과 과천 아동센터의 편부·편모·조손祖孫 가정 어린이들이라고 한다. 아이들은 서로 손을 잡거나 다른 아이 휠체어를 밀어주며 참새처럼 조잘댔다. 간간이 왁자하게 웃음도 터뜨렸다. 선생님이 민들레꽃을 따 아이들 손목에 팔찌로 채워줄 때마다 "나도 나도" 하며 보챘다.

숲체원은 '숲을 체험하는 곳'이라는 뜻이다. 공익법인 산림복지문화재단이 복권 수익금에서 나온 '녹색자금'을 지원받아 숲으로부터 소외된 이웃을 숲으로 불러들인다. 가난하거나 장애를 지닌

© 이철원

숲체원 데크 길엔 나름 깊은 뜻이 있다.

산과 숲은 누구나 즐길 수 있어야 한다는 생각이다.

데크 길은 기울기가 4.5도밖에 안 돼 휠체어도

유모차도 쉽게 밀고 갈 수 있다.

할머니 할아버지부터 갓난아기까지,

몸 불편한 장애인부터 아이 밴 엄마까지

정상에 올랐다는 기쁨을 누린다.

어린이들을 며칠 먹이고 재우며 숲을 숨쉬게 한다. 공부에 짓눌린 아이, 스트레스에 전 어른을 숲의 푸름으로 어루만진다. 인터넷게 임 중독과 산만한 주의력과 아토피를 다스리고, 숲으로 태교胎教 하는 프로그램도 있다.

3년 전 숲체원에 처음 왔을 때 임도林道를 잘못 들었다가 으슥한 산모롱이에 모여 있던 어른 아이들과 마주쳤다. 자그마한 텐트를 여럿 쳐놓고 놀던 아이들이 이방인에게 놀라 표정을 굳혔다. 모두 다운증후군 어린이들이었다. 함께 있던 엄마들도 당황스러워했 다. 그것이 숲체원의 장애아 프로그램이라는 것은 나중에야 알았 다. 같은 아픔을 지닌 엄마들끼리 모여 아이들에게 자연을 숨쉬게 하려는 마음이 애틋하게 전해왔다.

꽃구경 가면 인파 속에서도 노부모 모시고 나온 가족이 유달리 눈에 띈다. 5월 초 태안 튤립축제에서도 지팡이 짚은 꼬부랑 할머 니를 '젊은' 할머니와 중년 아주머니가 모시고서 꽃길을 다니고 있었다. 딸 삼대三代이거나 시어머니·며느리 삼대일 것이다. 늙은 아들도 쓰러질 듯 겨우 걷는 아버지를 부축하며 튤립 구경을 시 켜드리고 있었다. 노인이 돼버린 자식이 호호백발 부모를 챙기는 것만큼 아름다운 장면이 있을까. 삶의 끄트머리에서 하는 효도孝道 가 진한 효도이고, 그렇게 효도할 수 있는 것도 복이지 싶다.

숲체원은 늙은 자식이 늙은 부모 모시고 나들이하기에 딱 좋다. 부모님 손잡고 느리게 데크길 오르며 신록이 뿜어내는 생명의 기 운을 들이마시면 더 바랄 게 없을 것이다. 장애가 있든 없든 모든 어린이에게 자연을 가르치기에도 제격이다.

숲체원은 프로그램 참가자 말고도 누구에게나 개방해 왔다. 그러다 올 들어 인터넷 예약을 받아 하루 쉰 명씩만 들여보내고 있다. 두릅이며 고사리를 마구 따 가고 계곡에서 고기 구워먹는 사람이 많기 때문이라고 한다. 그래도 숲체원 스스로 내세우듯 '힘들고 지친 이웃이 숲에서 하나 될 수 있는 장場'이 되려면 문을 더 넓게 열어야 할 것 같다.

2012.5.31

가오리찜과 돼지 족탕이
막걸리 부르는 남도南道 주막

봉동길은 전남 구례군 구례읍을 동서로 가로지른다. 반듯한 건물과 상가가 늘어선 중심도로다. 그 길 중간, 읍 시가지 복판에 70년 넘은 누옥陋屋이 거짓말처럼 끼여 있다. 잿빛 슬레이트 지붕이 주저앉을 듯 낮다. 지붕 앞에 주름 잡힌 함석판으로 간판을 세웠다. '동아식당'이라고 쓴 검정 페인트도 빛이 바랬다.

미닫이 유리문엔 차리는 음식을 써놓았다. 가오리찜, 돼지주물럭, 두부김치…. 술꾼 아니라도 막걸리를 떠올릴 안주들이다. 토요일 낮 두 시, 어둑한 실내에 탁자 다섯이 벽 따라 놓여 있다. 동네 사람으로 보이는 사내 둘이 막걸리 잔을 기울인다.

일행 넷이 안쪽 자리에 앉았다. 아내들은 엉거주춤 '뭐 이런 데가 있나' 하는 표정이다. 늦은 아침을 든 지 얼마 안 돼서 가오리찜 하나만 시켰다. 여주인이 뒤꼍에서 하루 이틀 말린 가오리를 들고 와 솥에 넣는다.

가오리가 익는 사이 찬이 깔렸다. 씻어서 볶은 묵은 김치, 매콤

한 파김치, 콩자반, 멸치볶음, 콩나물무침까지 하나같이 소박 친근한 집반찬이다. 무말랭이에선 햇빛 좋은 마당에 펼쳐놓고 뒤적여 말리던 그 냄새가 난다. 요즘 음식점 무말랭이는 물엿 범벅이어서 젓가락이 안 가는데, 이건 고소하고 쫄깃한 게 제맛이다.

국은 멸치국물에 무를 큼직큼직 썰어 넣고 고춧가루에 소금 간을 해 끓였다. 반으로 갈라 내장 뺀 국물 멸치가 들어 있는 것도 어릴 적 밥상 그대로다. 온 가족이 둘러앉아 딸가닥 딸가닥 수저 소리 내던 따스한 시간들이 떠오른다. 무엇보다 접시 가득 담긴 달걀 프라이가 눈길을 잡아끈다. 달걀 다섯 개를 한꺼번에 부치고 다진 부추와 고추를 올렸다. 시골 식당 후한 인심이 덩달아 얹혔다.

신바람 난 일행이 "돼지 주물럭도 맛있을 것 같다"며 주문했다. 여주인이 "일단 드셔보고 시키라"고 말린다. 작은 솥뚜껑만 한 가오리찜이 나왔다. 파·당근·고추를 고명으로 얹고 접시 가장자리를 빙 둘러가며 곱게 썬 부추를 수북이 쌓았다. 야들야들한 살점, 오돌오돌한 물렁뼈 몇 젓가락에 막걸리 주전자가 금세 동난다.

이젠 시골 양조장도 생막걸리를 빚지만 왜 다들 사이다처럼 달큰하고 톡 쏘는지 모르겠다. 이런 집, 이런 술상엔 시금털털한 옛 막걸리가 제격인데. 가오리 접시가 비어가자 생두부를 갖다 준다. 따로 값을 받아도 될 만큼 많아서 절반 가까이 남겼다. 돼지 주물럭까지 시켰으면 배불러 감당 못했을 것이다. 그걸 내다보고 제지한 여주인을 새삼 다시 봤다. 장삿속에 앞서 손님을 생각하는 시골 주모酒母를 정말 '이모'라 부르고 싶어졌다.

예순 넘은 여주인은 말수가 적고 말도 짤막해서 처음엔 퉁명스
러워 보였다. 자리가 끝나갈 무렵, 행색 초라한 남자가 들어와 말
없이 문간 자리에 앉았다. 주인도 아무 말 없이 막걸리 한 통과 반
찬 몇 가지를 갖다 줬다. 그러고는 들릴락말락 나직한 목소리로
말했다.

"반 통만 마셔."

술을 따라 마시는 남자의 손이 심하게 떨렸다. 술병이 깊은 듯
했다. 남자는 주인이 이른 대로 반 통만 마시더니 또 말없이 나갔
다. 주인은 돈 받을 생각도 안 했다. 동네 사람이 다 가족 같은 시
골 주막 아니면 볼 수 없을 장면이었다.

어느 미식가도 이 집에서 비슷한 광경을 보고 글로 써 올렸다.
역시 차림이 남루한 남자가 술을 마신 뒤 여주인 앞에 서서 어쩔
줄 몰라 했다. 돈이 부족했던 모양이었다. 다른 손님 들을세라 여
주인이 조용히 말했다.

"잉, 그냥 가아."

여주인은 부부가 농사를 짓다 이 집에서 장사한 지 10년 됐다
고 했다. 언니 동생 하며 지내던 앞 여주인이 그만두면서 이어받
았다. 집주인이 왜 건물을 손보지 않는지는 몰라도 허름한 집에서
장사하는 게 재미있다고 했다. 손님 없을 땐 남편이 밭에서 키운
채소로 반찬 만드는 게 일이다. 음식에 화학조미료는 당연히 안
넣는다고 했다. 메뉴에 없는 음식을 손님이 부탁해도 할 수 있는
것은 바로 옆 농협 마트에서 사다 차려준다.

가게는 하루도 쉬지 않는다. 명절에도 오전 11시쯤 문을 연다.

그 길 중간, 읍 시가지 복판에 70년 넘은 누옥이

거짓말처럼 끼여 있다. 잿빛 슬레이트 지붕이 주저앉을 듯

낮다. 지붕 앞에 주름 잡힌 함석판으로 간판을 세웠다.

'동아식당'이라고 쓴 검정 페인트도 빛이 바랬다.

미닫이 유리문엔 차리는 음식을 써놓았다.

가오리찜, 돼지주물럭, 두부김치….

술꾼 아니라도 막걸리를 떠올릴 안주들이다.

동네 사람으로 보이는 사내 둘이 막걸리 잔을 기울인다.

그러면 객지에서 갈 곳 없어 하던 누군가가 반갑게 찾아온다. 보통은 아침 9시쯤 시작해 문 닫는 시간은 손님 봐가며 대중없다. 가게 열어둔 채 볼일 보러 비운 사이에도 손님들은 반찬과 술을 꺼내 먹고는 그릇으로 돈을 눌러놓고 간다. 누가 얼마큼 먹고 갔다는 쪽지를 남기기도 한다.

이 집 음식은 별미別味일망정 화려한 진미珍味는 아니다. 반찬도 수수하다. 하지만 어떤 현란한 요리도 흉내 내지 못할 편안함과 아련함이 있다. 밥상, 술상을 받으면 미소부터 솟는다. 사라져 가는 것들은 아름답다. 다음에 가면 국물이 뽀얗게 우러나도록 고아 낸 돼지 족탕과 족찜을 먹어봐야겠다.

2012.5.3

천년 숲에서 만난
동백꽃 천국

4월의 이른 아침, 아무도 없는 숲길을 걷는다. 바람이 쏴 하고 숲을 쓸고 가면서 파도소리를 낸다. 겨울잠에서 일어난 벌들이 꿀을 찾아 웅웅대는 소리가 온 숲에 나직하게 깔린다. 간간이 지저귀는 동박새들. 귀에 거슬리는 소리는 한 점도 없다. 아직은 시린 아침 공기를 한껏 들이마셨다. 머리가 절로 맑아진다.

전남 광양 백운산 자락에서 은밀한 꽃 천국, '동백의 샹그릴라'를 만났다. 백운산 지맥支脈 백계산 남쪽 언덕 15헥타르에 적어도 100살 넘은 동백나무 7천 그루가 빽빽하게 서 있다. 천연기념물로 지정된 동백림 여섯 곳 중에 가장 크다. 경남 거제 학동리와 충남 서천 마량리 동백숲의 일곱 배, 전남 강진 백련사와 전북 고창 선운사 숲과 견주어도 세 배다. 수령樹齡이 보통 300년이고 600년 넘긴 나무도 대여섯 그루 있다고 한다.

옥룡면 추산리 한적한 찻길에서 300m쯤 걸어 오르면 동백숲과 마주친다. 여전히 겨울빛 황량한 산기슭에서 아연 싱그러운 초록 숲이 시작된다. 그 속으로 동백이 터널을 이룬 산책로가 나 있다.

어둑하게 우거진 숲을 점점이 빨간 꽃불이 밝혔다. 야무지도록 작은 동백꽃들이다. 타는 듯 붉지만 사람을 질리게 하는 농염濃艶이 아니다. 맑고 단이히다. 어찌나 매무새가 깔끔한지 만개滿開한 꽃에서도 청초함이 묻어난다. 이제 막 꽃잎을 풀어내려는 망울들은 영락없이 덜 핀 장미다.

동백冬柏은 흔히 겨울꽃으로 알지만 뭍에서는 3~4월이 제철이다. 이르면 11월부터 몇 송이씩 피다 봄바람이 불기 시작해야 우르르 꽃을 피운다. 이곳도 3월 하순부터 시작한 붉은 합창이 4월 한 달을 이어갈 것이다.

동백꽃은 "나무에서 한 번, 땅에 떨어져 두 번 핀다"고 한다. 가장 아름답게 피었을 때 누군가 잘라내듯 송이째 툭 떨어진다. 땅바닥에서도 선연한 진홍빛이 한참을 간다. 화려하기도 하고, 처연하기도 한 낙화落花다. 동백 숲길엔 피어나는 기쁨과 스러지는 슬픔이 함께한다.

100m쯤 되는 숲길을 벗어나면 눈앞이 환해지면서 산 중턱에 축구장 두 배만 한 평지가 펼쳐진다. 통일신라 말 풍수의 대가, 도선 국사가 세웠다는 절 자리다. 도선은 864년 자기 도호道號를 딴 옥룡사玉龍寺를 짓고 35년을 머물다 입적했다고 한다. 옥룡사는 1878년 불이 나 타버리고 폐사지廢寺址로 남았다.

동백숲은 옥룡사지를 삼면으로 에워싸고 있다. 도선이 절을 지으면서 땅 기운을 북돋우고 불을 막으려고 심었다고 전해 온다.

동백은 잎이 두껍고 나무에 수분이 많아 방화림防火林 구실을 한다. 도선의 혜안慧眼도 절은 타버리고 동백만 남을 줄은 살피지 못한 셈이다.

동백나무는 수명이 300살쯤이라고 한다. 도선이 동백을 심은 지 1150년. 그 사이 동백이 늙어 죽고 다시 씨앗을 내려 자라기를 서너 차례는 거듭했을 것이다. 숲에는 텅 빈 줄기에 시멘트를 채워 넣은 고목枯木이 적지 않다. 그렇게 제 삶을 다해가는 한편으로 둥치 아래서 여린 줄기로 솟아오르는 새 생명도 있다. 천년 숲이 그렇게 이어오고 있다.

옥룡사지 동백숲은 그늘에 하루종일 앉아 있어도 좋을 딴 세상이었다. 고적孤寂한 꽃천지를 거닐며 신기했다. 연륜도 규모도 으뜸이고 아름답기까지 한 동백숲이 이리도 호젓하다는 게 신통했다. 동백꽃 피는 3월 하순부터 한 달 가까이 백운산 너머 섬진강변에 매화·산수유·벚꽃이 잇따라 꽃 폭죽을 터뜨리는 덕분이 아닐지. 사람들이 그 화려한 꽃잔치에 취해 산 너머 옥룡사지를 돌아볼 겨를이 없는 모양이다.

옥룡사지에 대웅전을 복원하고 도선의 풍수사상 수련관도 만든다는 얘기가 들려온다. 빈 곳을 꼭 무언가로 채워야 성이 풀리는 것일까. 새뜻하게 단청 입힌 새 절은 옛 절터의 감흥을 따를 수가 없다. 포클레인이 파헤치고 건물이 올라서면 동백숲도 별천지로 남아 있지 못할 것이다.

올해 봄꽃들은 사보타주라도 하듯 유달리 더디 핀다. 백운산 동쪽 기슭 광양 다압마을에선 3월 17일 시작한 매화축제가 25일 끝나도록 꽃이 거의 피지 않았다. 광양 매화도, 구례 산수유꽃도 4월 들어서야 제대로 피었다. 하동 화개장터 벚꽃 음악회도 7일부터 열리지만 기상청 홈페이지 개화開花 사진엔 5일까지도 꽃 소식이 없다. 늦추위 탓에 축제들은 다 어긋나버렸고 꽃 때 맞추기는 갈수록 까다롭다.

이상기후가 이상하지 않은 세상에서 사람들을 변함없이 오래 맞아주는 꽃이 동백이다. 화르르 피었다 화르르 져버리는 봄꽃들과 달리 옥룡사지 동백꽃은 4월 내내 피고 진다. 그러면서 이 외진 숲에 찾아드는 사람들을 행복하게 해줄 것이다.

2012.4.6

아름다운 '땅끝 절'
해남 미황사에서 만난 모녀

코끝이 맵도록 웃풍이 세다. 방바닥까지 미지근해서 깊은 잠 못 들고 뒤척였다. 갑자기 방문 앞에서 목탁이 울렸다. 염불도 낭랑하게 이어졌다. 시계를 보니 새벽 네 시가 안 됐다.

스님이 객사客舍 향적당 앞을 오가며 두드리던 목탁 소리가 점점 대웅전 쪽으로 멀어졌다. 도량석道場釋이다. 새벽 예불에 앞서 절을 깨끗이 하려고 경내를 돌며 찬가讚歌와 게偈를 읊는 의식이다. 잠든 만물과 중생을 깨우는 소리다. 절집에 묵어가는 길손과 템플 스테이에 온 수행자들에겐 기상나팔인 셈이다.

더 누워 있을 수가 없어 마루로 나갔다. 향적당 외등外燈을 에워싸고 하얀 점들이 분분히 날렸다. 눈이 오고 있었다. 대웅전 마당 끝, 어둠 속에 등불 하나 밝힌 누각 자하루紫霞樓는 흰 점을 무수히 찍어놓은 한 폭 점묘화點描畫다. 눈발이 어찌나 고요히 내리는지 정지된 화면 같다. 겨울 끝자락에서 만난 산사山寺의 새벽 설경에 넋을 빼앗긴 채 한동안 서 있었다.

그 정적을 종소리가 깨뜨렸다. 이렇게 가까이서, 이렇게 웅장하고 장엄한 범종 소리를 듣기도 처음이다. 한 차례 타종 뒤로 낮고 길게 웅웅대는 울림에 가슴이 멍멍하다. 공명共鳴의 여운이 채 끝나기 전에 다시 종이 울린다. 불자佛子 아니어도 스물여덟 번 범종 소리는 귀로 듣는 선계仙界다.

그제야 방바닥이 따끈해져서 설핏 잠이 들었다가 깼다. 창으로 어슴푸레 빛이 스며든다. 창문을 열고 내다보니 절을 병풍처럼 둘러친 달마산이 온통 은빛이다. 나무서리, 상고대로 뒤덮였다. 달마산 뒤에 숨은 해가 마저 떠오르면 신기루처럼 스러져버릴 몽환적 겨울꽃들이다. 달마산이 건네는 뜻밖의 선물을 놓칠세라 눈과 마음과 카메라에 부지런히 담았다. 미황사의 아침이 그렇게 밝아왔다.

2월 하순 전남 해남 미황사에서 하룻밤 묵었다. 절집에서 자고 싶다는 묵은 바람을 미황사에서 풀기로 한 것은 무엇보다 이 절이 지닌 아름다움에 끌려서였다. 달마산은 해남반도 남쪽 땅끝까지 펼쳐진 들판에 느닷없이 솟아 있다. 창처럼 뾰족뾰족 솟구친 암봉들엔 누가 봐도 비범한 기운이 서렸다. 그 바위들이 1만 부처 같아 고려 때 송나라 사람들이 찾아와 경배했다는 명산이다. 달마산에 오르면 동쪽으로 완도, 서쪽으로 진도, 남쪽으로 땅끝이 내려다보인다.

1300년 신라 고찰古刹 미황사는 '남도의 금강' 달마산의 품에 안겨 진도 바다를 바라본다. 해남 대흥사의 말사末寺로, 전각도 몇 안 된다. 하지만 내외국인 합쳐 한 해 5천 명이 참선을 하고 가는 템플 스테이 명소다. 그래서 경내에서 서양 사람을 쉽게 볼 수 있다.

대웅전 왼쪽 언덕 향적당은 참선 프로그램과 별도로 개인에게 방을 내주는 숙소다. 옆방에 곱게 나이 든 서양 아주머니가 들었다. 앳돼 보이는 한국 아가씨와 함께 왔다. 향적당 앞에서 마주쳐 "안녕하세요"라고 짤막한 인사를 나눴다. 두 사람 다 그 이상 한국말은 못하는 것 같았다.

공양간에서 저녁을 들 때도 두 사람과 마주앉았다. 공양 자체가 말을 삼가는 묵언默言 수행이어서 이야기는 못 나눴지만 자연스럽게 두 사람의 식사 모습을 보게 됐다. 두 사람은 그리 서툴지 않은 젓가락질로 김치며 나물을 두루 잘 먹었다. 서로의 접시에서 스스럼없이 반찬을 집어다 먹곤 했다. 내내 눈을 맞추며 미소가 떠나지 않는 두 사람 사이 사랑이 밥상 너머로 전해왔다.

이튿날 아침 양지바른 향적당 툇마루에 앉아 차를 마셨다. 마침 방에서 나오는 서양 아주머니를 만났다. 젊은 아가씨는 아침 공양을 마친 뒤 늦잠에 빠져 있는 사이, 그녀와 이런저런 얘기를 나눴다. 짐작한 대로 두 사람은 입양으로 맺어진 모녀였다. 그녀는 미국 미네소타주 세인트폴에서 왔다고 했다. 다섯 살 한국 아이를 입양해 친딸과 똑같이 키웠노라고 했다. 하지만 직업 때문에 가족이 여러 나라를 돌아다니느라 딸에게 한국말과 한국 문화를 가르치지 못한 게 내내 마음에 걸렸다.

딸은 대학을 졸업하더니 한국에서 살아보고 싶다고 했다. 어머니는 부산에 영어 강사로 자리 잡은 딸을 보러 와 함께 열흘 여행을 하고 있었다. 모녀가 한국의 자연과 문화를 접하는 여행길이다.

ⓒ 오어진

2월 하순 전남 해남 미황사에서 하룻밤 묵었다.

옆방에 곱게 나이 든 서양 아주머니가 들었다.

앳돼 보이는 한국 아가씨와 함께 왔다.

공양간에서 저녁을 들 때도 두 사람과 마주앉았다.

공양 자체가 말을 삼가는 묵언 수행이어서 이야기는 못 나눴지만

자연스럽게 두 사람의 식사 모습을 보게 됐다.

내내 눈을 맞추며 미소가 떠나지 않는 두 사람 사이

사랑이 밥상 너머로 전해왔다.

절에서 처음 자보는 미국 여인이 늦추위 매서운 날 홑겹 절 옷을 입고 향적당 옆 화장실을 오가기란 보통 일이 아니었을 것이다. 그래도 그녀의 얼굴은 시종 편안했다. 미황사가 참 아름답고 평화로워서 오기를 잘했다고 했다.

그녀의 미소는 무엇보다 사랑하는 딸과 함께하고 있다는 기쁨에서 나왔으리라. 그녀와 대화하는 사이 마음까지 훈훈해진 것이 늦겨울 아침햇살 덕분만은 아닐 것이다. 피 한 방울 섞이지 않은 모성母性을 만나고 미황사를 나서는 걸음이 가벼웠다.

• 후기後記 •

이 글이 신문에 실린 지 얼마 안 돼 미네소타주 미니애폴리스에 산다는 재미 동포가 이메일을 보내왔다. 세인트폴 사는 글 속 미국 아주머니가 아무래도 아내의 30년 친구인 것 같아서 전화 걸어 확인해보니 맞더라고 했다. 그는 이 아주머니가 어떤 사람인지 얘기를 들려줬다.

딸 하나를 둔 그녀는 한국에서 여자아이를 입양해 왔다. 새 딸이 가족에게 큰 기쁨이었기에 다시 한국 아이를 딸로 맞아들였다. 미황사에 함께 간 막내딸이다. 부부는 두 양녀를 친딸과 똑같이 키웠다. 미네소타에서 제일 좋은 사립학교에 보냈다. 그녀가 재미동포의 아내와 친해진 것도 두 한국인 딸을 보다 잘 키우려면 한국을 알아야 한다는 생각에서였다. 아내는 2년 전 뇌졸중으로 쓰러져 식물인간으로 누워 있다.

그 아주머니는 세인트폴로 이사 가서도 일주일에 하루씩 빠짐없이 아내가 입원해 있는 병실에 찾아와 아내의 발과 다리를 30분씩 정성껏 주물러주고 간다고 했다. 다리 마사지가 뇌졸중에 좋다면서. 재미

동포는 이메일을 이렇게 맺었다.

"세상에 이런 사람이 천사가 아니고 누구겠습니까."

2012.3.9

보길도 남쪽 끝 민박집에서 받은
'내 인생의 밥상'

지난 주말이 입춘立春이었다. 55년 만에 몰아친 2월 한파에 웅크리고 있다가 문득 동백꽃을 생각했다. 이 추위 속 어딘가에 빨갛게 피었을 그 겨울 꽃이 보고 싶었다. 남쪽으로 가보자. 육지의 끝, 해남 땅끝까지 내달렸다. 거기서 바닷길을 다시 40분쯤 남하南下해 보길도에 닿았다.

보길도는 동백 천지다. 마을과 바닷가는 물론 산 중턱까지 동백이 숲을 이뤄 자생한다. 내친김에 섬 끝까지 가서 하룻밤 묵기로 했다. 남쪽 끄트머리 보옥리에 오면 찻길이 끊긴다. 동쪽 예송리까지 해안이 가파른 바위여서 일주도로가 뚫려 있지 않다. 더 나아갈 곳도, 더 내려갈 곳도 없다. '끝'까지 왔다.

보옥리는 작은 포구를 낀 한촌寒村이다. 음식점 하나 없고 구멍가게도 안 보인다. 마을 고샅길 막다른 집, 60대 토박이 부부가 하는 보옥민박에 들었다. 기와집 안채 곁으로 단층 슬래브 집을 지어 손님방 넷을 들였다.

"집 떠나믄 고생인디…."

안주인이 한겨울에 여기까지 뭐하러 왔느냐는 표정으로 맞는다.

보옥리까지 간 연유가 동백꽃만은 아니었다. 마을 앞에 '공룡알해변'이 있다. 공룡알처럼 크고 길쭉한 갯돌이 가득 깔려 있다. 여느 몽돌해변 잔돌들이 파도에 쓸려 '차르륵' 소리를 낸다면 이곳 돌들은 '크르릉' 어렵사리 구른다. 소리가 맑고 울림이 크다.

해변 서쪽엔 뾰족한 뾰족산이 저 혼자 덩그러니 솟아 있다. 그 너머로 해가 떨어지면서 하늘을 붉게 물들이는 낙조落照를 보고 싶었다. 이른 아침 자욱한 해무海霧에 잠긴 공룡알해변도 마주하고 싶었다. 그러나 날씨 탓에 노을도, 바다 안개도 보지 못했다. 해변에 우거진 동백 노목老木들도 드센 바닷바람에 뒤집힌 우산처럼 잔가지들이 안으로 휜 채 꽃망울 맺을 기색조차 없다.

꽃은 민박집 마당 동백나무와 뒷산 기슭 동백숲에 피어 있었다. 하지만 벙그러지지도 못한 채 도로 움츠러든 꽃이 많다. 꽃잎을 열었어도 가장자리가 까맣게 시들었다. 보길도 끝 동네도 내내 추워 꽃들이 얼어버렸다.

500km를 내려온 보람은 딴 데 있었다. 안채에서 저녁상을 받았다. 상 복판에 한 뚝배기 올라앉은 전복 된장찌개를 에워싸고 12찬이 깔렸다. 찌개 한 숟가락 뜨니 슴슴 구수한 국물이 아무 걸림 없이 목을 타고 들어와 몸을 덥힌다. 집 된장에 싱싱한 새끼 전복들이 넉넉하게 어우러졌다.

살짝 쪄서 양념장 없은 갯장어는 부드럽게 녹는다. 새콤하게 무친 간재미는 사근사근 씹힌다. 감자 곁들인 고등어조림까지 모든 생선이 마을 포구에서 갓 받아 온 것이라고 한다. 새끼 전복들은 아는 이의 전복 양식장에서 대준다. 전복 간장조림의 쫄깃한 식감도 여간 아니다.

파래무침 곁 접시엔 감태처럼 생긴 해초가 담겼다. 감태보다 영양가가 훨씬 높은 귀한 해초 '늣'이라고 한다. 안주인이 갯바위에서 뜯어 왔다. 들깻가루로 촉촉하게 무친 나물도 철 따라 캐서 말려둔 산나물이다. 볶아낸 멸치조차 손수 찌고 말렸다. 이 댁 밥상에서 기성품은 두부뿐이라고 한다. 자연 밥상, 장수 밥상, 로컬 푸드 같은 말이 이보다 어울리는 밥상도 없을 것이다.

거기에다 어느 접시 하나 허투루 올린 것 없고 어느 찬 하나 손맛 소홀한 것 없다. 밥상엔 처음부터 가득 담긴 밥그릇 하나가 덤으로 올라왔다. 누룽지도 한 양푼 나왔다. 정情과 인심과 진심 그득한 상을 얼마 만에 받아보는 것인지.

이 밥상 값이 한 사람에 7천 원이다. 줄곧 5천 원이었다가 얼마 전 올렸다고 한다. 안주인이 말했다.

"훨씬 가난하게 살던 때도 집에 온 사람 밥 먹여 보냈는데, 돈까지 받으면서 어떻게 함부로 상을 보겠느냐"고.

주인댁은 밤새 보일러를 돌려줬다. 따끈한 방바닥에 등허리를 지지면서 3만 원 방값 받아 기름값 감당도 못하겠다는 걱정이 들었다. 이튿날 다시 안채에서 아침상을 받았다. 아무래도 저녁상보다는 단출하려니 했던 건 지레짐작이었다. 해초 가사리 된장국에 11찬이 올랐다. 김치 같은 밑반찬 두어 개 빼고는 새 메뉴다. 병어

상 복판에 한 뚝배기 올라앉은 전복 된장찌개를

에워싸고 12찬이 깔렸다. 찌개 한 숟가락 뜨니 슴슴 구수한

국물이 아무 걸림 없이 목을 타고 들어와 몸을 덥힌다.

살짝 쪄서 양념장 얹은 갯장어는 부드럽게 녹는다.

새콤하게 무친 간재미는 사근사근 씹힌다.

감자 곁들인 고등어조림까지 모든 생선이 마을 포구에서

갓 받아 온 것이라고 한다.

파래무침 곁 접시엔 감태처럼 생긴 해초가 담겼다.

어느 접시 하나 허투루 올린 것 없고

어느 찬 하나 손맛 소홀한 것 없다.

ⓒ 이철원

조림, 말린 장어구이, 머위나물, 두부볶음…. 마무리는 안주인이 갈아 끓인 유자차로 했다. 살면서 몇 안 되게 소중한 밥상으로 기억할 보옥리의 저녁이고 아침이었다.

　부부는 집앞까지 나와 전송했다. 오히려 "누추한 곳에서 고생했다"는 인사까지 건넸다. 서울은 모처럼 날이 풀려 화창하다는데 보길도엔 눈발이 날렸다. 그래도 전혀 허망하지 않았다. '내 인생의 밥상'에 속 든든하고 마음까지 따뜻해진 덕분이다.

　아침나절, 고산孤山 윤선도가 안산 중턱에 지어놓은 공부방 동천석실洞天石室에 올랐다. 눈송이 내려앉은 솔가지들이 하얀 송화松花를 피운 듯했다. 동천석실 뒷길을 오르다 어둑한 숲 속에 한 점 빨간빛이 보였다. 딱 한 떨기 동백꽃이 한껏 달아오른 숯불처럼 새빨갛게 만개滿開해 있었다.

2012.2.10

해운대 갈매기,
석모도 갈매기, 등명 갈매기

부산 해운대 백사장은 겨울에도 전혀 쓸쓸하지 않다. 과자를 치켜
든 사람들과 과자를 채 먹으려는 갈매기들 사이에 시끌벅적 유희
가 벌어진다. 갈매기와 '새우깡 놀이'를 하는 사람들은 나이가 많
고 적음이 없다. 갈매기가 과자를 채 갈 때마다 탄성과 환호를 터
뜨린다. 인파 속에서 까치발을 하고 과자를 흔들던 아이들은 번번
이 허탕을 친다. 결국 엄마 아빠 무동을 타고서야 신바람을 낸다.

갈매기들은 과자를 좇아 이리저리 하늘을 덮으며 몰려다닌다.
과자에 정신이 팔린 갈매기들과 어느 순간 눈이 마주치면 섬뜩하
다. 히치콕 영화 〈새〉에서처럼 잔뜩 화라도 난 듯 사나워 보인다.

리처드 바크의 소설 〈갈매기의 꿈〉에서 조너선 리빙스턴은 먹
는 것보다 나는 것에 관심이 많은 갈매기다.

"높이 나는 새가 멀리 본다."

조너선은 더 높이 더 멀리 날기를 염원하며 푸른 하늘을 날기
만 하다가 무리에서 쫓겨난다. 그는 높이 나는 법을 터득한 뒤 돌

아와 제자들을 기르고는 다시 길을 떠난다. 우아하게 비상飛翔하고, 날렵하게 물고기를 낚아채고, 사색하듯 갯바위에 올라앉은 갈매기들을 이제 해운대에선 볼 수 없다.

2007년 정월 대보름날 해운대구청이 '해운대 8경景' 중 으뜸이라는 '오륙귀범'五六歸帆을 재현하기로 했다. 옛 해운대 미포를 떠난 어선들이 오륙도 앞에서 고기를 잡은 뒤 만선滿船의 오색 깃발을 날리며 돌아오던 풍경이다. 어부들은 흥에 겨워 물고기를 갈매기들에게 던져줬다. 지는 해를 뒤로하고 고깃배를 쫓아 휘감아 도는 갈매기 떼가 장관이었다고 한다.

해운대구는 대보름 축제를 앞두고 시험 삼아 어선을 띄웠다가 당황했다. 생멸치를 푸짐하게 뿌려도 갈매기가 모여들지 않았다. 갈매기들은 유람선과 백사장 여행자들이 던져주는 과자에 맛을 들인 뒤 멸치는 거들떠보지도 않았다. 해운대구는 어선 예닐곱 척을 동원해 열흘 동안 오후마다 오륙도에서 해운대 앞바다까지 부지런히 돌게 했다. 그러면서 멸치를 무더기로 뿌렸다. 처음엔 스무 마리쯤 따라다니던 갈매기가 조금씩 늘어 대보름날엔 500마리를 넘었다.

겨우 행사를 치른 해운대구는 해마다 축제에 앞서 일주일쯤 갈매기 입맛을 되살리는 '훈련'을 시키느라 애를 먹는다. 과자 살이 두둑하게 오른 채 야성野性과 영혼을 잃어버린 갈매기들이 짠할지언정 나무랄 수는 없다. 900원 하는 새우깡 한 봉지로 주말 해운대 나들이를 즐기는 사람들을 탓하기도 어렵다.

해변엔 "비둘기에게 먹이를 주지 맙시다"라는 구청 플래카드가 내걸려 있다. "비둘기가 먹이를 찾아 생태계의 당당한 일원이 될 수 있도록 도와주세요"라고 쓰여 있다. 정작 비둘기들은 갈매기 떼에 눌려 거의 보이지 않는다. 간혹 두어 마리가 땅에 떨어진 새우깡을 눈치 보듯 주워 먹는다. 플래카드에 '비둘기'를 '갈매기'로 바꿔 써도 딱 들어맞는 말일 텐데…. 갈매기에겐 '먹이 주지 말라'는 얘기가 왜 없는지 궁금했다.

두 주 전엔 강화 석모도를 오가며 갈매기들을 만났다. 강화도 외포리 선착장에서 석모도 석포리 선착장까지는 1.4km, 카페리로 10분이 채 안 걸린다. 여행자들은 뱃전에서 갈매기에게 과자를 던져주며 짧은 뱃길을 즐긴다.

갈매기들은 바다 위에 웅크리듯 떠 있다가 카페리가 양쪽 선착장에서 움직이자마자 따라붙었다. 이곳 갈매기는 해운대 갈매기보다 더 영악했다. 과자를 채 가거나 공중에서 받아먹으려는 갈매기가 드물었다. 대신 배 뒤를 슬슬 따라오다 바닷물 위에 떨어진 과자를 편하게 주워 먹었다. 과자를 주는 사람들에게 '묘기'를 부려 보답할 생각이 없었다. 그래서 그런지 갈매기들 표정이 바보스러워 보였다.

외포리와 석포리 사이에 곧 연륙교가 착공된다고 한다. 다리가 놓이면 편리하겠지만 여행자들이 잠깐이나마 누리던 뱃길의 낭만은 사라질 것이다. 다리가 놓여 얻어먹던 과자도 사라지면 이 게으른 갈매기들은 또 어떻게 될까.

바다 위에 점점이 하얗게 떠 있던 갈매기들은 높은 파도를

넘나들며 차례대로 물 위로 곤두박질쳐 물고기를 잡았다.

거친 겨울바다를 낮게 나는 야생의 갈매기들을 보며,

산 그림자 드리워 어둑한 바닷가에 한참이나 서 있었다.

사람 드문 바다에 와야 만날 수 있는 날것 야성이 반갑기도,

안쓰럽기도 했다.

강릉 정동진 북쪽, 건널목도 없는 철로를 건너면 곧바로 등명해변이 펼쳐진다. 번잡한 관광지 정동진과 연결된 해변이지만 걸어서 30분 가까이 걸리는 곳이어서 여름에도 한적하다. 한 달 전 등명에서 사냥하는 갈매기들과 마주쳤다. 바다 위에 점점이 하얗게 떠 있던 갈매기들은 높은 파도를 넘나들며 차례대로 물 위로 곤두박질쳐 물고기를 잡았다. 그 모습이 줄지어 요격하는 전투기 같았다.

　거친 겨울바다를 낮게 나는 야생의 갈매기들을 보며, 산 그림자 드리워 어둑한 바닷가에 한참이나 서 있었다. 사람 드문 바다에 와야 만날 수 있는 날것 야성野性이 반갑기도, 안쓰럽기도 했다.

2012.1.13

하늘이 맑게 열린 날,
동해는 들끓는다

짐승이 갈기를 세우듯 바다가 잔뜩 몸을 부풀리며 온다. "우~" 하는 외침과 함께. 이윽고 정점에 오른 바다가 이빨을 한껏 벌려 뭔가 삼키려는 듯 뒤집히기 시작한다. 그 등성이에서 포말이 해무海霧처럼 피어오른다.

"와르릉 쾅쾅!!" 곤두박질치며 투명한 옥빛 파도와 수정구슬 같은 물방울로 산산이 으깨진다. 겨울바다는 그렇게 끝없이 새로 일어나 달려오고 부서진다. 으르렁대는 바다, 아무리 봐도 질리지 않는다.

바다는 동해東海, 그것도 겨울 동해다. 코끝이 찡하도록 춥고 하늘이 맑게 열린 겨울날, 동해는 베일 듯 시퍼렇다. 세찬 바람까지 불어주면 뒤집히듯 들끓고 포효한다. 거기에다 하얀 눈이 백사장을 뒤덮어 '백설장'白雪場으로 바꿔놓으면 세상은 청색과 백색, 두 빛깔뿐이다.

지난 주말이 딱 그랬다. 금요일까지 영동에 쏟아지던 폭설이 그치고 이튿날 구름 한 점 없는 날씨가 예보됐다. 아침 일찍 차를 몰고 나섰다. 고속도로를 타고 묵호까지 내달린 뒤 동해 어달·망상 해변을 거쳐 강릉 헌화로·정동진·등명해변·안인진까지 북상北上하는 한나절 해안 드라이브코스를 잡았다. 동해안은 북으로 길을 잡아야 바다를 더 가까이 두고 갈 수 있기 때문이다.

동해고속도로 하행선 동해휴게소부터 들렀다. 휴게소 언덕에 서니 장쾌한 망상 바다가 고스란히 내려다보인다. '잘 나왔다'는 생각이 절로 드는 순간이다. 얼마나 눈이 많이 왔는지 전망대로 내려서는 가파른 계단이 하나도 보이지 않는다. 하얀 눈밭과 대비돼 바다는 더욱 짙은 잉크빛이다.

묵호항은 호객 소리, 흥정 소리로 요란하다. 어시장魚市場에서 펄펄 뛰는 삶의 박동 소리를 듣고 사람 사는 냄새를 맡는다. 흥정 끝에 횡재하듯 고등어를 1만 원에 열다섯 마리씩 사 들고 나섰다. 동해안 나들이의 또 다른 즐거움이다.

묵호항에서부터는 줄곧 바다를 따라간다. 파도가 부서지면서 찻길로 뿌연 물보라를 내뿜는다. 그 바다에 눈과 마음을 빼앗겨 가다 서다를 거듭한다.

묵호항 북쪽 어달해변은 길가에 길이 300m, 폭 30m로 붙어 있는 아담한 해수욕장이다. 여름이면 물이 얕고 잔잔해 어린아이를 데리고 나온 가족이 편하고 오붓하게 즐기는 곳이다. 그러나 겨울 어달은 순하지 않다. 요동치는 바닷가에 물새들이 어찌할 줄 모른 채 시린 바닷물에 발을 적시고 서 있다.

길이 5km, 폭이 넓은 곳은 500m에 이르는 망상해변은 온통 눈

ⓒ 이철원

짐승이 갈기를 세우듯 바다가 잔뜩 몸을 부풀리며 온다.

"우~" 하는 외침과 함께.

그 등성이에서 포말이 해무처럼 피어오른다.

"와르릉 쾅쾅!!" 곤두박질치며 투명한 옥빛 파도와 수정구슬 같은

물방울로 산산이 으깨진다. 겨울바다는 그렇게 끝없이

새로 일어나 달려오고 부서진다. 으르렁대는 바다,

아무리 봐도 질리지 않는다.

에 덮여 있다. 드넓은 눈밭에 여행자는 두 팀뿐이다. 겨울 망상 바다는 스산하고 처연하다. 사람을 사색과 상념에 빠뜨린다. 살아온 날들을 회한悔恨처럼 되새기게 만든다. 사람으로 미어지는 여름 바닷가, 델 듯 뜨거운 모래밭 위에선 길어 올릴 수 없는 감정들이다.

그러나 겨울바다는 아름답다. 쓸쓸한 아름다움이기에 더 진하다. 얼굴은 바람에 차고, 눈은 짙푸른 바다에 시리고, 코는 짭조름한 갯냄새에 깨어나고, 귀는 파도의 노래로 충만하다. 바다를 오감五感으로 마주하는 사이 어느덧 부정은 긍정으로, 후회는 희망으로 바뀐다. 겨울 동해는 참회와 정죄淨罪의 바다다.

헌화로獻花路는 강릉 남쪽 포구 금진항에서 북으로 심곡항까지, 병풍처럼 둘러친 절벽 아래 바닷가를 휘감고 간다. 아마도 이 땅에서 바다와 가장 가까이 붙어 가는 찻길일 것이다. 2.3km밖에 안 되는 짤막한 해안 도로지만 겨울엔 누구도 휑하니 지나칠 수가 없다. 한 굽이 돌 때마다 바다가 광포하도록 매혹적인 풍경으로 발길을 붙잡는다.

헌화로 바닷가 난간은 염분에 강한 유리섬유로 만들었다. 파도가 여차하면 헌화로로 넘쳐 들기 때문이다. 갯바위를 때리면서 몇 길 높이로 치솟은 물보라가 사정없이 도로를 덮친다. 몇십m마다 차를 세우고 내리다 보면 얼굴도 옷도 온통 소금기를 뒤집어쓴다. 그런 줄도 모르고 정신없이 카메라 셔터를 눌러대는 곳이 헌화로다. 유쾌한 사람을 보면 저절로 유쾌해지듯 힘찬 바다를 보면 저절로 몸 안에 기운이 쌓인다. 겨울 동해는 엑스터시, 광희狂喜의 바다다.

누구나 바닷가 하나씩은 자기만의 바닷가가 있는 게 좋다
누구나 바닷가 하나씩은 언제나 찾아갈 수 있는
자기만의 바닷가가 있는 게 좋다…
자기만의 바닷가로 달려가 쓰러지는 게 좋다.

정호승의 시 〈바닷가에 대하여〉처럼 언제든 달려갈 수 있는 나만의 바다를 동해에 하나쯤 둘 만하다.
　겨울 동해의 파도 소리는 거절할 수 없는 부름이다. 겨울바다, 사랑하는 사람과 함께하면 더욱 행복하다.

2011.12.16

강원도 인제 자작나무 숲,
순백 나신裸身으로 비탈에 서다

늦가을 숲은 황량하다. 잎 다 떨어뜨린 나무들은 우중충한 잿빛이다. 그 횡한 비탈을 정령精靈처럼 밝히는 나무가 있다. 가을 다 보내고 이맘때가 돼야 비로소 하얗게 빛나는 나무가 있다.

'나목'裸木이라는 표현이 가장 잘 어울리는 나무. 겨울로 갈수록 수피樹皮가 하얗다 못해 은빛을 발하는 나무. 누군가 "나무 중에 가장 수줍고 귀부인다운"이라고 노래했던 나무. 추위 속에서 더욱 맑아지는 인고忍苦와 침묵의 나무, 자작나무다.

며칠 전 강원도 인제군 남면 수산리 매봉 자락을 찾았다. 44번 국도에서 양구 가는 46번 국도로 잠깐 벗어나 '수산리' 표지판 보고 한참을 들어가는 막다른 산중山中이다. 10월 하순 다녀온 지 보름 만에 다시 이 산골짝에 든 건 순전히 자작나무 숲을 만나기 위해서였다. 북국北國에서 온 겨울나무들이 깊어가는 계절과 함께 어떤 모습으로 바뀌어가는지 보고 싶었다.

높이 800m 되는 매봉의 어깨쯤을 임도林道가 꼬불꼬불 휘감고

© 이철원

가을 다 보내고 이맘때가 돼야 비로소 하얗게 빛나는 나무가 있다.

'나목'이라는 표현이 가장 잘 어울리는 나무.

겨울로 갈수록 수피가 하얗다 못해 은빛을 발하는 나무.

누군가 "나무 중에 가장 수줍고 귀부인다운"이라고 노래했던 나무.

추위 속에서 더욱 맑아지는 인고와 침묵의 나무, 자작나무다.

간다. 그 길 따라 10km 한 바퀴를 천천히 차로 돌았다. 눈 닿는 곳마다 자작나무다. 보름 전 매달고 있던 노랑 잎들이 주변 단풍과 어우러져 알록달록 몸뻬바지 같던 풍경은 그새 무채색이 됐다. 잎을 모두 벗은 자작나무들은 잘 발라낸 생선 뼈처럼 새하얀 줄기를 드러냈다. 산등성이가 온통 흰 물감으로 그어댄 펜화畵 같다. 아니 자작나무들은 날카로운 펜 그 자체로 무수히 꽂혀 있다.

자작나무는 한반도에선 개마고원쯤에나 자라는 추운 나라 수종樹種이다. 언젠가 백두산 가는 길, 눈밭에서조차 환하게 빛나던 그 숲도 자작나무였다. 북방 사람들은 자작나무로 집을 짓고 불을 땠다. 죽은 이를 자작나무 껍질로 감싸 떠나 보냈다. 자작나무는 겉은 희지만 속은 기름을 잔뜩 머금어 검다. 기름기 때문에 '자작자작' 소리 내며 잘 탄다고 해서 자작나무다. 한자 이름은 '흰백白'자를 써서 백화白樺, 백단白椴이다.

산골집은 대들보도 기둥도 문살도 자작나무다
밤이면 캥캥 여우가 우는 산山도 자작나무다
그 맛있는 메밀국수를 삶는 장작도 자작나무다
그리고 감로甘露 같이 단샘이 솟는 박우물도 자작나무다
산 너머는 평안도 땅도 뵈인다는 이 산골은 온통 자작나무다

백석, 〈백화〉

함경도 함흥에서 교편을 잡았던 스물일곱 살 시인 백석은 그곳 북관北關 땅 어느 산속 여인숙에 묵었다가 자작나무 숲을 봤다. 그

러면서 산 너머 저 먼 고향, 평북 정주를 그렸다. 북구北歐 사람들이 다른 나라에서 자작나무를 보면 고향을 생각하듯.

그보다 훨씬 남쪽 땅인 인제 매봉 600헥타르에 자작나무 90만 그루가 서 있는 건 한 제지회사가 1986년 펄프용으로 심은 덕분이다. 그 엄청난 규모는 임도가 가장 높은 곳을 지나는 길가 자그마한 전망대에 서 보면 안다. 눈앞에 웅대한 자작나무 숲이 펼쳐진다. 쏟아질 듯 맞은편 산 사면을 가득 메운 하얀 나무들이 한반도 모양을 이루고 있다.

추운 날 알몸으로 선 수산리 자작나무 숲이 처연한 독백이라면, 인제읍 원대리 자작나무 숲은 따스한 위안이다. 수산리 숲이 멀리서 경외심으로 바라보는 사진가들의 숲이라면, 원대리 숲은 안에 들어가 거닐며 냄새 맡고 소리 듣고 어루만지는 오감五感의 숲이다.

설악산 가는 44번 국도에서 인제 종합장묘센터 쪽으로 벗어나 10km쯤 가면 "어서오세요 원대리"라는 표지석을 만난다. 거기서 100m쯤 더 간 오른쪽에 인제 국유림관리소가 만든 '산림 레포츠의 숲'이 있다. 임도를 100m쯤 들어선 갈림길에서 오른쪽 '원정도로'로 길을 잡는다. 비포장 길을 3km쯤 올라가 '길을 잘못 들었나' 싶을 즈음 그제야 '속삭이는 자작나무 숲'이라고 쓰인 장승이 서 있다. 그 아래 비탈 6헥타르에 자작나무 숲이 거짓말처럼 늘어서 있다. 1993년 심은 3만 6천 그루 국유림이다.

10m도 넘게 키가 훤칠한 자작나무가 빽빽하게 들어찬 숲 속으

로 오솔길이 나 있다. 카펫처럼 푹신하게 깔린 낙엽을 밟으며 걷는다. 주말인데도 숲은 인적이 드물다. 눈이 시리도록 하얀 줄기들이 얇은 종잇장 같은 허물을 벗고 있다. 사위가 고요한 정적 속에서 자작나무들의 소리 없는 합창을 듣는다. 그 신령스러운 기운을 한껏 들이마신다.

겨울로 갈수록 숲은 더욱 스산하고 어두워질 것이다. 그 속에 자작나무들만이 순백 알몸으로 서서 새봄, 새잎 나올 때까지 잠든 겨울 생명들을 지킬 것이다. 한겨울 자작나무 숲을 보고 싶다. 눈 그친 뒤 시퍼런 하늘을 이고 하얀 눈을 밟으며 자작나무들의 안부를 묻고 싶다. 그 길을 차가 아니라 발로 오르고 싶다.

2011.11.18

제주도 사람들의
김정희·이중섭 사랑

> 마당의 가을 이끼 쓸어내지 않았는데　一院秋苔不掃除
>
> 바람 앞에 붉은 낙엽 하나 둘 쓸려 가네　風前紅葉漸飄疎
>
> 빈집엔 온종일 지나는 이 없고　虛堂盡日無人過
>
> 고목은 머리 숙여 책 읽는 소리 듣고 있네　老樹低頭聽讀書
>
> ──김정희, 〈청독서 聽讀書〉

서귀포 대정읍 추사관에 걸린 추사^{秋史} 김정희의 칠언절구를 읽는
다. 쉰넷에 유배 와 여덟 해 석 달, 갇힌 천재의 고적^{孤寂}했을 날들
이 그림처럼 떠오른다.

　추사관 지하전시실은 추사의 유배시절을 상징하듯 어둑하다.
여든 점 남짓한 전시작품도 대개는 사본이나 탁본이지만 추사의
기재^{奇才}와 기개와 숨결을 호흡하기에 충분하다. 채광창으로 햇살
이 서광처럼 비쳐 드는 마지막 전시실, 추사의 마지막 유작^{遺作}인
봉은사 '판전'^{板殿} 편액의 탁본 앞에 서면 추사의 유배가 어둠이

아니라 승리였음을 깨닫게 된다. 그리고 추사를 정성껏 모시는 제주도 사람들의 '추사 사랑'에 감복하게 된다.

제주도는 작년에 낡고 옹색하던 옛 기념관을 헐고 75억 원을 들여 새로 추사관을 지었다. 지상 목조건물은 추사가 '세한도'歲寒圖에 그린 집을 그대로 본떴다. 건물 곁에는 역시 세한도처럼 소나무 몇 그루가 가지를 드리웠다. 건축가 승효상이 한국사에 으뜸가는 문인화 세한도의 고고한 선비혼魂을 단순 담박하게 잘 구현했다.

'신품'神品 세한도는 추사의 귀양살이가 낳았다. 제자인 역관譯官 이상적이 중국에서 귀한 책을 꼬박꼬박 보내주는 게 고마워 보답으로 그림 그리고 글 붙여 보낸 작품이다.

"한겨울 추워져서야 소나무·잣나무가 쉬이 시들지 않음을 알게 된다歲寒然後 知松柏之後凋."

그가 학문과 서예의 깊이를 더해 추사체를 완성한 곳도 제주도였다. 제주도의 자연을 닮듯 인간으로서 한결 성숙해진 것도 이곳 대정에서였다.

추사관 뒤에 추사가 살던 초가가 복원돼 있다. 추사는 유배형刑 중에도 가장 혹독한 '위리안치'圍籬安置를 받았다. 가시울타리를 둘러 가두는 형벌이다. 그러나 집주인 강도근은 물론 제주와 대정 관아사람들은 추사의 바깥나들이를 못 본 체했다. 추사는 주변 후학들을 집에 불러 모아 가르쳤다. 학문·서화·예절에서 제주 사람들의 정신세계를 밝혀줬다.

제주도 사람들은 해마다 7월 추사 탄생일이면 유배지에서 추념제를 올린다. 11월에는 추사문화예술제를 열어 서예전·사진전과 함께 유배행렬을 재현한다.

서귀포시 서귀동, 시가지 언덕 길가에 방 세 칸짜리 초가 한 채가 있다. 사람이 사는 집인데도 여행자들이 작은 부엌 딸린 오른쪽 끝 방을 기웃거린다. 4.6m², 한 평 반 방안에 이중섭의 사진이 놓여 있다. 이 좁디좁은 방에서 이중섭은 아내, 두 아들과 오종종다리를 포개며 살았다. 1951년 1월부터 12월까지 열한 달 피란살이였다.

이중섭은 부산에서 배를 타고 와 화순항에 내린 뒤 한겨울 밤 걸어서 이 집에 왔다. 세간도 없이 보따리 둘만 들고 있었다고 한다. 집주인 김순복은 생면부지 이중섭에게 선선히 방을 내줬다. 그릇과 수저, 이불과 된장도 줬다. 이중섭 가족은 비만 안 오면 모두 바닷가에 나가 게를 잡아와 군용 반합에 쪄 먹곤 했다.

비운의 천재화가 이중섭의 짧은 생에서 가장 행복했던 때가 서귀포 피란시절이었다. 작품 주제가 가족과 아이들로 바뀌면서 〈서귀포의 환상〉, 〈두 아이와 물고기와 게〉 같은 걸작을 쏟아냈다. 예술세계에서도 가장 중요한 시기였던 셈이다.

작품 〈길 떠나는 가족〉은 서귀포로 떠나는 이중섭 가족의 모습을 담고 있다. 소달구지 위에서 여인과 두 아이가 꽃을 뿌리고 비둘기를 날린다. 소를 모는 사내는 감격에 겨워 고개와 손을 하늘로 치켜세웠다. 슬픈 피란이 아니라 즐거운 소풍을 가듯 흥에 겹다. 서귀포는 이중섭에게 유토피아였다. 가난에 치를 떨다 이듬해 아이들을 데리고 일본으로 돌아가버린 아내도 서귀포를 떠나면

세한도는 추사의 귀양살이가 낳았다.

제자인 역관 이상적이 중국에서 귀한 책을 꼬박꼬박 보내주는 게

고마워 보답으로 그림 그리고 글 붙여 보낸 작품이다.

"한겨울 추워져서야 소나무·잣나무가 쉬이 시들지 않음을 알게 된다."

작품 〈길 떠나는 가족〉은 서귀포로 떠나는 이중섭 가족의

모습을 담고 있다. 소달구지 위에서 여인과 두 아이가

꽃을 뿌리고 비둘기를 날린다.

슬픈 피란이 아니라 즐거운 소풍을 가듯 흥에 겹다.

서귀포는 이중섭에게 유토피아였다.

서 집주인에게 허리 숙여 인사했다고 한다.

"이 집에서 보낸 일년이 가장 행복했다"고.

주인 김순복 할머니는 아흔 된 지금도 이 집에 산다. 안방 문에 "사람이 살아요"라고 써 붙인 걸 보면 관광객들이 무시로 방문을 열어보는 모양이다. 그래도 싫은 내색 않고 조용히 지낸다. 서귀포시가 이 집을 초가로 복원하겠다고 할 때도 순순히 허락했다고 한다. 인연을 소중히 여기는 제주도 사람들의 마음씨 그대로다.

서귀포시는 2002년 초가 뒤편 언덕에 이중섭미술관을 열었다. 소장한 이중섭 작품 열한 점 중에 아홉 점은 기증받고 재작년에 9억 원을 들여 두 점을 사 들였다. 지역사회로선 작은 돈이 아니다. 초가 앞길은 '이중섭 거리'로 이름 짓고 그의 걸작들을 형상화한 조형물을 세웠다. 화가들의 창작 산실인 이중섭창작스튜디오도 지었다.

이제 이중섭 하면 누구나 서귀포를 생각한다. 이중섭에 관한 세미나와 추모 행사는 으레 서귀포에서 열린다. 딱 열한 달 인연을 소홀히 하지 않은 제주도 사람들의 마음 씀이 서귀포를 '이중섭 예술의 본산'으로 일궈냈다. 제주도에서 찬란한 자연 풍광 말고 갈 만한 곳 둘만 꼽으라면 추사 유배지와 이중섭미술관이다.

2011.10.21

서귀포 표선면
'춘자싸롱' 멸치국수

제주도에 태풍 오던 날 서귀포 동쪽 표선 해안도로를 드라이브했다. 벼르다 온 제주도인데 방안에 묶여 있기가 억울했다. 남원 신흥리에서 표선 해비치 해변까지 가는 해안 길 내내 집채만 한 파도가 밀어닥쳤다.

광포하게 들끓는 바다에 겁이 나면서도 가슴이 다 후련하다. 광풍노도를 눈에, 카메라에 담다 보니 몸은 눅눅하고 속은 헛헛하다. 이럴 때 딱 좋은 곳이 있다. 면 소재지 표선리, 코끼리마트 맞은편 국숫집으로 갔다. 간판도 없이 유리문에 '춘자 멸치국수'라고 쓰여 있다. 작은 홀엔 긴 나무탁자 둘이 전부다. 낮 두 시가 지났는데도 여행자들이 자리를 채우고서 호로록호로록 국수를 먹는다. 차림으로 보아 올레꾼인 것 같다. 비가 와도 바람이 불어도 제주도 올레길을 걷는 사람들이다.

홀에 붙은 단칸방은 미닫이문을 열어놓아 세간이 고스란히 들여다보인다. 작고 낡은 TV, 선풍기, 냉장고, 전기밥솥, 그리고 돗

자리 하나가 깔려 있다. 혼자 사는 예순일곱 강춘자 할머니의 정 갈하고 야무진 살림솜씨가 엿보인다. 손맛은 더 짭짤하다.

손잡이 달린 노랑 알루미늄냄비 가득 국수가 나왔다. 잘게 썬 파, 깨와 고춧가루가 고명으로 얹혔다. 국물이 얼마나 진한지는 코끝에 와 닿는 멸치향이 먼저 알린다. 한 모금 뜨니 "카" 소리가 절로 난다.

깊고 얼큰하면서 비린내가 없다. 이름난 육지 멸치를 들여다 쓴 다고 한다. 면발은 중간 굵기 중면이다. 20~30분에 한 번씩 삶아 뒀다 말아내기 때문에 조금 불어 있는 게 아쉽다. 제주도에 오면 항상 김치맛이 불만스러운데 이 집 깍두기는 사근사근 시원한 게 제맛이다.

작고 볼품없는 가게일망정 국수 냄비엔 맛을 제대로 내겠다는 춘자 할머니의 진심이 한가득 담겼다. 욕심은 한 톨도 안 보인다. 마음까지 따끈하게 덥혀주는 한 냄비가 2,500원. 30년 전 가게를 열었을 때 700원으로 시작해 1988년 1,500원, 2002년 2,000원, 그리고 작년 초 2,500원으로 올렸다.

처음 가게는 면사무소 건너편 골목 안에 있었다. 가게 이름도 없이 작은 블록집에서 국수를 팔았다. 동네 사람들 사이에서 "해 장거리로 그만"이라는 소문이 나면서 '춘자싸롱'이라는 다소 야 한 이름을 얻었다. 재작년 가게를 큰길가로 옮겨 나온 뒤로도 해 장 손님이 많아 아침 일곱 시 반에 문을 연다.

춘자싸롱은 외지사람에게도 알려지기 시작했다. 소설가 성석 제는 음식 에세이집 《소풍》에 "제주도에서 춘자싸롱 국시 말고는

© 이철원

작고 볼품없는 가게일망정 국수 냄비엔 맛을 제대로

내겠다는 춘자 할머니의 진심이 한가득 담겼다.

동네 사람들 사이에서 "해장거리로 그만"이라는 소문이

나면서 '춘자싸롱'이라는 다소 야한 이름을 얻었다.

소설가 성석제는 음식 에세이집 《소풍》에 "제주도에서

춘자싸롱 국시 말고는 국시로 안 본다"고 썼다.

국시로 안 본다"고 썼다. 이젠 올레꾼들이 즐겨 찾는 명소가 됐다. 인터넷 검색에도 '춘자싸롱'으로 치면 지도가 뜬다.

제주시 일도2동 주택가 골목길, 식탁 여섯 놓인 돌하르방식당도 아침 열 시부터 빈자리 찾기가 어렵다. 문을 닫는 오후 세 시까지 각재기국과 멜국을 맛보려고 사람들이 줄을 선다. 각재기는 전갱이를, 멜은 멸치를 가리킨다. 등 푸른 생선 전갱이를 국으로 끓이면 비린내가 심할 것 같지만 아니다.

실한 전갱이 한 마리가 들어간 각재기국은 뜻밖에 담백하고 개운하다. 배추에서 우러난 단맛과 구수한 된장이 어우러진 덕분이다. 멜국은 더 고소하다. 이 드문 맛이 한 뚝배기에 6천 원이다. 얼마 전 1천 원이 오른 값이다.

주인장 강영채 할아버지는 올해 일흔여덟이다. 빨간 티셔츠에 야구 모자를 쓰고서 내내 유쾌하게 주방일을 도맡는다. 손님이 사진을 찍을라치면 잠시 조리기구를 놓고 하트사인을 그려 보인다. 이따금씩 찌렁찌렁한 목소리로 "밥 더 먹으라"고 채근한다. 그는 "쓸 만큼만 벌겠다"며 세 시에 문 닫고 일요일·공휴일마다 쉰다.

제주 사람들이 많이 찾는 연동 앞뱅디식당도 맛 깊은 각재기국과 멜국을 차린다. 앞뱅디는 '마을 앞 넓고 평평한 땅'을 이른다.

서귀포 천지동 용이식당은 독특한 돼지고기 두루치기로 유명하다. 불판에 돼지고기를 익히다 푸짐한 파채와 콩나물을 부어 뒤적여 먹는다. 최근에 6천 원으로 올랐지만 여전히 헐한 별미다.

토평동 동성식당 두루치기 맛도 좋다. 표선 광동식당은 돼지고

기를 양푼째 갖다 주고 양껏 먹으라고 한다.

대정읍 모슬포항의 40년 된 산방식당은 밀냉면이 시원하다. 5천 원 하는 푸짐한 밀면 한 그릇에 8천 원짜리 돼지 편육 시켜 소주 한잔 곁들이면 부러울 것이 없다. 제주시 애월읍 '숙이네 보리빵'은 한 개 400~600원 하는 보리빵과 쑥보리빵을 판다. 거친 듯 친근한 옛 맛을 못 잊어 여행자들이 줄을 선다.

올레길이 나면서 많은 사람이 걷기 위해 제주도를 찾아든다. 그래도 관광수입엔 별로 도움이 안 된다는 볼멘소리가 제주도에 없지 않았다. 올레꾼들이 싸게 자고 싸게 먹고 가기 때문이라고 했다. 하지만 그것 역시 제주도가 지닌 매력이다.

사람들이 주머니 사정 따라, 취향 따라 다양한 볼거리와 먹을거리를 즐길 수 있다면 제주도는 더욱 풍요로운 관광지가 될 것이다. 화려하진 않아도 싸고 맛있는 음식을 인심 좋게 차려내는 음식점들은 제주도가 지닌 또 다른 보석이다.

2011.8.16

비 오는 청태산휴양림에서
마음을 다스리다

빗소리, 계곡 물소리 말고는 아무 소리도 들리지 않는다. 청태산 자연휴양림, 늘씬한 잣나무 숲에 들어앉은 '숲속의 집' 테라스에 나와 앉았다. 폭이 2m도 안 되게 좁은 테라스이지만 그 사나운 장맛비가 한 방울도 들이치지 않는다. 빗줄기가 구슬발, 주렴珠簾 드리우듯 곧게 떨어진다. 마치 정지 화면을 보는 것 같다. 울창한 잣나무 숲이 바람마저 재우는 덕분이다.

이럴 땐 커피 한잔 안 할 수 없다. 뜨거운 커피로 속을 덥히며 낙숫물 떨어지는 처마를 응시하자니 마음이 호수처럼 잔잔해진다. 거울처럼 맑아진다. 지겨운 장맛비도 이곳에선 시詩처럼 사람을 위안해준다.

비 쏟아지는 주말 하룻밤을 강원도 횡성군 둔내면 청태산 자연휴양림에서 묵었다. '숲속의 집'은 통나무로 지어 집 안에 있어도 나무향이 싱그럽다. 천장이 높아 시원스러운 아래층엔 예닐곱 명도 잘 수 있는 큰 방, 네 명쯤 들어갈 작은 방에 아담한 거실과 부억을 갖췄다. 계단으로 올라가는 다락방은 열 명이 뒹굴어도 너끈하겠다. 사방 어느 쪽 창으로 내다봐도 푸른 잣나무 숲이다.

숲 바닥엔 잣이 널려 있어서 집 문 앞까지 다람쥐가 기웃거린다. 마당엔 고기 구워먹는 바비큐 통과 피크닉 테이블이 놓여 있다. 이런 별장, 이런 콘도가 어디 다시 있을까 싶다.

부엌 싱크대 수도꼭지엔 "지하 100m에서 끌어올려 식수 적합 판정을 받은 암반수"라고 쓰여 있다. 취사도구, 그릇도 모두 준비돼 있어서 수건과 세면도구만 들고 오면 된다.

스무 명도 묵을 수 있을 이 9인용 '숲속의 집'을 평일 하루 빌리는 값이 6만 원이다. 주말과 요즘 같은 성수기엔 9만 8천 원, 그래도 헐하다. 청태산휴양림엔 '숲속의 집'이 3만 2천 원짜리 4인용부터 모두 열한 채 있다. 숲속에 드문드문 떨어져 있어 그야말로 호젓한 산장이다. 크고 작은 방이 스물일곱 개 딸린 휴양관도 있다. 스무 명에서 여든 명까지 단체 손님을 받는 수련장도 세 채다.

청태산휴양림에선 비가 퍼붓는다 해서 숲속 산책을 거를 일이 없다. 키가 15m도 넘는 잣나무 숲에 지그재그로 나무 데크 길이 깔려 있다. 숲이 웬만큼 비를 가려주고 데크 길이라 진 땅을 밟지 않아도 된다. 빗속이어선지 숲 향香이 더 진하게 와 닿는다. 기울기가 완만해 휠체어 탄 장애인, 유모차 탄 아기도 편히 오를 수 있다. 비가 오면 가장 신나는 것이 계곡물이다. 생명으로 콸콸 넘쳐난다. 주변 관목 잎들도 아연 생기를 띤다. 어둑한 숲속에서 이끼가 유달리 파랗게 빛을 발한다. 하얀 산목련 꽃이 함초롬히 젖어 고개를 떨궜다.

청태산처럼 산림청이 거느린 국립 자연휴양림이 전국에 서른여덟 곳 있다. 저마다 이름난 산, 아름다운 숲에 자리 잡았다.

1988년에 처음으로 생긴 대관령휴양림은 90년 된 금강송 숲과 맑은 계곡이 어우러져 탈속脫俗한 듯하다.

강원도 인제 방태산휴양림은 가을이면 빨간 단풍이 풍성한 계곡과 함께 절경을 이룬다.

경북 영덕 태백산맥 끝자락 칠보산휴양림에선 동해 일출을, 충남 보령 오서산휴양림에선 서해 일몰을 볼 수 있다.

전남 장흥 천관산휴양림은 봄 동백과 가을 억새를, 경남 남해 편백휴양림은 피톤치드 내뿜는 편백 숲을 자랑한다.

제주시가 관리하는 한라산 기슭 절물휴양림을 어느 늦여름 찾았을 땐 안개비와 운무에 잠긴 숲길을 꿈꾸듯 걸었다.

등산객과 야영객, 오토캠퍼까지 합쳐 지난해 국립 휴양림에 250만 명이 다녀갔다.

도道나 시·군이 운영하는 휴양림도 일흔두 곳에 이른다.

충남 태안 안면도휴양림엔 기품 있는 안면송松이 천연림을 이루고 있다. 국도 건너 지하도로 연결된 안면도수목원까지 즐길 수 있어 한 해 65만 명이 찾아든다.

경기 가평 축령산휴양림은 사철 푸른 잣나무 숲에 봄이면 키 큰 철쭉이 터널을 이룬다.

충북 청원 옥화휴양림은 나무에 약을 치지 않아 해 진 뒤 숲길에서 반딧불이 떼를 만날 수 있다.

풍광이 빼어나고 값도 싸고 잘 관리하는 자연휴양림은 '국민 숙소', '국민 휴양지'라고 할 만하다. 그래서 숙소 예약하기가 어렵다. 지역을 둘로 나눠 매월 1일과 3일 선착순으로 인터넷 예약을 받는다. 인기 있는 휴양림과 주말방은 자정에서 1초만 지나도 예약이 차버리기 때문에 컴퓨터에 익숙지 않은 중·노년은 엄두를 내지 못한다. 7~8월 성수기엔 40일 전에 인터넷 예약을 받은 다음 추첨으로 투숙객을 뽑는다. 좀더 효율적으로 고르게 숙박 기회가 돌아갈 수 있는 방법을 궁리해야 할 것 같다.

청태산휴양림 '숲속의 집' 거실엔 강원도 사투리로 된 안내문이 붙어 있다.

"어여오시우야. 방구워요. 마카 둔너서 덮으신 포대기·요·비개는 베름싹에 붙어 있는 농짝에 넣지 말고 구석때기에 처내삐래두면 즈희가 날래 갖고 갈 거래요. 시나이 댕겨 가우야."

그 아래엔 친절하게 '해설'도 쓰어 있다.

"어서오세요. 반갑습니다. 덮으신 이불·요·베개를 벽에 있는 붙박이장에 넣지 말고 구석에 밀어 놔두시면 저희가 정리하겠습니다. 안녕히 가십시오." 내내 미소가 떠나지 않은 자연휴양림의 하룻밤이었다.

2011.7.19

ⓒ 이철원

빗소리, 계곡 물소리 말고는 아무 소리도 들리지 않는다.

청태산 자연휴양림, 늘씬한 잣나무 숲에 들어앉은

'숲속의 집' 테라스에 나와 앉았다.

뜨거운 커피로 속을 덥히며 낙숫물 떨어지는 처마를

응시하자니 마음이 호수처럼 잔잔해진다.

거울처럼 맑아진다.

지겨운 장맛비도 이곳에선 시詩처럼 사람을 위안해준다.

이탈리아 관광버스 기사
아드리아노

6월 초순 여행사 단체관광으로 다녀온 서유럽 여행 첫날, 독일 프랑크푸르트 공항에 내렸다. 공항에는 몸체에 큰 글씨로 '소렌티노'(소렌토의)라고 쓰인 이탈리아 버스가 기다리고 있다. 독일에서 오스트리아·스위스를 거쳐 이탈리아 로마까지 이레 동안 일행을 태우고 갈 45인승 관광버스다.

운전기사가 싱글벙글 사람 좋은 웃음을 지으며 짐을 받아 싣는다. 이탈리아 남자들은 다들 맵시 좋은 멋쟁이라던데 이 기사는 용모도 차림도 소박하다. 이름은 아드리아노 코를라도, 마흔두 살 노총각이다.

호텔로 가기에 앞서 한국 식당에 들러 된장찌개로 저녁을 들었다. 아드리아노도 스스럼없이 한 자리 끼어 앉아 숟가락을 든다. 밥도 먹고 나물도 맛보더니 "부오노"(맛있다)라며 손가락을 치켜세운다. 된장찌개를 몇 숟가락 떠먹고는 "핫"(hot)이라고 외치며 혀를 내두른다. '맵다'는 핫이 아니라 '뜨겁다'는 핫이다. 식탁에서 펄펄 끓이는 음식은 처음 먹어보는 모양이다.

　이튿날 아침 프랑크푸르트 호텔 앞에서 아드리아노가 버스 지붕에 올라가 뭔가를 열심히 손보고 있다. 환기구 문짝에서 덜커덕거리는 소음이 나기 때문이라고 한다. 서울에서 함께 온 여행사 인솔자는 버스기사가 뭔가 고쳐보겠다고 지붕까지 올라가 용을 쓰는 건 처음 봤다고 했다. 대개는 여행일정도 아랑곳없이 정비공장으로 가거나 아예 운행 못한다고 발을 뻗기 십상인데, 아드리아노가 기특하다는 표정이다.

　버스로 하는 유럽 여행에서 인솔자가 여행객 못지않게 신경 쓰는 사람이 운전기사다. '캡틴'이라고 부르며 비위를 맞추려 애쓴다. 장거리 버스 운행에 관한 유럽연합(EU) 규정이 워낙 까다로워서 기사가 규정을 따지기 시작하면 여행에 차질이 생기기 때문이다.

　EU 규정은 버스 기사가 하루 9시간을 넘겨 운전할 수 없게 하고 있다. 엔진을 끄고 대기하는 시간까지 합치면 12시간이 상한이다. 특별한 사정이 있으면 일주일에 이틀은 10시간까지 운전할 수 있고, 버스가 서 있는 시간을 합쳐 15시간까지 운행할 수 있다. 휴식은 두 시간 운전한 뒤에 30분, 네 시간 반 운전한 뒤에 45분씩 가져야 한다. 기사가 이 규정을 1분이라도 어기면 벌금 3천~5천 유로(470만~780만 원)를 물고 운전 자격이 정지·취소된다.

　버스 운전석 오디오패널엔 디지털 태코그래프(tachograph·운행기록계)가 내장돼 있다. 주행 시간·속도·거리와 정지시간을 정확히 자동으로 기록하는 장치다. 경찰이 이 장치를 판독하는 기계를 갖고 다니며 연결하면 과속부터 운행시간 초과까지 범칙 기록이

고스란히 드러난다. 그래서 기사에게 "조금 빨리 가자"거나 "조금 더 가자"고 부탁하기가 쉽지 않다. 가뜩이나 일정이 빡빡한 한국 단체여행 인솔자들은 더욱 속이 탄다.

하지만 아드리아노는 승객을 배려하는 마음이 앞선 기사였다. 성곽으로 둘러싸여 중세 모습을 잘 간직한 독일 로텐부르크는 성채 밖에 버스를 세워두게 했다. 서머타임 때문에 밤 9시까지 환한 곳이라 저녁을 먹고 나서도 볕이 뜨거웠다. 버스까지 뙤약볕을 20분 넘게 걸어가야 했지만 어쩐 일인지 버스가 식당 앞에 서 있었다. 아드리아노가 저녁식사를 하러 식당까지 걸어왔다가 식당 주인에게 "한 시간만 버스를 세우게 해 달라"고 부탁했다고 한다. 그는 다시 걸어 나가 버스를 몰고 들어와 일행이 땀 흘리고 걸어갈 수고를 덜어줬다.

닷새째 되는 날 오후 스위스에서 이탈리아 국경을 넘어 밀라노로 가는 고속도로가 밀렸다. 아드리아노가 연방 "맘마미아"(맙소사 엄마야)를 외친다. 저녁을 먹고 나니 밤 9시가 다 됐고, 불 밝힌 밀라노 대성당 구경을 끝내자 밤 11시가 넘었다. 그래도 아드리아노는 얼굴 한번 찌푸리지 않았다.

인솔자는 "아드리아노가 이탈리아 기사치고는 말수가 적다"고 했다. 여느 기사는 운전 중에도 전화기를 붙들면 통화가 끝도 없어서 가이드가 관광안내를 할 수 없을 지경이라고 한다. 그런 아드리아노도 이탈리아로 들어서자 휴대전화를 꺼내 들었다. 남쪽 나폴리 근처에서 모시고 사는 홀어머니에게 거는 전화다. 비싼 국제전화는 삼가다 국내로 들어와서야 전화를 거는 모양이었다.

운전기사가 싱글벙글 사람 좋은 웃음을 지으며 짐을 받아 싣는다.

이탈리아 남자들은 다들 맵시 좋은 멋쟁이라던데

이 기사는 용모도 차림도 소박하다.

이름은 아드리아노 코를라도, 마흔두 살 노총각이다.

닷새째 되는 날 오후 스위스에서 이탈리아 국경을 넘어

밀라노로 가는 고속도로가 밀렸다. 아드리아노가 연방

"맘마미아"(맙소사 엄마야)를 외친다.

그래도 아드리아노는 얼굴 한번 찌푸리지 않았다.

그는 거의 한 달 내내 버스를 몰아 월급 1,500 유로(230만 원가량)를 받는다고 했다. 하루에 받는 팁 15유로를 합쳐도 그리 좋은 벌이는 아닌 것 같다. 그는 우크라이나에 사는 연인과의 사이에 여섯 달 된 아기를 두고 있다고 했다. 연인과 아기가 이제 곧 이탈리아로 와 함께 살기로 했다고 한다. 정식결혼을 할지는 아직 결정을 못 한 듯했다. 바람기 많다는 이탈리아 남자들도 결혼엔 매우 신중하다고 한다.

아드리아노는 이레째 되는 날 저녁 로마 호텔에 일행을 내려주고 작별했다. 버스에서 내리기 전엔 좌석을 돌며 일일이 초콜릿을 건넸다. 인간미 넘치는 이탈리아 버스기사와 함께할 수 있어서 여행이 더 즐거웠다. 무리한 버스운행과 사고를 막으려고 엄격히 정한 EU규정을 알게 된 건 덤이었다.

2011.6.21

진안 원연장마을
꽃잔디 동산과 마을 박물관

말 귀처럼 솟은 마이산馬耳山, 그 두 봉우리가 지척인 듯 바라다보이는 산비탈에 분홍빛 꽃융단이 깔렸다. 7헥타르, 2만여 평 구릉에 온통 꽃사태가 났다. 분홍 꽃물결이 언덕을 뒤덮고서 흘러내린다.

전북 진안군 진안읍 연장리 원연장마을 뒷동산엔 4월 중순부터 한 달 남짓 꽃잔디가 지천으로 핀다. 도시 찻길가에서도 흔히 보는 꽃잔디가 장관을 이룰 수 있다는 걸 이곳에 와 보면 안다. 꽃잔디밭 이랑 따라 자줏빛 박태기나무꽃, 빨간 철쭉과 겹복사꽃, 때늦은 산벚꽃·겹벚꽃까지 피어 어질어질 꽃멀미가 난다.

이 별천지는 관광농원도 아니고 입장료를 받지도 않는다. 누구나 와서 꽃길을 거닐며 즐길 수 있다. 주차장도 닦고 간이화장실도 마련해놓았다.

원연장마을 꽃잔디 동산엔 한 출향出鄕 인사의 고향 사랑과 정성이 배 있다.

일흔네 살 이기선 씨는 1945년 여덟 살에 마을을 떠났다. 전주에서 학교를 다니고 공무원을 거쳐 사업을 벌여 성공했다. 그는 아버지가 "선산先山을 만남의 장소 삼아 친척, 고향 이웃들과 우애를 다져라"고 이른 유언을 기억했다. 선산발치에 주말 주택을 짓고 2002년부터 꽃잔디를 심었다. 공원처럼 꽃이 만발했던 오스트리아 빈의 공동묘지처럼 꾸며보고 싶었다.

꽃잔디를 택한 건 우선 꽃이 한 달 넘게 피는 게 좋아서였다. 겨울에 모질게 추워도 푸른 빛이 생생한 것도 마음에 들었다. 그는 선산 주변 땅을 사들여 계속 넓히면서 꽃잔디를 채워나갔다. 독일에 사는 독일인 매제가 와서 보더니 "여기 묻히고 싶다"고 했다. 매제는 4년 전 숨진 뒤 운구돼 와 이곳에 잠들었다.

꽃잔디밭이 커가면서 이 씨와 마을 사람들은 '우리끼리만 보기 아깝다'는 생각이 들었다. 마을 이름 내건 축제를 꾸려보자고 자연스럽게 뜻을 모았다. 2009년 '원연장마을 꽃잔디축제'가 시작됐고, 올해 세 번째 축제가 지난 5일부터 나흘 열렸다.

잔디밭에 천막 몇 채가 전부인 축제장은 마을 사람들의 축제장이기도 했다. 할머니들은 전 부칠 파를 다듬고 김밥을 말았다. 할아버지들은 도시 꼬마들 앞에서 짚으로 달걀 꾸러미를 엮어 보이고 달걀을 담아 선물했다.

어린이날엔 서른여덟 가구 일흔 명이 사는 작은 마을에 1만 명이 몰려들었다. 꽃잔디동산 주변 주차장 셋이 꽉 차는 바람에 차를 마을 마당에 세우게 하고 '셔틀 트랙터'에 손님들을 태워 날랐다. 마을 노인들이 나무로 짜 만든 객차 한 칸을 트랙터가 끄는 '원연장 식' 셔틀버스다. 객차엔 색색깔 조화造花를 걸어 장식했다.

말 귀처럼 솟은 마이산,

그 두 봉우리가 지척인 듯 바라다보이는

산비탈에 분홍빛 꽃융단이 깔렸다.

7헥타르, 2만여 평 구릉에 온통

꽃사태가 났다.

분홍 꽃물결이 언덕을 뒤덮고서 흘러내린다.

거기엔 손님을 진심으로 반기고 잘 대접하려는 마음이 담겨 있었다. 어떤 생화生花보다 아름다운 조화다.

축제장에서 만난 축제추진위원장 겸 이장 신애숙 씨도 신바람이 나 있었다. 마흔아홉 살인 그가 마을에서 가장 어리다고 했다. 신 씨에게 마을을 구경시켜 달라고 부탁했다. 정자가 있는 복판 마당엔 꽃잔디로 장식한 꽃탑과 마이산 탑사塔寺를 본뜬 돌탑이 손님을 맞는다. 마을 사람들이 일구고 거둔 배추를 절여 파는 작업장, 농촌 체험 온 단체를 먹이고 재우는 체험관도 둘러봤다.

체험관 옆 황토 흙집엔 방 둘, 화장실 둘에 깔끔한 입식 부엌을 들였다. 귀농歸農을 꿈꾸는 도시민이 묵으면서 농촌생활을 실제로 겪어보는 '귀농인의 집'이다. 한 달 빌리는 값이 30만 원인데, 신청자가 밀려 1~2주 단위로만 빌려준다고 한다. 원연장마을에서 접한 농촌의 모습은 뜻밖에 활기찼다. 주민 대부분이 60~70대인 마을이라곤 믿기지 않을 만큼 의욕과 생기가 넘쳤다.

마을 복판을 흐르는 개천 건너엔 초가지붕을 얹은 하얀 집이 서 있다. 쓰레기 집하장을 고치고 단장해 만든 '꽃잔디마을 박물관'이다. 명색이 박물관인데 함석지붕이어서야 되겠느냐며 마을 어른들이 짚을 엮어 올렸다고 한다. 아담한 공간에 놓인 소장품을 보자마자 푸근한 미소부터 떠오른다.

괘종시계, 됫박, 다듬이 방망이, 남폿불, 옷 담는 대나무 상자 도방구리, 소 발에 씌웠던 소 짚신까지.

이젠 쓸모 없어졌지만 마을 사람들과 함께 긴 세월을 보낸 소중한 물건들이다.

무엇보다 빛바랜 흑백사진들이 보는 이의 마음을 녹였다. 병풍 앞에 서서 사모관대 쓰고 띠 색종이에 파묻힌 신랑 신부, 구례 화엄사에 나들이 간 마을 사람들이 대웅전 계단에 앉아 찍은 기념사진….

가난했어도 이웃끼리 아끼던 그 시절을 미소로 돌아보게 한다. 명찰 달린 교복에 머리보다 더 큰 교모를 쓴 국민학생 형이 동생들을 거느리고 찍은 사진을 보면서는 "하" 소리가 절로 나온다. 원연장마을 박물관엔 그 어떤 번듯한 박물관도 흉내 내지 못할 따사로운 정이 가득했다.

마을 마당 돌탑에 할아버지 한 분이 또박또박 정성껏 쓴 기원문을 걸어놓는다.

"원연장 꽃잔디마을 거부마을 되게 하여 주시기 바랍니다." 그걸 보며 마을 분들 모두 부자 되시라고 빌었다.

2011.5.24

천리포수목원의
목련과 개구리

길게 늘어뜨린 진홍빛 꽃잎이 봄바람에 나풀거린다. 꽃떨기가 사람 얼굴만 하다. 키 7m 가까운 나무엔 빛나는 별같이 하얀 꽃이 소복하게 내려앉았다. 국화처럼 꽃잎이 자잘하고 빽빽한 꽃도 봄 속으로 머리를 내밀었다. 하얀색과 자주색은 물론이고 주홍·꽃자주·연보라·분홍에 노랑꽃까지, 세상에 이런 목련도 있나. 듣도 보도 못한 온갖 목련꽃이 작은 동산에 벙그러지고 있다. 4월 천리포수목원 목련원은 꽃들의 숨은 천국, 목련의 샹그릴라다.

지난 주말 4월 23일 충남 태안 천리포수목원에 후원회원들이 모여들었다. 이 바닷가 수목원을 아끼고 자랑스러워하며 한 해 몇만 원에서 몇백만 원씩을 보태는 사람들이다. 해마다 '회원의 날'은 목련꽃 만발하는 4월 중순에 맞춘다. 올해는 추위 탓에 꽃이 더뎌 날을 한 주週쯤 늦게 잡고도 아직 망울만 맺은 목련이 많다. 냉해를 입어 다 피지도 못한 채 누렇게 시들어버린 꽃도 있다.

그래도 꽃망울이 솜털 보송보송한 갈색 껍질에 감싸인 채 빠끔히 원색 꽃빛을 내비치는 건 그지없는 사랑스러움이다. 나비가 허물 벗듯 찬란한 꽃잎을 펼치며 세상으로 나서는 건 벅찬 경이로움이다. 수목원 생태교육원 북쪽 목련원은 일반 관람객 발길이 뜸한 비원秘苑이다. 덕분에 목련 아래 풀밭에도 온통 봄 생명이다. 파란 큰개불알풀 꽃과 노란 민들레꽃이 융단처럼 깔려 있어 발 디딜 곳이 없다. 쇠뜨기가 뱀머리처럼 생긴 홀씨 대를 일제히 밀어 올리고 있다.

회원들은 이 시크릿 가든을 거닐며 한 사람을 생각한다. 9년 전 목련꽃 피는 4월에 떠나간 민병갈을 떠올린다. 그는 1945년 스물넷에 미군 장교 칼 페리스 밀러로 이 땅에 왔다가 이 땅이 좋아서 눌러앉았다. 60년대부터 천리포에 조금씩 땅을 장만해 세계적인 수목원으로 일궜다. 나무와 꽃 2만 5천 종을 심고 그중 1만 2천 종을 키워냈다. 세계를 통틀어 500종 남짓한 목련 중에 420여 종이 이곳에 있다. 호랑가시나무는 370종, 동백은 380종, 단풍은 200종, 무궁화는 250종이 자란다.

그가 각별히 사랑했던 꽃이 목련이다. 미국에 계신 어머니가 좋아했던 꽃이기도 하다. 그는 목련꽃 피는 4월이면 꽃망울 터지는 순간을 놓치지 않으려고 바깥 약속을 끊었다. 망울이 맺히면 새들이 따먹지 못하도록 일일이 작은 모기장을 쳐 줬다.

민병갈은 김치 없인 밥을 못 먹고 밤참 라면을 안주 삼아 소주를 기울였다. 수목원 안에 기와집을 짓고 온돌에서 잤다. 그는 우리 개구리도 사랑했다. 개구리들이 합창하는 시절이 오면 밤늦도록 연못가에 앉아 귀를 기울였다. 그는 "죽으면 개구리가 되고 싶다"고 말하곤 했다. 수목원 본원인 '밀러스 가든' 못가엔 그의 소원대로 개구리 석상이 놓였다.

목련원을 내려다보는 산중턱, 그가 살던 '후박나무집' 마당에 목련 한 그루가 아직 꽃 피울 생각도 않은 채 서 있다. 그가 키워 세계목련학회에 등록한 큰별목련 새 품종이다. 그는 자기가 좋아했던 나무딸기에서 이름을 따 '라스베리 펀'(Raspberry Fun)이라고 붙였다. 팻말에 "사랑하는 어머니 에드나 밀러에게 바친다"고 쓰여 있다.

후박나무집 뒷산엔 그의 무덤이 있다. '회원의 날'을 맞아 그를 사랑했던 친구와 후배들이 소주잔을 올려놓았다. 한 장년 신사가 따스한 봄볕에 자리를 펴고 앉아 상념에 잠겨 있다. 아마도 민병갈을 생각하고 있을 것이다.

묘소 앞에도 자그마한 개구리상과 '라스베리 펀' 한 그루가 있다. 민병갈은 생전에 언론인 임준수와 이런 문답을 나눈 적이 있다.

－돌아가시면 한국에 묻히시겠습니까.

"그럴 땅이 있으면 나무를 심어야지요."

－화장을 원하시나요.

"뼛가루도 땅에 묻으면 안 됩니다."

－천리포 앞바다에 뿌리길 원합니까.

"그것도 안 돼요. 나무 거름으로 써야지요."

하지만 양아들과 주변 사람들이 묘를 쓰면서 그의 소원은 이뤄

그가 각별히 사랑했던 꽃이 목련이다.

미국에 계신 어머니가 좋아했던 꽃이기도 하다.

그는 목련꽃 피는 4월이면 꽃망울 터지는 순간을

놓치지 않으려고 바깥 약속을 끊었다.

그는 우리 개구리도 사랑했다.

개구리들이 합창하는 시절이 오면 밤늦도록

연못가에 앉아 귀를 기울였다.

그는 "죽으면 개구리가 되고 싶다"고 말하곤 했다.

지지 않았다. 묘석에 새긴 글을 읽어 본다.

"…세계적인 자연동산을 일궈놓고 이곳에 잠드니 푸른 눈의 영원한 한국인 민병갈이 남긴 천리포수목원은 앞으로 천 년을 더 푸르러 갈 것이다."

그가 떠난 이듬해 봄 '라스베리 펀'은 꽃을 피우지 않았다고 한다. 임준수는 민병갈 평전에 "나무에게도 슬픔을 견뎌낼 시간이 필요했던 모양"이라고 썼다.

목련꽃은 이번 주말쯤 절정에 오를 것이다. 앞서거니 뒤서거니 피고 지면서 5월 중순까지도 꽃을 보여줄 것이다. 천리포수목원에 가거든 목련 한 그루도 무심히 지나치지 말자. 개구리상도 찾아보자. 어떤 한국사람보다 이 땅과 이 땅의 자연을 사랑했던 민병갈, 이토록 찬란한 자연을 누릴 수 있게 해 준 그를 떠올려 보자.

2011.4.26

며칠 뒤 선암사 고매古梅,
꿈결 같은 향기 뿜을 텐데 …

엊그제 저물녘 순천 선암사에 들었다. 섬진강 따라 꽃폭죽 터지기
시작한 3월 마지막 주말, 구례 산수유와 하동 매화로 눈을 씻고
왔더니 절은 땅거미에 잠겨 있다. 빠르게 어두워지고 있어서 일주
문에서부터는 바쁜 마음에 뛰다시피 했다.

대웅전 오른쪽 뒤 언덕에 한옥처럼 생긴 절집이 돌담에 둘러싸
여 있다. 무우전無憂殿이다. 태고종 종정 스님이 머무는 곳이라 대
문에 '종정원'宗正院이라는 편액이 붙어 있다. 대문 옆 늘씬한 홍
매紅梅부터 쳐다본다. 아직 꽃망울만 맺고 있어서 가지에 불그레
한 기운이 감돌 뿐이다.

무우전 왼쪽 돌담길로 들어섰다. 어둑한 속에 하얀 점들이 떠
있다. 길 양쪽 무우전과 칠전선원 담을 따라 늘어선 백매白梅들이
드문드문 꽃불을 밝혔다. 이제서야 동안거冬安居를 마치고 세상으
로 나서고 있다.

무우전 돌담길은 이 땅에서 우리 매화가 가장 아름답게 피는

길이다. 스무 그루 남짓 도열한 매화나무들 나이가 적어도 300살이다. 매화가 150살 넘으면 고매古梅라고 부른다. 늙은 매화 한 그루만 있어도 매화 찾아다니는 탐매探梅꾼이 꼬이는데 고매가 스무 그루를 넘는다니. 이 중 백매와 홍매, 600살 안팎 두 그루가 천연기념물로 지정돼 있다.

이제 막 꽃을 피운 몇 그루 백매는 비교적 젊은 나무들이다. 무우전 돌담에 붙어선 천연기념물 홍매는 이번 주말은 돼야 꽃망울을 터뜨릴 것 같다. 굽은 등걸에 푸르스름한 잿빛 이끼까지 껴 휑하다. 하지만 며칠 지나면 성긴 가지 끝 점점이 거짓말처럼 고운 진분홍 꽃을 틔울 것이다. 꿈결 같은 향기를 내뿜을 것이다.

돌담길 왼쪽 원통전과 칠전선원 사이에 백매 한 그루가 8m 거목으로 버티고 서 있다. 630살 가까운 선암매仙巖梅다. 세계에서 가장 오래된 매화나무는 700여 년 전 원元나라 때 심었다는 중국 찰미과札美芟다. 선암매는 그에 버금갈 뿐 아니라 400년 된 일본 가류바이臥龍梅를 압도한다. 아름드리 줄기에서 뻗어나온 가지들이 꽃망울을 자잘하게 달고서 담 너머 원통전을 수줍게 들여다본다.

이날 잠깐 구례 화엄사에 들러 각황전 옆 흑매黑梅하고도 눈을 맞췄다. 붉다 못해 검은빛이라 해서 붙은 이름이다. 흑매는 꽃망울이 더 잘아 선암매보다 며칠 늦게 필 모양이다. 고매들의 꽃불은 이윽고 장성 백양사 고불매古佛梅로 옮아 붙을 것이다.

옛 선비들은 겨울 눈 속에 피는 설중매雪中梅를 높이 쳤다. 찬바람을 두려워하지 않는 강인한 생명력, 차갑도록 고결한 꽃빛, 영

ⓒ 이철원

무우전 왼쪽 돌담길로 들어섰다.

어둑한 속에 하얀 점들이 떠 있다.

길 양쪽 무우전과 칠전선원 담을 따라 늘어선 백매들이 드문드문

꽃불을 밝혔다.

이제서야 동안거를 마치고 세상으로 나서고 있다.

혼에 스며드는 청향清香을 사랑했다. 퇴계 이황은 마당에 100그루 매화를 심어 놓고 매화 필 때면 나무 주위를 맴돌았다. 한겨울 달밤엔 추위를 이기려고 도자기로 만든 의자에 숯불을 피워놓고 앉아 매화 곁을 떠날 줄 몰랐다.

그렇게 음력 섣달, 납월臘月에 피는 매화를 납월매라고 불렀다. 민족지사이자 역사가인 호암 문일평은 겨울 매화가 사라져 가는 것을 아쉬워했다.

"삼남三南의 난지(暖地·따뜻한 지역)에 매화가 있기는 있으나 동매冬梅가 아니요 춘매春梅이며, (서울에선) 매화를 배양하였으나 지종(地種·땅에 뿌리내린 나무)이 아니요 분재일 뿐이다."

남도 땅 순천 낙안읍성의 민가民家 마당에 1980년대까지 납월매 한 그루가 있었다고 한다. 이 600년 홍매가 명을 다하기에 앞서 1983년 금둔사 주지 스님이 씨를 받아다 낙안읍성을 내려다보는 산사山寺에 심었다. 납월매 혈통을 이어받은 덕분인지 금둔사 홍매 여섯 그루는 섬을 제외하곤 가장 먼저 꽃을 피운다. 음력 섣달은 아니어도 이르면 2월 하순부터 꽃 소식을 전한다.

3월 첫 주말에 금둔사 납월 홍매를 보러 갔었다. 작년에 이어 올해도 봄꽃이 더디 오는지 한두 그루만 꽃망울을 터뜨리고 있었다. 문일평의 말대로 겨울매는 사라지고 봄매만 남은 모양이다. 그래도 서른 살이 채 안 된 매화가 제법 그윽한 향기를 뿌리며 화신花信을 띄우는 게 대견했다.

이맘때면 섬진강변 광양 다압 언덕에 소금을 뿌려놓은 듯 만발하는 매화도 곱다. 하지만 우리 고매를 마주하면 일본에서 온 매실 경작용 매화가 얼마나 얕고 가벼운지 금세 안다. 일본매는 수령도 100년을 넘기지 못한다.

4월 초순이면 하동 쌍계사 십리길이 벚꽃에 뒤덮일 것이다. 섬진강과 함께 가는 19번 국도와 861번 지방도도 벚꽃 터널을 이룰 것이다. 그러나 농염濃艶한 봄꽃들은 사람을 몽롱하고 나른하게 만든다. 우리 매화의 맑고 서늘한 냉염冷艶 은은한 암향暗香 속에 서면 머리가 개운해지고 마음이 청신淸新해진다. 이 봄, 우리 고매들을 만나 보자.

2011.3.29

살가운 정情 없으면
여행길이 무슨 맛인가

기장시장은 갯가 어판장처럼 비린내가 물씬하다. 사람 사는 냄새다. 늦겨울 찬바람에 코끝이 맵싸한 아침부터 시장통엔 호객소리, 흥정소리가 넘친다. 살아 있음을 새삼 일깨우는 소리다. 기장 돌미역 좌판과 갖가지 생선 노점 사이를 걸으며 펄떡펄떡 뛰는 생기를 들이마신다.

기장시장은 원래 끝자리가 5와 0인 날에만 서는 닷새 장이었다. 기장군이 부산광역시로 합쳐지면서 상설시장이 됐지만 장터에 가득한 원초적 활기는 여전하다.

시장 북쪽 구석에 숨듯 작은 음식점이 있다. '제주 생갈치 전문점'이라고 써 붙인 '못난이식당'이다. 기장 갈치도 좋다는데 멀리 제주도 것을 쓴단다. 저잣거리와 어울리지 않는 건 또 있다. 출입문에 붙여 둔 가격표다.

'갈치구이 2만 원, 갈치찌개 1만 8천 원, 갈치회 3만~5만 원.' 값이 만만치 않다. 그 곁엔 이렇게 쓰여 있다.

"번호표를 받고 꼭 순서를 지켜주시면 맛난 식사가 기다리고 있습니다."

식탁 여남은 개 놓은 시골 장터 음식점이 점심에만 손님 200명을 치른다. 부산 시내는 물론 전국에서 찾아든다고 한다.

여행길에 줄까지 서기는 싫어서 서둘러 왔더니 오전 11시가 채 안 됐다. 첫 손님이다. 구이와 찌개를 하나씩 시켰다. 잠시 후 한 상 가득 정갈한 찬과 음식이 오른다. 채소 한 소쿠리와 별도로 생다시마, 물미역도 쌈 싸먹으라고 차렸다. 미역을 씹으니 이에서 뽀드득 소리가 나도록 생생하다.

서귀포산 갈치는 워낙 살집이 실해서 구이 두 토막에 배가 부를 정도다. 칼칼한 찌개도 갈치가 싱싱한 덕분에 전혀 비리지 않다. 거기에다 시키지도 않은 매콤새콤 갈치회가 나왔다. 여주인은 "일찍 오셨으니 서비스로 드리는 것"이라고 했다. 이것저것 음식 설명도 해주며 먹어 보라 권한다.

주인은 자리마다 돌면서 손님상을 살갑게 돌본다. 할머니 네 분이 앉은 옆자리로는 비닐봉지 넷을 들고 와 나눠 드린다. 상차림에도 없던 파김치를 싸서 집에 가 드시라고 한다. 할머니들 입이 함지박만 하게 벌어진다.

택배 기사가 물건을 배달하러 들어오자 주인은 커피 한잔을 빼주며 잠시 기다리라고 한다. 그릴 앞에서 부지런히 손을 놀리더니 잔 갈치구이 네댓 토막을 싸 들려 보낸다. 쉰 넘어 보이는 여주인은 "밥때 되면 눈코 뜰 겨를이 없어서 조금 한가할 때라도 손님들을 챙기려고 애쓴다"고 했다.

이 집에 와 볼 마음을 먹었을 땐 도대체 얼마나 맛있기에 값이 그리 센지 궁금했다. 음식점을 나서면서는 값 생각이 싹 사라졌다. 물 좋고 질 좋은 갈치에 짭짤한 손맛도 맛이었지만 무엇보다 주인의 마음 씀씀이에 배가 불렀다.

겨울휴가에 경남 남해부터 부산, 기장을 거쳐 경주 감포까지 동남해안을 돌았다. 남해에서도 늦은 아침 겸 이른 점심을 먹으러 삼동면 지족리에 들렀다. 면 소재지면서도 휑한 상가에서 유독 한 음식점에만 몇십명씩 줄을 선다. 자박자박 끓인 멸치찌개를 비롯해 멸치·갈치 음식이 일품인 우리식당이다.

주인 할머니는 "가게 40년 해서 자식들 유학까지 보내고 다 출가시켜 손주가 여덟"이라고 자랑했다. 그러면서 "이제 돈 들 일도, 돈 벌 일도 없지만 맛있다고 다시 찾아주는 손님들이 고마워 문을 못 닫는다"고 했다.

할머니는 단단하고 톡 쏘는 남해 햇마늘이 나올 때면 제법 큰 봉지에 마늘을 담아 손님들 손에 선물로 쥐여 준다. 그 덕에 남해군에서 마늘을 가장 많이 사 가는 애향愛鄕 군민이 돼 군수 표창까지 받았단다.

울산 간절곶에서는 북쪽 방파제에 가 봤다. 몇 해 전 갔던 횟집이 생각나서다. 그 여름 죽 늘어서 있던 가건물 횟집들은 여느 유명 관광지 횟집촌과 달리 호객을 하지 않았다. 들어서는 차를 멀뚱멀뚱 쳐다볼 뿐 손짓조차 없었다.

한 집을 골라 자리를 잡고 주인아주머니에게 까닭을 물었다.

© 이철원

기장시장은 갯가 어판장처럼 비린내가 물씬하다.

사람 사는 냄새다. 늦겨울 찬바람에 코끝이 맵싸한 아침부터

시장통엔 호객소리, 흥정소리가 넘친다. 살아 있음을

새삼 일깨우는 소리다. 기장 돌미역 좌판과 갖가지 생선 노점

사이를 걸으며 펄떡펄떡 뛰는 생기를 들이마신다.

"같은 마을 사람들이 장사하는 건데 어떻게 우리 집 오라고 당기겠느냐"는 답이 돌아왔다. 그 말에 회가 더 달았다. 이번에 가보니 방파제 횟집촌은 사라지고 없었다. 대신 더 북쪽으로 번듯한 2층 건물에 회센터가 들어섰지만, 아쉬웠다.

여행길이 즐겁고 아름다운 건 거기 사람이 있기 때문이다. 아무리 좋은 풍경 사진이라도 그 안에 사람이 없으면 밋밋한 달력 사진이 돼버리기 쉽다. 어떤 음식점에 다시 가고 싶은 것도 맛과 함께 정情에 끌려서일 것이다.

엊그제 태안 안면도에 들어서면서 아침을 들러 음식점에 들어갔다. 해장국과 청국장을 하나씩 주문하자 젊은 여주인은 "두 사람이 같은 걸 시켜라"고 한다. 메뉴판에 하나씩 따로 품목과 값이 쓰여 있는데 무슨 소리냐고 해도 막무가내다. 그래서 "이 집은 혼자 오면 음식 못 얻어먹느냐"고 물었더니 "혼자 오면 하나를 차려준다"고 했다. "그러면 우리가 따로 한 사람씩 왔다고 생각하고 차려 달라"고 했다.

그래도 여자는 영 안색을 풀지 않고 한참을 서 있다가 마지못해 주방으로 갔다. 이런 집에 잘못 들면 아무리 맛있는 음식도 목에 걸린다. 물론 다시 갈 일도 없다.

2011.3.1

제2부

시가 내게로 왔다

가장 고독하고 가장 죄 없는
시인이라는 존재

시를 믿고 어떻게 살아가나

서른 먹은 사내가 하나 잠을 못 잔다.

먼 기적 소리 처마를 스쳐가고

잠들은 아내와 어린 것의 베개맡에

밤눈이 내려 쌓이나 보다.

……

먹고 산다는 것,

너는 언제까지 나를 쫓아오느냐.

등불을 켜고 일어나 앉는다.

담배를 피워 문다.

쓸쓸한 것이 오장을 씻어 내린다.

노신魯迅이여

이런 밤이면 그대가 생각난다.

온 세계가 눈물에 젖어 있는 밤

상해上海 호마로胡馬路 어느 뒷골목에서
쓸쓸히 앉아 지키던 등불
등불이 나에게 속삭거린다.
여기 하나의 상심한 사람이 있다.
여기 하나의 굳세게 살아온 인생이 있다.

—김광균, 〈노신魯迅〉

시인은 시를 쓴다는 것에 대한 회의懷疑로 불면의 밤을 지샌다. 젊은 나이엔 열정 하나로 가난을 이겨냈지만 나이 들수록 생활의 짐이 어깨를 짓누른다.

시인은 노신을 생각한다. 노신은 일본에서 의학을 공부하다 문필로 조국에 기여하겠다며 문인의 길로 들어섰다. 좌·우파 협공을 함께 받으면서도 꿋꿋하게 이념문학을 비판했다.

상업학교를 나온 회사원 김광균은 결국 시작詩作을 멈추고 사업가의 길로 들어서 무역업으로 성공했다. 먹고 사는 것에 관한 시인들의 방황은 60년 뒤라고 다를 게 없다.

시인 되면 어떻게 되는 거유
돈푼깨나 들어오우

그래, 살맛 난다.
원고 청탁 쏟아져 어디 줄까 고민이고,
평론가들, 술 사겠다고 줄 선다.

그뿐이냐.

베스트셀러 되어 봐라.

연예인, 우습다.

하지만

오늘 나는

돌아갈 차비가 없다.

—한명희, 〈등단 이후〉

문학지 시 한 편 고료가 3만~5만 원. 원로들이나 10만 원을 받는
다. 시집을 5~6권 낸 중견도 새 시집을 2천 부쯤 인쇄한다. 다 팔
린다 해도 한 권에 7천 원~8천 원이니 인세로 100만 원이 수중
에 떨어진다. 100~300권을 자기가 사서 나눠 보는 문단 풍습을
따르자면 적자다. 다른 직업 없이 전업 시인으로 살기란 여간 고
단한 일이 아니다.

MENU

샤를르 보들레르 800원

칼 샌드버그 800원

프란츠 카프카 800원

이브 본느프와 1,000원

에리카 종 1,000원

가스통 바슐라르 1,200원

이하브 핫산 1,200원

제레미 리프킨 1,200원

위르겐 하버마스 1,200원

시를 공부하겠다는

미친 제자와 앉아

커피를 마신다

제일 값싼

프란츠 카프카

—오규원, 〈프란츠 카프카〉

이 커피집 메뉴는 세계적 예술가와 석학들이다. 예술과 철학이 상
품화·규격화·도구화한 시대를 빗댄다. 그중 카프카가 가장 싸다.
시인의 제자는 생활인으론 제일 가난한 시인이 되려고 시를 공부
하겠다고 한다. 시인은 주변머리 없는 제자가 '미쳤다'고 혀를 차
지만 속으론 기특하게 여긴다.

　이 자조적自嘲的 시엔 시인의 자존심이 반어법으로 숨어 있다.
하이데거는 세상에서 가장 죄 없는 일이 시 쓰는 일이고 가장 죄
없는 사람이 시인이라고 했다.

© 오태진

누군가 나에게 물었다. 시가 뭐냐고
나는 시인이 못 됨으로 잘 모른다고 대답하였다.
무교동과 종로와 명동과 남산과
서울역 앞을 걸었다.
저녁녘 남대문시장 안에서
빈대떡을 먹을 때 생각나고 있었다.
그런 사람들이
엄청난 고생되어도
순하고 명랑하고 맘 좋고 인정이
있으므로 슬기롭게 사는 사람들이
그런 사람들이
이 세상에서 알파이고
고귀한 인류이고
영원한 광명이고
다름 아닌 시인이라고.

　　　　　　　　　—김종삼, 〈누군가 나에게 물었다〉

김종삼의 시인론은 거창하지 않다. 가진 것 별로 없어도 착하고
넉넉하고 따뜻하고 슬기롭게 열심히 살아가는 사람들이 시인이
라고 말한다. 무구함으로 세상을 떠받치고 삶을 밝히는 이들이 시
인이라고.

　내가 다닌 대학에는 많은

국문학적 얼굴들이 있다. 그중
국어학 교수 얼굴들이 흔한 말로 가장
고상하고 원만하고 이른바 정품이다
막말로 그중 교수답다. 그 다음
고전문학 교수 얼굴들이 약간은
축 늘어지거나 모가 나거나
그렇게 조금씩 비뚤어졌는데,
이것도 막말로 정품에서 그리 크게
벗어나지 않는다. 즉 교수 얼굴이라 해도
크게 구라가 아니다. 건데
현대문학 교수 얼굴들은, 딱 깨놓고 말해서
이건 교수 얼굴이 아니다.

짓눌려서 짜부라지고
모가 나서 날이 서 있고
일그러지고 찌그러져, 이건 참말로
영 교수 얼굴이 아니다. 건데 건데
이상하게도 말이다. 그 짜부라질 대로
짜부라진 현대문학적 얼굴들이
진짜 얼굴로 다가오는 거 있지,
대학 다닐 땐 지긋지긋하던 얼굴들이
너무너무 보고 싶은 거 있지,
나이 사십 넘어서니까 그게 바로
내 얼굴인 거 있지, 문득문득 그 얼굴들

막 껴안아주고 싶은 거 있지,

건데 건데 말이다,

그보다 더한 국문학적 얼굴이 있는 거 있지,

그게 박재삼이나 김수영 같은 얼굴인데,

중풍병에 걸려 손을 덜덜 떠는

말라비틀어진 명태같은 박재삼 얼굴이나

내 시詩에조차도 침을 뱉아버릴 것 같은

독하기가 왜고추 같은 김수영 얼굴이

진짜 진짜, 진짜 얼굴로 다가오는 거 있지,

막, 눈물 나게, 다가오는 거 있지.

　　　　　　　　—서림, 〈내가 사랑하는 국문학적 얼굴들〉

스스로 국문학과 교수인 시인은 국문학 전공 교수들을 정품, 준정품, 개성품으로 분류한다. 그중에 시인의 얼굴이 가장 입체적이고 개성적이라고 우스개처럼 품평한다. 진짜 인간적이고 매력적인 얼굴이라고 결론짓는다. 자유롭고 창조적이고 누가 뭐래도 자신만의 개성이 또렷한 사람들이 시인이라는, 애교있는 자찬론自讚論이다.

　시인은 맹인가수다. 보이지 않는 세계를 심안心眼으로 꿰뚫어보고, 들리지 않는 우주의 소리를 섬세하게 들어 낸다. 보통사람이 보고 듣지 못하는 것에 감응하고 교감한다. 그렇게 해서 시인은 사람들 일상에 새로운 서정의 울림을 불러일으킨다.

　이태리 맹인가수의 노래를 듣는다. 눈 먼 가수는 소리로

느티나무 속잎 틔우는 봄비를 보고 미세하게 가라앉는
꽃 그늘도 본다. 바람 가는 길을 느리게 따라가거나
푸른 별들이 쉬어가는 샘가에서 생의 긴 그림자를
내려놓기도 한다. 그의 소리는 우주의 흙 냄새와 물 냄새를
뿜어낸다. 은방울꽃 하얀 종을 울린다. 붉은 점 모시나비
기린초 꿀을 빨게 한다. 금강소나무껍질을 더욱 붉게 한다
아찔하다. 영혼의 눈으로 밝음을 이기는 힘!
저 반짝이는 눈망울 앞에 소리 앞에
나는 도저히 눈을 뜰 수가 없다

—허형만, 〈영혼의 눈〉

문학평론가 김재홍은 시인을 이 시대의 곡비哭婢라고 했다. 초상
집을 돌며 곡소리가 끊기지 않도록 상주喪主 대신 곡哭을 해주는
노비라고 했다. 시인은 뭇사람을 대신해 시대의 아픔과 슬픔을 통
곡하고 사람들의 절망과 좌절, 그리움과 괴로움, 고통과 비탄을
곡진하게 울어준다.

저 여자
내 전생의 저 여자
부엌 칸 부뚜막에
암코양이처럼 걸터앉아
막걸리 한 사발
꿀물 마시듯 꿀떡꿀떡

시퍼런 김치 줄기에 돼지고기 보쌈해

야무진 입매 다시는

나무비녀 쪽진 머리

푸르죽죽한 낯빛의

눈꼬리 샐쭉한

소복의 저 여자

조붓한 어깨 들썩이며

아이고 아이고

진양조 단조로

어수선한 상가喪家 분위기

휘어잡고 있는

저 여자

울음을 웃음처럼

갖고 노는

내 전생의

저

여자

—이명주, 〈곡비〉

시인은 사람들의 눈과 귀를 맑게 해주고 가슴과 머리를 씻어준다.
때로 사람이 믿고 사는 게 힘들 때 한 편의 시는 무엇보다 큰 위
안이다. 연민·진정·사랑으로 열심히 살아라 토닥거려주는 시인들

ⓒ 어태진

이 많아서 그나마 이 시대가 살 만하다. 좋은 시에 대한 기다림은
옛 당唐 시인을 모시던 시동侍童의 마음이다.

　　주먹코인 저야 베옷 입어 마땅하니　巨鼻宜山褐
　　눈썹 짙은 주인님은 글을 지으셔요　龐眉入苦吟
　　주인님이 시를 노래하지 않으시면　非君唱樂府
　　만추의 가슴앓이 누가 알겠나이까　誰識怨秋深
　　　　　　　　　　　—이하李賀,〈시동의 노래〉(巴童答)

2008.8.4

마음은 잠시 내려놓으시지요!
산사山寺의 초대 템플스테이

일본에서 나고 자란 육종학자 우장춘禹長春의 막내딸은 같은 회사
에 근무하던 청년과 결혼했다. 이 청년이 세계적 정보통신그룹
'교京세라'의 창업주 이나모리 가즈오稻盛和夫다. 가고시마 지방대
출신인 그는 지방공고 출신 몇 명과 함께 세계 최고 세라믹 제조
회사를 일궈냈다. 그런 이나모리가 예순다섯 살 되던 1997년 삭
발하고 불문佛門에 들었다. 그는 "지위와 명성을 좇기보다 삶의 진
정한 목표를 추구하며 여생을 살겠다"고 했다.

　새는
　자기의 자취를 남기지 않는다.
　자기가 앉은 가지에
　자기가 남긴 체중이 잠시 흔들릴 뿐
　새는
　자기가 앉은 자리에

자기의 투영이 없다. …

　　　　　　　　　　　　　　　　　—황지우, 〈출가하는 새〉

출가란 큰 포기, 위대한 내던짐이다. 크게 버림으로써 크게 얻는
다. 그러나 이나모리 회장은 반년을 못 채우고 "일본의 불황 극복
에 힘을 쏟겠다"며 환속했다. 세상으로 향한 눈길을 접지 못했던
셈이다. 속도와 소음에서 부동不動과 묵언默言으로, 탐욕·증오·무
지로부터 삶의 본질을 찾아 떠나는 길은 그처럼 험난하다.

　그래도 세상엔 길든 짧든 속세를 뜨고픈 욕구들이 널리 잠재해
있다. 출가까지는 못한다 해도 참자아眞我에 눈 뜨고 싶어한다. 그런
사람들을 위해 조계종은 삭발염의削髮染衣하고 몇 달 절에서 수행하
게 하는 '단기 출가'를 운영한다. 사찰들에선 여름이면 '짧은 출가,
긴 깨달음'을 내걸고 속인俗人들을 모으는 여름수련회, 템플스테이
가 성황이다. 일찍이 당唐 시인들이 절에 머물며 마음을 가다듬어
쓴 시만 읽어봐도 스스로 옛 절에 들어앉은 듯 눈이 맑아진다.

시린 우물 길어 양치하고　汲井漱寒齒

맑은 마음으로 옷 먼지 턴다　淸心拂塵服

한가로이 불경 한 권 들고　閑持貝葉書

동쪽 서재 나가 읽는다　步出東齋讀

진리의 근원 찾지 않고　眞源了無取

헛된 길만 좇는 사람들　妄跡世所逐

부처님 말씀 깨닫기 원하나　遺言冀可冥

수양이 부족하니 언제 이룰까 繕性何由熟

선사의 뜨락은 고요하고 道人庭宇靜

깊은 대숲에 이끼 푸르다 苔色連深竹

동틀 무렵 새벽 안개 이슬에 日出霧露余

청솔은 씻은 듯 윤기 흐른다 靑松如膏沐

물끄러미 바라보고 있노라니 澹然離言說

한 깨달음 있어 기쁨 차오른다 悟悅心自足

—유종원 柳宗元
〈새벽 산사에서 불경을 읽다〉(晨詣超師院讀禪經)

절은 상처 받고 지친 영혼을 어루만져준다. 인간사 아귀다툼에 밀
리고 받혀 탈진한 심신을 추슬러준다. 집착과 속박을 벗고 마음을
내려놓는 방하심 放下心 으로 이끈다.

뭇 산은 찬 빛으로 솟았고 衆岫聳寒色

암자는 산들을 바라보고 있다 精廬向此分

유성이 성긴 가지 스쳐가고 流星透疎木

달은 흐르는 구름 거슬러 달린다 走月逆行雲

찾는 사람 드문 산봉우리에 絕頂人來少

노송과 무리 떠난 외두루미 高松鶴不群

산사 지키는 팔순 스님은 一僧年八十

아직 세상사 들은 적 없으시다 世事未曾聞

—가도 賈島, 〈산사에 묵으며〉(宿山寺)

산사山寺는 티없는 무욕無欲의 땅이다. 고요하고 깨끗하다. 무심코 지나쳤던 별과 달이 유난히 빛난다. 고즈넉한 산사 풍경은 그 자체로 해탈이다.

목련꽃 향기로운 그늘 아래
물로 씻은 듯이 조약돌 빛나고

흰 옷깃 매무새의 구층탑 위로
파르라니 돌아가는 신라천년의 꽃구름이여

한나절 조찰히 구르던
여흘 물소리 그치고
비인 골에 은은히 울려 오는 낮 종소리

바람도 잠자는 언덕에서 복사꽃잎은
종소리에 새삼 놀라 떨어지노니

무지개빛 햇살 속에
의희한 단청은 말이 없고 …

—조지훈, 〈고사古寺 2〉

템플스테이의 새로운 경험은 단 며칠일지라도 사람의 시야를 바꿔놓을 수 있다. 음식을 먹고 나면 단무지로 그릇을 닦아 깨끗이 비운다. 발우공양이다. 오체투지五體投地로 탑돌이를 하노라면 온몸은 땀에 젖고 옷은 흙투성이어도 마음은 가뿐하다. 촛불을 켜들고 범종 소리를 들으면 온몸에 전율이 울려 퍼진다. 깨달음은 해우소解憂所에도 있다.

무위도식의 오후, 불식不食을 했다면 선암사 뒷간으로 찾아 들지는 않았을 것이다. 저녁 예불시간 뱃속 근심이 큰 장독에 고인 물처럼 출렁거려 뒷간에 앉는다. 사실 나는 내 죄를 안다. 그리하여 범종소리 따라 한 겹 한 겹 밀려와 두꺼워지는 어둠에 엉덩이를 깔고 뉘우친다. … 뒷간 무명無明 속에 발 저리도록 쪼그리고 앉아 진실로 뉘우친다.

…근심은 버리려 하지 말고 만들지 말아라. 뒷간 아래 깊은 어둠이 죽비를 들어 내 허연 엉덩이를 사정없이 후려친다 … 나는 내 몸의 작은 뒷문 하나 열지 못하고, 단 몇 푼의 근심조차 내버리지 못한 채 선암사 뒷간에 쪼그리고 앉아 뉘우친다.

—정일근, 〈선암사 뒷간에서 뉘우치다〉

지은 지 300년 됐다는 선암사 뒷간, 화장실로는 유일하게 문화재로 등록돼 있다. 옹색하긴커녕 절터 복판에 널찍하게 들어앉은 뒷간에서 시인은 식탐食貪을 뉘우친다. 그 업보인 배탈은 시인이 앓는 마음의 탈이기도 하다. 시인은 쪼그리고 앉아 죄와 무명을 자책한다. 근심이 끝없이 요동치는 뱃속을 비우듯 자신의 삶을 비우고 있다.

ⓒ 오태진

눈물이 나면 기차를 타고 선암사로 가라

선암사 해우소로 가서 실컷 울어라

해우소에 쭈그리고 울고 있으면

죽은 소나무 뿌리가 기어 다니고

목어가 푸른 하늘을 날아다닌다

풀잎들이 손수건을 꺼내 눈물을 닦아주고

새들이 가슴 속으로 날아와 종소리를 울린다

눈물이 나면 걸어서라도 선암사로 가라

선암사 해우소 앞

등 굽은 소나무에 기대어 통곡하라

—정호승, 〈선암사〉

올여름 템플스테이 프로그램이 더욱 풍성하고 다양해졌다고 한다. 사찰마다 독특한 문화·역사 유산을 배우거나, 주변 생태체험을 겸하고, 본격적 수행 프로그램이 있는가 하면, 차茶 문화 체험도 있다. 템플스테이는 정신을 살찌우는 문화상품으로 자리 잡았다. 그러나 굳이 몇 밤을 묵지 않더라도 절에 드는 것만으로 평정심을 얻을 수 있을 것이다. 행주좌와 어묵동정行住坐臥 語默動靜. 가든 머물든 앉든 눕든, 말을 삼가 스스로를 돌아볼 수 있다면 그것이 무심의 경지다.

부처를 모신
대웅전에 가지 않는다

마당 한가운데 우뚝 서 있는

석탑을 보지 않는다

영험 많은 산신각 문고리도 잡지 않는다

삼천사에 가면 나는

슬픔을 품듯

허공을 안고 헤엄치는 물고기들의 풍경 소리

경문經文처럼 마음에 새기며

대웅전 지나

산신각 지나

그늘진 뒤안 요사채 맨 끝 방

섬돌에 놓인

흰 고무신을 보는 것이다

누군가 벗어둔 지 오래된 듯

빗물 고여 있고 먼지도 쌓여 있는

그 고무신을 한참 보고 있으면

뚝, 처마끝에서 떨어지는

물방울 하나

내 이마를 서늘하게 때리며 지나가고 아, 아픈 한 생이 지나가고

가끔은

담 밑 구멍을 들락거리는 산쥐도

물끄러미 나를 쳐다보는 것이다

전생의 제 모습을 기억한다는 듯

—전동균, 〈삼천사에 가면〉

2008.7.14

추억이 서는 곳 간이역

간이역驛의 정조情調는 헤어짐, 애달픔이다.

    램프불에 부우염한 대합실에는
젊은 여인과 늙은이의 그림자가 커다랗게 흔들렸다.

    —네가 가문 내가 어드케 눈을 감으란 말인가.

    경편輕便열차의 기적汽笛이 마음을 흔들 때,
여인은 차창에 눈물을 글성글성하였다.

    —네가 가문 누굴 믿군 난 살란?

    차가 굴러 나가도
늙은이는 사설을 지껄였다.

─데놈의 기차가 내 며느리를 끌구 갓쉬다가레.

─박남수, 〈거리 距離〉

1930년대 말 협궤열차가 다니는 어느 지선支線 철도역, 전등도 없
어 남폿불을 켠 간이역의 슬픈 밤 풍경이다. 역은 작아도 떠나는
이와 남는 이 사이 아득한 거리가 있다. 노인은 며느리를 떠나보
내며 진한 서북西北 사투리로 넋두리 한다. 아마도 아들을 잃은 뒤
며느리마저 떠나보내는 것이리라. 며느리는 친정으로 돌아가는
지, 후처 살이를 가는 것인지, 그도 아니면 만주 술집으로 벌이를
가는 것인지. 간이역은 작고 남루해도 예부터 심상치 않은 인간
극劇을 안고 있다.
간이역은 기다림이다.

고원선高原線 종점인 이 작은 정거장엔
그렇게도 우쭐대며 달가불시며 뛰어오던 뽕뽕차가
가이없이 쓸쓸하니도 우두머니 서 있다

햇빛이 초롱불 같이 희맑은데
해정한 모랫부리 플랫폼에선
모두들 쩔쩔 끓는 구수한 귀이리차茶를 마신다

칠성고기라는 고기의 쩜벙쩜벙 뛰노는 소리가
쨋쨋하니 들려오는 호수까지는

들죽이 한불 새까마니 익어가는 망연한 벌판을 지나가야 한다

—백석, 〈함남 도안咸南 道安〉

*달가불시며=쫄랑거리며, 뿡뿡차=기차, 우두머니=우두커니, 해정한=해맑은, 모랫부리
=모래톱, 칠성고기=망둥이 비슷하게 물 위를 뛰는 고기, 쨋쨋하니=선명하게, 들죽=들
쭉 열매, 한불=표면을 뒤덮은 모양새.

백석이 고원선이라 부른 신흥선은 함흥에서 장진선을 따라 올라
가다 함주에서 갈라져 북상하는 협궤 사철私鐵이었다. 종착역은
개마고원과 부전호에 접한 신흥군 최북단, 동상면 도안리 부전호
반역이다. 사방은 고요해 멀리 부전호 고기들이 첨벙첨벙 뛰노는
소리가 들릴 정도다. 사람들은 하염없이 기다린다. 그러나 누구도
안달하지 않는다. 해맑은 햇빛 아래 뜨거운 귀리차를 마신다.

곽재구는 그 귀리차를 꿈꿨다. 밥을 먹을 때나 음악을 들을 때,
버스를 타거나 먼 산을 볼 때 고원선 종점역을 생각했다. 나라가
하나가 되면 제일 먼저 함남 도안까지 가는 기차표를 끊겠다고
했다. 그는 1980년대 간이역에서 말없이 막차를 기다리는 고단한
변두리 삶들을 '사평'이라는 가상 역에서 응시했다.

막차는 좀처럼 오지 않았다
대합실 밖에는 밤새 송이눈이 쌓이고
흰 보라 수수꽃 눈 시린 유리창마다
톱밥난로가 지펴지고 있었다
그믐처럼 몇은 졸고

몇은 감기에 쿨럭이고

그리웠던 순간들을 생각하며 나는

한 줌의 톱밥을 불빛 속에 던져 주었다

내면 깊숙이 할 말들은 가득해도

청색의 손바닥을 불빛 속에 적셔 두고

모두들 아무 말도 하지 않았다

산다는 것이 때론 술에 취한 듯

한 두름의 굴비 한 광주리의 사과를

만지작거리며 귀향하는 기분으로

침묵해야 한다는 것을

모두들 알고 있었다

오래 앓은 기침소리와

쓴 약 같은 입술담배 연기 속에서

싸륵싸륵 눈꽃은 쌓이고

그래 지금은 모두들

눈꽃의 화음에 귀를 적신다

자정 넘으면

낯설음도 뼈아픔도 다 설원인데

단풍잎 같은 몇 잎의 차창을 닫고

밤열차는 또 어디로 흘러가는지

그리웠던 순간들을 호명하며 나는

한 줌의 눈물을 불빛 속에 던져 주었다.

—곽재구, 〈사평역 沙平驛 에서〉

삶에 지친 사람들, 상처 많은 사람들이 대합실에 앉아 마음을 토닥이며 길 떠날 채비를 하고 있다. 그 지친 삶을 어루만지듯 눈은 시나브로 내려 쌓인다. '사평역'은 광주에서 통일호로 40분 가는 나주 남평읍 간이역 남평역을 모델로 삼았다고 한다. 소외된 삶의 풍경을 시적으로 형상화하는 가상假想 역이었다.

간이역엔 사라지는 것들의 슬픈 아름다움이 있다.

> 작은 것은
> 보이지 않습니다.
> 너무 작은 것은
> 몸으로 봅니다.
> 내 몸이 머무는 곳에
> 보랏빛 제비꽃은
> 피어 있습니다.
> 언덕 아래
> 몸을 숨기고
> 원동역은 아득히
> 그곳에 있습니다.
>
> ―고영조, 〈원동시편 9 : 간이역〉

간이역 앞엔 으레 '역전상회'들이 있다. 그 초라한 점방들은 간이역과 함께 소외, 단절, 외로움을 말한다. 지난해에만 간이역 59곳이 폐쇄됐다. 모두 하루 승객이 열 명을 넘지 않아 '여객영업 정지'를 당했다. 간이역엔 스러져 가는 것들, 희미해져 가는 삶의 흔적들에 대한 애정과 연민이 있다. 소멸의 미학, 뿌리 깊은 외로움이 있다. 간이역은 제비꽃처럼 스스로의 외로움으로 불을 밝히면서 쓸쓸히 한세상을 살아간다.

간이역엔 소박하고 호젓한 휴식이 있다.

> 젖은 나뭇잎이 날아와 유리창에 달라붙는
> 간이역에는 찻시간이 돼도 손님이 없다
> 플라타나스로 가려진 낡은 목조 찻집
> 차 나르는 소녀의 머리칼에서는 풀냄새가 나겠지
> 오늘 집에 가면 헌 난로에 불을 당겨
> 먼저 따끈한 차 한잔을 마셔야지
> 빗물에 젖은 유행가 가락을 떠밀며
> 화물차 언덕을 돌아 뒤뚱거리며 들어설 제
> 붉고 푸른 깃발을 흔드는
> 늙은 역무원 굽은 등에 흩뿌리는 가을비
>
> —신경림, 〈가을비〉

고단한 일상, 갖은 구속에서 벗어나 훌쩍 어디론가 떠난다. 중앙선이나 장항선 이름 모를 간이역에 내려 흩뿌리는 부슬비에 마음을 씻으며 피로와 우울, 권태와 미망들을 벗어버린다. 그러노라면 어느새 마음이 맑고 개운해진다.

간이역은 추억이다.

… 이사 오고 한번도 보지 못한 채

어느덧 나는 남자를 알고

귀향길에 때때로 소문만 듣던 그 애

아버지 따라 태백으로 갔다는

공고를 자퇴하고 광부가 되었다는

급행열차로는 갈 수 없는 곳

그렇게 때로 간이역을 생각했다

사북 철암 황지 웅숭그린 역사마다

한 그릇 우동에 손을 덥히면서

천천히 동쪽 바다에 닿아가는 완행열차 …

—김선우, 〈간이역〉

시인은 어릴 적 마른 솔잎 냄새 나던 이웃 소년의 풋사랑을 지금도 간직하고 있다. 태백 가서 광부가 됐다는 소년을 생각하며 간이역을 떠올린다. 그 태백선 광산촌 사람들의 애환이 밴 정선 함백역이 소리 소문 없이 허물어져 50년 생을 다했다. 빼어난 주변 풍광과 아담하고 아름다운 역사驛舍를 지녀 '가보고 싶은 5대 간이역'에 꼽혔던 역이다. 뒤늦게 철거 소식을 듣고 낙심하고 분노한 주민들이 그간 모금운동을 벌인 끝에 얼마 전 함백역 복원 기공식을 가졌다. 그러나 역으로서 구실은 되살아나지 못한 채 탄광촌 문화를 담은 마을역사 자료관이 된다.

속도와 능률을 숭상하는 세상 한구석에서 간이역들은 멸종위기에 서 있다. 함백역 복원에서 '느림'의 미덕을 보며 한 가닥 위안을 얻는다. 사라진 간이역들에 다시 열차가 서는 날을 기다린다.

2008.6.30

이 땅에 이 땅 사람들
가슴에 뿌리내린 민족수民族樹
소나무

소나무 숲에는 뭔가 있다

숨어서 밤 되기를 기다리는 누군가가 있다

그러지 않고서야 저렇게 은근할 수가 있는가

짐승처럼 가슴을 쓸어 내리며

모두 돌아오라고, 돌아와 같이 살자고 외치는

소나무 숲엔 누군가 있다

어디서나 보이라고, 먼 데서도 들으라고

소나무 숲은 횃불처럼 타오르고 함성처럼 흔들린다

……

사람들은 살다 모두 소나무 숲으로 갔으므로

새로 오는 아이들과 먼 조상들까지

거기서 다 만나는 것 같다

그래서 우리나라 밥 짓는 연기들은

거기 모였다가 서운하게 흩어지고

소나무 숲에는 누군가 있다

저물어 불 켜는 마을을 내려다보며

아직 오지 않은 것들을 기다리는 누군가 있다

그러지 않고서야 날마다

저렇게 먼 데만 바라보겠는가

—이상국, 〈소나무 숲에는〉

시인은 동네 어귀에 군락을 이룬 소나무 숲에서 알 수 없는 정기와 혼령을 느낀다. 동네 사람들과 희로애락을 함께했던 소나무들은 바람 부는 날마다 울음을 삼키듯 흔들린다. 소나무 숲엔 으레 무덤이 있다. 이승과 저승이 교감한다. 거기 스며드는 밥 짓는 연기처럼 소나무는 오늘도 우리와 함께 살아간다.

소나무는 생로병사 한순간도 우리를 떠나지 않았다. 태어나자 대문에 청솔가지 꽂은 금줄이 내걸렸다. 생솔의 청신淸新한 기운이 잡인雜人과 악신惡神을 쫓았다. 오두막부터 고대광실까지 소나무로 지어 솔향 그윽한 집에서 자랐다. 마른 솔잎, 솔가지로 불을 때 밥 짓고 방 덥혔다. 관솔불은 밤을 밝혔고 송진은 약재가 됐다. 흉년 들면 허기진 낫질로 소나무 속껍질(송기·松肌)을 벗겨 죽을 쒀 먹었다. 백석이 "인절미 송구떡 콩가루차떡의 내음새도 나고"(《여우난골족》)라고 설 음식을 노래했듯 명절에도 송편과 송기떡이 빠지지 않았다.

솔은 한국인의 생전과 사후까지 지켜본다. 어머니는 이른 새벽 우물에서 맨 먼저 길은 정화수井華水를 당산 소나무 앞에 놓고 자식 점

지해 달라고 빌었다. 죽으면 소나무로 짠 관에 누워 솔숲에 묻혔다.

시인 정동주는 한국인의 문화를 '소나무 문화'라고 불렀다. "우리 정서의 밑바탕엔 솔 빛깔, 솔바람 소리, 솔 맛, 솔 향기, 솔 그늘이 있다"고 했다.

소나무는 민족의 가슴에 기개와 충절의 상징으로 각인돼 있다. 추사 김정희가 마른 붓 갈필渴筆로 쓸 듯 그려낸 세한도歲寒圖는 추운 겨울이 돼야 비로소 진가가 드러나는 소나무처럼 올곧고 맵찬 선비정신을 말했다.

1.송松—완당阮堂의 그림을 그리며

참솔가지 몇 개로 견디고 있다
완당이여
붓까지 얼었던가
생각하면 우리나라의 추위가 이 속에도 있고
누구나 마른 소나무 한 그루로
이 겨울을 서 있어야 한다 …

—정희성, 〈세한도〉

문인화文人畵 최고 걸작 세한도는 제주도에 유배된 추사가 제자인 역관譯官 이상적의 한결같은 마음에 감격해 그려 보냈다. 집 한 채 좌우로 선비의 지조를 상징하는 소나무와 잣나무가 두 그루씩 솟았고 나머지는 여백이다. 발문에서 추사는 이상적이 중국에서 귀

한 책을 구해 꼬박꼬박 보내주는 데 고마워했다.

"한겨울 추운 날씨가 된 다음에야 소나무 잣나무가 시들지 않음을 알 수 있다더니 그대가 나를 대하는 마음이 꼭 그러하구나."

날로 기우듬해 가는 마을회관 옆,
청솔 한 그루 꼿꼿이 서 있다.

한때는 앰프 하나로
집집의 새앙쥐까지 깨우던 회관 옆,
그 둥치의 터지고 갈라진 아픔으로
푸른 눈 더욱 못 감는다.

그 회관 들창 거덜내는 댓바람 때마다
청솔은 또 한바탕 노엽게 운다.
……
생산도 새마을도 다 끊긴 궁벽, 그러나
저기 난장 난 비닐하우스를 일으키다
그 청솔 바라보는 몇몇들 보아라.

그때마다, 삭바람마저 빗질하여
서러움조차 잘 걸러내어 푸른
숨결을 풀어내는 청솔을 보아라.

나는 희망의 노예는 아니거니와
까막까치 얼어죽는 이 아침에도
저 동녘에선 꼭두서니빛 타오른다.

—고재종, 〈세한도〉

마을 복판 청솔 한 그루는 시골 사람들의 스산하고 궁핍한 겨울
나기에서 큰 힘과 희망이 된다. 궁벽한 풍경 속에서도 굳세게 버
티고 있다. 소나무는 그러나 설해雪害에 꺾여도 아름답다.

큰눈 온 날 아침
부러져 나간 소나무를 보면 눈부시다

그들은 밤새 뭔가와 맞서다가
무참하게 꺾였거나
누군가에게 자신을 바치기 위하여
공손하게 몸을 내맡겼던 게 아닐까

조금씩 조금씩 쌓이는 눈의 무게를 받으며
더 이상 견딜 수 없는 시점에 이르기까지
나무는 무슨 생각을 했을까

저 빛나는 자해自害
혹은 아름다운 마감

나도 때로 그렇게

세상 밖으로 나가고 싶다

—이상국, 〈대결〉

눈보라 치는 밤 소나무는 아무도 모르게 사투를 벌이고 있었다. 기진맥진 모든 것 포기하고 무참히 꺾여 대자연의 섭리에 머리를 숙인다. 아름다운 것의 슬픔, 슬픈 것의 아름다움이 거기 있다. 소나무는 의연하게 서 있는 자세 그 자체로 사람들을 가르친다. 사람들은 소나무를 바라보는 것만으로도 마음이 커진다.

학교 뒷산 산책하다, 반성하는 사세로,

눈발 뒤집어쓴 소나무, 그 아래에서

오늘 나는 한 사람을 용서하고

내려왔다. 내가 내 품격을 위해서

너를 포기하는 것이 아닌,

너 있는 그대로 받아들이는 이것이

나를 이렇게 휘어지게 할지라도.

제 자세를 흐트리지 않고

이 지표地表 위에서 가장 기품 있는

건목建木; 소나무, 머리에 눈을 털며

잠시 진저리친다.

—황지우, 〈소나무에 대한 예배〉

금강송金剛松은 줄기가 곧고 가지가 위쪽에만 좁은 폭으로 뻗는다. 백두대간을 따라 강원도 금강군에서 경북 북부에 이르는 산악에서 자란다. 재질이 단단하고 결이 아름다우며 껍질이 얇다. 나이테가 조밀해 다듬기 쉽고 여간해서는 썩지 않아 문화재 복원에 쓰인다.

금강송이 얼마나 견실한지는 경복궁 근정전 보수 때 옛 주기둥 넷 가운데 금강송 기둥 하나만 온전했다는 사실이 보여준다. 나머지 전나무 기둥 셋은 모두 썩어 있었다. 1867년 대원군이 경복궁을 중건할 때 마땅한 소나무를 못 구해 강도가 한참 떨어지는 전나무를 써야 했기 때문이다.

궁궐 재목으로 쓸 만한 소나무가 드문 것은 지금도 마찬가지다. 불 타버린 숭례문 재목 구하기도 어려웠다. 그러던 차에 산림청이 숭례문에 쓸 만한 금강송 600여 그루를 찾아냈다고 한다. 문화재 복원용 목재 생산림 490ha, 12만 6천여 그루를 이 잡듯 뒤져 가슴 높이 지름이 60cm가 넘는 금강소나무를 발견했다.

… 강송剛松의 숲에서는 일체 잡념을 버려야 한다
오직 자연에의 외경畏敬 하나로 마음을 채우도록
강송을 본떠 허리를 편 다음 가슴을 열고 심호흡해야 한다
뿌리를 깊숙이 대지에 내렸기에 확고부동한 긍정의 자세와
찬미의 정성을 배워야 한다
온갖 협잡의 유혹을 물리치고 상승일념의 집중과 지속력
그 드높은 기개의 도덕성도 …

—박희진, 〈강송 찬미〉

금강소나무는 제 몸에 품은 지기地氣와 천기天氣로 숭례문의 끊긴 영혼을 치유할 것이다. 마음이 가난한 사람들에게 용기와 희망을 안겨줄 것이다.

2008.6.16

"죽음을 기억하라" Memento mori

관棺이 내렸다.
깊은 가슴 안에 밧줄로 달아 내리듯
주여
용납하소서
머리맡에 성경을 얹어주고
나는 옷자락에 흙을 받아
좌르르 하직했다.

그 후로
그를 꿈에서 만났다
턱이 긴 얼굴이 나를 돌아보고
형님!
불렀다.
오오냐. 나는 전신全身으로 대답했다.

그래도 그는 못 들었으리라.

이제

네 음성을

나만 듣는 여기는 눈과 비가 오는 세상.

너는 어디로 갔느냐

그 어질고 안쓰럽고 다정한 눈짓을 하고.

형님!

부르는 목소리는 들리는데

내 목소리는 미치지 못하는,

다만 여기는

열매가 떨어지면

툭 하는 소리가 들리는 세상.

—박목월, 〈하관 下棺〉

박목월이 동생을 잃은 지 1년쯤 지나 쓴 시다. 거기엔 아우에 대한 간절한 그리움과 함께 삶과 죽음 사이 아득한 거리가 있다. 이승에서 맺은 핏줄이 끊긴 아픔을 한동안 가라앉히고 나서야 시인은 아우의 죽음을 응시한다. 이승과 저승 사이 메울 수 없는 심연深淵을 보며 시인은 죽음을 실존적으로 받아들인다.

들길에 떠가는 담배연기처럼

내 그리움은 흩어져 갔네.

사랑하고 싶은 사람들은

많이 있었지만

멀리 놓고

나는 바라보기만

했었네.

······

사랑해 주고 싶은 사람들은

많이 있었지만

하늘은 너무 빨리

나를 손짓했네.

언제이던가

이 들길 지나갈 길손이여

그대의 소매 속

향기로운 바람 드나들거든

아퍼 못다 한

어느 사내의 숨결이라고

가벼운 눈인사나

보내다오.

—신동엽, 〈담배 연기처럼〉

신동엽의 시엔 종생終生의 예감이 번져 있다. 시인은 하늘의 손짓

을 느끼며 절실하게 뉘우친다. 가까운 사람들을 사랑하고 싶었지
만 그저 멀리서 바라보기만 했다고 토로한다. 죽음을 떠올리면 사
람들은 정직해진다. 주변을 돌아보게 된다. 숙연해진다. 새삼 남
은 날이라도 잘 살아야겠다고 맘먹는다.

　귀천歸天을 앞둔 시들엔 삶에 대한 회오悔悟뿐 아니라 죽음에 대
한 화해와 초월이 담겨 있다. "장마 걷힌 칠월 땡볕에/ 지렁이가
슬슬 세상을 잰다", "한평생 초야에 숨어 굴린 화두를/ 최후로 남
긴 한 행 절명시絶命詩 같다." 5년 전에 타계한 임영조는 암과 싸우
면서 쓴 〈화려한 오독誤讀〉에서 자신의 죽음을 지렁이에게서 보아
냈다.

　나 하늘로 돌아가리라
　새벽빛 와 닿으면 스러지는
　이슬 더불어 손에 손을 잡고

　나 하늘로 돌아가리라
　노을빛 함께 단 둘이서
　기슭에서 놀다가 구름 손짓하면은

　나 하늘로 돌아가리라
　아름다운 이 세상 소풍 끝내는 날
　가서, 아름다웠다고 말하리라

—천상병, 〈귀천歸天〉

〈귀천〉은 아마도 가장 아름다운 절명시일 것이다. 그의 천진함, 무심함, 자유로움에 가슴이 저릿해진다.

박정만의 마지막 시 〈종시終詩〉는 딱 두 줄이다. "나는 사라진다/ 저 광활한 우주 속으로".

조지훈의 〈낙화〉도 일종의 절명시로 읽힌다.

꽃이 지기로소니
바람을 탓하랴.

주렴 밖에 성긴 별이
하나 둘 스러지고

귀촉도 울음 뒤에
머언 산이 다가서다.

촛불을 꺼야 하리
꽃이 지는데

꽃 지는 그림자
뜰에 어리어

하이얀 미닫이가
우련 붉어라.

묻혀서 사는 이의

고운 마음을

아는 이 있을까

저어하노니

꽃이 지는 아침은

울고 싶어라.

— 조지훈, 〈낙화〉

때가 되면 꽃은 진다. 흔들지 않아도 지는 법이다. 그것이 운명이고 섭리인 것을 어찌 탓하랴. 조지훈은 꽃의 떨어짐을 담담하게 받아들인다. 집착 없이 사라지는 것의 아름다움을 본다.

"가야 할 때가 언제인가를/ 분명히 알고 가는 이의/ 뒷모습은 얼마나 아름다운가 …." 이형기의 〈낙화〉도 제때 미련 없이 떠나감을 찬미한다.

사람이 죽으면 혼魂은 하늘로 올라가고 백魄은 흙으로 돌아간다고 했다. 그래서 죽음을 귀토歸土라고도 했다. 스님들은 산길을 가다 무성하게 자란 율무를 보면 걸음을 멈추고 반야심경을 읊는다. 율무는 염주로 만들어 목에 걸고 다니다 60~70년이 지나도 싹이 튼다고 한다. 누군가 길에서 죽으면 시신은 썩고 걸고 있던 율무 염주가 싹을 틔워 자란다. 스님들은 길가 율무에서도 죽음을 보며 합장한다.

최상의 죽음은 예기치 않은 죽음, 별안간 맞는 죽음이라고들 말한다. 최악의 죽음은 오래 두고 두려워하며 버티는 죽음이다. 그러나 고통 없이 한순간에 죽기란 뜻대로 되는 일이 아니다. 그렇다면 차선次善은 기다리고 예비하는 죽음이다. 그래서 소인의 죽음은 사死라고 했고 군자의 죽음은 종終이라고 했다.

1955년 알버트 아인슈타인이 집에서 내출혈로 쓰러졌다. 그는 극심한 탈수와 통증에 시달리면서도 방문객에게 농담을 했다.

"그렇게 우울하게 보지 말아요. 누구나 죽게 마련이니까."

의사들이 출혈을 멈추는 수술을 권했지만 그는 거부했다.

"난 내가 가고 싶을 때 갈 거야. 우아하게 말이야."

그는 "의사들 도움 없이도 죽을 수 있다"며 진통제 주사도 맞지 않다가 병원으로 옮겨진 날 자정을 넘기자마자 숨졌다.

〈뉴욕 타임스〉가 미국에 '슬로 메디신'Slow medicine이 확산되고 있다고 보도했다. 연명延命 치료에 대한 집착을 버리고 품위 있는 죽음을 맞도록 돕는 운동이다. 이 단어를 만든 다트머스 의대 교수 데니스 매컬러는 말기 암 환자에 대한 무의미한 치료가 고통스런 삶의 연장에 불과하며 존엄하게 죽을 권리를 막는다고 했다.

이상적인 죽음은 편안한 마음으로 주변 정리를 끝내고 가족에게 짐을 지우지 않으면서 사랑하는 사람에 둘러싸여 가는 것이다. 그러나 한국인은 유달리 생에 대한 집착과 죽음에 대한 거부감이 강해 제대로 된 준비 없이 죽음을 맞는다.

말기 암 환자만 해도 서구에선 흔히 마지막 몇 달 동안 삶을 정

리하고 품위 있게 죽지만, 우리는 끝까지 항암제에 매달리다 혼수
상태에서 떠나는 예가 많다. 편안한 임종을 준비하며 사랑하는 사
람들과 함께 보내야 할 시간을 허비하고 만다.

　영혼의 머리카락까지 하얗게 센 듯싶은
　팔순의 어머니는

　뜰의 잡풀을 뽑으시다가
　마루의 먼지를 훔치시다가
　손주와 함께 찬밥을 물에 말아 잡수시다가
　먼 산을 넋을 놓고 바라보시다가

　무슨 노여움도 없이
　고만 죽어야지, 죽어야지
　습관처럼 말씀하시는 것을 듣는 것이
　이젠 섭섭지 않다.

　치매에 걸린 세상은
　죽음도 붕괴도 잊고 멈추지 못하는 기관차처럼
　죽음의 속도로
　어디론가 미친 듯이 달려가는데

　마른 풀처럼 시들며 기어이 돌아갈 때를 기억하시는

팔순 어머니의 총기聰氣!

—고진하, 〈어머니의 총기〉

공자는 "삶도 제대로 모르는데 죽음을 어찌 알랴"(未知生 焉知死)
라고 했다. 그러나 현대인에겐 라틴어 경구警句 "죽음을 기억하라"
Memento mori가 더 절실하다. 죽음은 누구나 맞는다. 악惡이나 벌罰이
아니라 오랜 여행 끝 귀향이다.

"죽음을 미워하고 싫어하는 것은 오랫동안 객지를 방랑하다 집
으로 돌아가기를 잊어버리는 것과 같다. 죽음은 고향으로 돌아가
는 것이다. 두려울 것도 싫어할 것도 없다."

—장자莊子

잘 죽기를 준비하면 삶도 용기 있고 겸손하며 평화로울 것이다.

2008.6.2

세상에서 가장 눈물 나는 이름 '어머니'

—세사 어머니를 이렇게 패는 눔이 어딨너

—돈 내놔, 나가면 될 거 아냐

연탄재 아무렇게나 버려진 좁은 골목 담벼락에다
아들이 어머니를 자꾸 밀어붙인다

—차라리 날 잡아먹어라 이눔아

누가 아들을 떼어내다가 연탄재 위에 쓰러뜨렸는데
어머니가 얼른 그 머리를 감싸안았습니다

가난하다는 것은 높다라는 뜻입니다

　　　　　　　　　　　　—이상국, 〈가난하다는 것은〉

돈 내놓으라며 어머니를 때리는 아들을 보다 못해 누군가 이 패륜아를 쓰러뜨렸다. 어머니는 그 아들이 행여 얻어맞을까 얼른 가로막고 감싸 안는다. 세상이 아무리 거칠고 가난해도 어머니 마음만은 가난하지 않다. 유대 금언집《탈무드》에 "신은 모든 곳에 있을 수 없어서 어머니를 보냈다"고 했다. 아무도 이 말이 지나치다고 하지 않을 것이다. 어머니의 무조건 무한정한 사랑은 인간에 기울이는 신의 사랑과 닮았다.

어머니는 삶의 근원이자 안식처다. 그 이름 되뇌기만 해도 가슴이 따뜻해진다. 두어 해 전 영국문화원이 영어를 쓰지 않는 102개 나라, 4만여 명에게 '가장 아름다운 영어 단어'를 고르라고 했다. 1위는 단연 'Mother'(어머니)였다.

늘 배고픔과 죽음이 곁에 따라다니던 시절, 갖은 비바람 폭풍우를 한 몸으로 다 받아내며 자식들을 키워낸 우리네 어머니들은 더 말할 나위 없다. 이제 어머니가 되고 아버지가 된 이 땅의 아들딸들에게 '어머니'는 한恨과 울음 섞인 아름다움이다. 그 이름 떠올리기만 해도 가슴이 젖는다.

진주장터 생어물전에는
바다 밑이 깔리는 해 다진 어스름을,
울엄매의 장사 끝에 남은 고기 몇 마리의
빛 발하는 눈깔들이 속절없이
은전銀錢만큼 손 안 닿는 한恨이던가
울엄매야 울 엄마.

별빛은 또 그리 멀리
우리 오누이의 머리 맞댄 골방 안 되어
손 시리게 떨던가 손 시리게 떨던가.

진주 남강 맑다 해도
오명가명
신새벽이나 밤빛에 보는 것을,
울엄매의 마음은 어떠했을꼬,
달빛 받은 옹기전의 옹기들 같이
말없이 글썽이고 반짝이던 것인가.

—박재삼, 〈추억에서 67〉

광복 전후해 삼천포 살던 박재삼의 어머니는 생선 장사로 남매를
키웠다. 신새벽 생선을 이고 진주 장터로 나섰다가 달빛 속에 돌
아오곤 했다. 어머니는 물빛 맑은 남강 풍광 한번 곁눈질 할 겨를
도 없었다. 시인은 못 다 판 고기들의 눈빛에서 고달프고 서글펐
지만 강인했던 어머니를 추억했다.

어머니 몸에선
언제나 생선 비린내가 났다
등록금 봉투에서도 났다
포마드 향내를 풍기는 선생님 책상 위에
어머니의 눅눅한 돈이 든 봉투를 올려놓고

얼굴이 빨개져서 돌아왔다
밤늦게 녹초가 된 어머니 곁에 누우면
살아서 튀어오르는 싱싱한 갯비린내가
우리 육남매
홑이불이 되어 덮였다

— 이경, 〈어머니〉

1960년대 어린 자식은 생선장수 어머니가 부끄러웠다. 그러나 어머니는 끼니 대기도 힘든 살림에서 용케 자식들 등록금만은 맞춰주셨다. 자식 공부만은 포기하지 않으셨다. 어머니 몸에서 났던 생선 비린내는 육남매 평생의 힘이었다.

어머니 억척이 그 시절만 못할 리 없다. 서울 오신 어머니가 온몸이 쑤시는데도 기어이 내려가겠다 하신다. 두고 온 밭의 들깨며 무며 배추가 빨리 손봐달라고 보채기 때문이라신다.

암시랑토 않다. 니얼 내려갈란다. 내 몸은 나가 더 잘 안다. 이거는 병이 아녀. 내리오라는 신호제. 암먼, 신호여. 왜 나가 요새 어깨가 욱씬욱씬 쑤신다고 잘허제? 고거는 말이여, 마늘 눈이 깨어나는 거여. 고놈이 뿌릴 내리고 짚으면 꼭 고로코롬 못된 짓거리를 헌단다. 온 삭신이 저리고 아픈 것은 참깨, 들깨 짓이여. 고놈들이 온몸을 두들김서 돌아댕기는 것이제. 가심이 뭣이 얹힌 것맹키로 답답헌 것은 무시나 배추가 누르기 땜시 그려 … 이놈들이 한테 모여 거름 달라고 보채는 거여 … 나가 여그 있다가 집에

내려가잖냐. 흙 냄새만 맡아도 통증이 싹 사라져뿐진다 … 어매
편히 모시겠다는 말은 당최 꺼내지도 마라. 너그 어매 죽으라는
소린게로. 알겄제?

—정우영, 〈밭〉

의왕 화장품 용기공장에서 불이 나 야간 일을 하던 60대 할머니
여섯 분이 참변을 당했다. 쉬는 날도 없이 하루 열두 시간씩 일하
고 한 달 60만 원도 채 못 쥐는 벌이였다. 할머니 대부분은 영세
공장에서 밤늦도록 일해야 할 만큼 형편이 나쁘지는 않았다 한다.
자식들이 말려도 "짐 되기 싫다", "내 약값 내가 벌겠다", "손주
과외비 벌어보겠다"고 나섰다.

　30대 외아들은 어머니가 아들 이름으로 적금통장 들어놓은 것을
알고 통곡했다. 손주 보험을 몰래 들어둔 할머니도 있었다. 거미는
새끼들을 기르다 마지막엔 제 몸까지 기꺼이 새끼의 겨울 양식으로
바친다. 기력 있는 한 자식 생각, 손주 사랑에 궂은일 마다 않은 어
머니들이다. 제 몸 태워 바치는 소신공양燒身供養이 따로 없다.

　어머니는 "열매/ 다 털리고/ 푸르던 살과 뼈/ 차근차근 내어주
고/ … 가지마다 저 까만 젖꼭지"(김형오, 〈까치밥〉)다.

　"시조부모 시부모살이/ 남편살이/ 여든 다 되시도록 자식들 내
외살이까지" 온갖 것 다 받아낸 "창녕 우포늪 연꽃/ 넓은 멍석잎"
(김일태, 〈우포늪〉)이다.

　"무덤에 누워서도 자식 걱정에/ 마른 풀이 자라는/ 어머니"(민
영, 〈봉숭아꽃〉)다.

꽃은 피었다

말없이 지는데

솔바람은 불었다가

간간이 끊어지는데

맨발로 살며시

운주사 산등성이에 누워 계시는

와불님의 팔을 베고

겨드랑이에 누워

푸른 하늘을 바라본다

엄마 …

—정채봉, 〈엄마〉

어머니 품 같은 운주사 와불臥佛, 그 겨드랑이를 파고들며 시인은 일찍 잃은 어머니를 불러본다. 시인이 말도 배우기 전에 돌아가신 어머니지만 늘 불렀던 것 같은 이름 엄마. 아무리 나이 들어도 그 이름은 가슴속에서 스스럼없이 나온다.

문단의 큰 별, 박경리 선생이 떠났다. 그 스스로가 원주 토지문화관에서 수백 문인 예술가들 밥상을 차려주며 뒷바라지 해온 문단의 어머니였다. 그런 선생이 한 달 전 세상에 남긴 마지막 작품이 시 〈어머니〉다.

어머니 생전에 불효막심했던 나는

사별 후 삼십여 년
꿈 속에서 어머니를 찾아 헤매었다

고향 옛집을 찾아가기도 하고
서울 살았을 때의 동네를 찾아가기도 하고
피난 가서 하룻밤을 묵었던
관악산 절간을 찾아가기도 하고
어떤 때는 전혀 알지 못할 곳을
애타게 찾아 헤매기도 했다

언제나 그 꿈길은
황량하고 삭막하고 아득했다
그러나 한 번도 어머니를 만난 적이 없다

꿈에서 깨면
아아 어머니는 돌아가셨지
그 사실이 얼마나 절실한지
마치 생살이 찢겨나가는 듯했다

불효막심했던 나의 회한
불효막심의 형벌로써
이렇게 나를 사로잡아 놓아주지도 않고
꿈을 꾸게 하나 보다

―박경리, 〈어머니〉

선생은 사별 30년이 넘도록 어머니를 찾아 헤맨다. 어머니에 대한 불효의 짐을 이제는 내려놓고 싶어한다. 죽음을 앞두고 어머니로 생을 정리하고 화해하려 한다.

나는 어머님의 심부름으로 이 세상에 나왔다가
이제 어머님 심부름 다 마치고
어머니께 돌아왔습니다.

—조병화, 〈꿈의 귀향〉

시인이 자신의 묘비에 새길 글로 지어뒀다는 시다.

어머니는 육신의 발원, 마음의 고향, 삶의 등불, 안식처이자 귀착지다. 인생은 어머니에게서 시작해 어머니에게로 돌아가는 것인가 보다.

2008.5.19

우주를 품은 김치

베트남전에 나간 한국군에게 미군 전투식량 C-레이션은 악몽이
었다. 푹푹 찌는 정글에서 하고한 날 밍밍하고 느끼한 C-레이션
만 먹다 진이 빠졌다. 파월 첫해가 다 가던 1965년 말, 베트남 쌀
'안남미'와 된장이 보급돼 그나마 입맛을 달래줬다. 채명신 주월
^{駐越} 한국군 사령관이 "우리는 쌀밥에 된장국을 먹어야 전투를 할
수 있다"며 웨스트모얼랜드 미군 사령관을 설득했다고 한다.

   병사들은 경기관총 LMG의 탄약통에 쌀을 안치고 나뭇가지나
C-레이션 종이상자를 때 밥을 지었다. 비 오는 날이면 가설형 지
뢰 '크레모아'(클레이모어)에서 흰떡처럼 생긴 폭약을 떼내 땔감
으로 썼다. 탄통 뚜껑을 밀착시키는 고무 '바킹'(패킹)을 떼지 않
은 채 밥을 하다 탄통이 터지기 일쑤였다. 그래도 느글거리는 속
을 시원히 가라앉힐 김치는 구경할 수 없었다.

   1967년 박정희 대통령은 존슨 대통령에게 간곡한 '김치 친서'
를 보냈다.

"한국 사람이라면 누구나 매일 매식 빼놓을 수 없는 고유의 전통 부식 김치만이라도 하루바삐 베트남에 있는 우리 군인들이 먹을 수 있게만 해도 사기는 훨씬 앙양될 것으로 믿는다."

존슨은 국방장관에게 김치를 한국군 전투식량에 포함시키라고 지시했다. 우리 정부가 의뢰해 아홉 달 전부터 김치통조림을 개발해온 한국종합식품상사가 생산을 시작했다.

하와이 미군 군납식품검사소에 보낸 시제품 깡통에 녹이 슬어 두 차례 퇴짜맞은 끝에 김치는 베트남에 상륙했다. 한국형 C-레이션, 'K-레이션'의 출발이다. 통조림 기술이 시원찮아 시큼하게 익어버리긴 했어도 그 김치 덕에 우리 젊은이들은 기운을 추슬렀다.

우리 피붙이들끼리는
생리적으로 내통되는 입맛이었구나

눈물겹도록 고집스런 체질이 증명해주는
밥 반찬 이상의 으뜸 음식이었구나

너무나 혈연적인 천륜天倫 관계였구나

차라리 식욕을 앞지르는
높으나 높은 정신이었구나.

—유안진, 〈김치〉

존슨이 박정희의 '김치 친서'를 받아들인 것은 김치 맛을 알아서가 아니라 한국 국가원수의 절절한 호소에 마음이 움직였기 때문일 것이다. 요즘엔 김치에 푹 빠져 김치 없이 못 산다는 외국인도 많지만 사실 우리네 김치엔 그들이 결코 알 수 없는 맛이 있다. 혀에 앞서 가슴으로 느끼는 맛이다. 우리에게 김치는 반찬이기 앞서 피로 통하는 인연이다.

질가마 좋이 씻고 바위 아래 샘물 길어
팥죽 달게 쑤고 저리지 이끄어 내니
세상이 이 두 맛이야 남이 알까 하노라.
—김광욱, 〈율리유곡栗里遺曲 2〉

*질가마=흙으로 구워 만든 가마솥, 좋이=깨끗이, 저리지=절이 김치, 이끄어=이끌어

17세기 조선 선조 때 문신 김광욱이 만년에 낙향해 자연 속에서 청빈한 삶을 살며 지은 시조 14수 가운데 하나다. 팥죽 쑤고 절인 김치 꺼내 먹으니 이 맛을 누가 알겠느냐고 찬미한다.

　박용숙 선생은 '한국의 미학사상'에서 "김치는 단순히 일상 식품으로서가 아니라 장독과 메주처럼 신앙의 대상, 신주神主가 된다"고 썼다. 그래서 장독, 김칫독을 신줏단지라고 불렀다. 장독대는 여름의 신주, 김칫독은 겨울의 신주라 했다.

　매일같이 먹는 김치에는 음식이 섞여 든다.
　생선도 고기도 적량適量껏 들어가 있으니

음식의 백화점이 따로이 없다.

아무리 먹어도 만복滿腹도 안 된다.
대륙을 통째로 자셔도 이렇게는
자양분이 적량適量이 되지 않겠다.

식물도 풀과 이파리니 전체나 마찬가지다.
맛도 미미천만美味千萬이니 딴것과 바꾸지 못한다.
우리 백의민족이 시골뜨기가 아니라는
증일證壹이다.

—천상병, 〈친구 3 : 김치〉

가난한 시인 천상병에게 김치는 친구였다. 그는 신경림이 소주를
사오면 김관식과 둘러앉아 딱 김치 하나만을 안주로 삼아 마시곤
했다고 한다.
　오세영은 김치에서 혼魂과 높은 정신적 경지를 보아냈다.

김치이고 싶다.
하얀 이밥에
고깃국이라는 말도 있지만
이 나라 산천 구석구석
김치 없는 밥상이 어디 있으랴.

©어태진

모든 입맛을 포용할 줄 알아 그렇다.

짜고 매운 놈, 싱겁고 맹한 놈,

역한 놈,

어느 하나 구별 없이 한데 거두는

그 사랑

참고 기다릴 줄을 알아 그렇다.

너무 조급해서도 안 된다.

너무 늦어서도 안 된다.

혹독한 추위를 견디며 홀로 독 안에서

자신을 극기 할 수 있는

그 예지

남을 위해 자신을 공양할 줄 알아서 그렇다.

소금에 절이고 고춧가루에 상하고 마늘에

풀죽어

고스란히 자신의 육신을 바칠 수 있는

그 헌신

김장하는 아내의 손에

파아란 배추 한 통 들려 있다

올 겨울

우리의 가슴들을 먹여 살릴

그 순한 목숨들

고기는 없어도,
김치 없이는 한 술 밥을 뜨지 못하는
이 나라 어린 백성의 마음인들 또
어디로 가겠느냐

김치이고 싶다

—오세영, 〈김치 2〉

김치가 남녀노소, 빈부귀천 막론하고 모든 입맛을 끌어안는 건 넓은 사랑이다. 깊은 맛이 들도록 온 겨울을 참고 기다리는 건 인내다. 맵고 짠 염장에 몸을 내바치는 건 헌신이다. 김치는 인간의 마음까지 고양시키는 양식이다.

　그 김치가 우주로 갔다. 우리 연구진이 개발한 특수 캔에 담겨 한국 우주인 1호 이소연 씨가 국제우주정거장에 차린 한식 만찬에 올랐다. 캔에 깔린 패드가 김칫국물을 빨아들여 촉촉한 김치 맛을 그대로 즐길 수 있었다고 한다. 연구진은 김치 고유 맛을 유지하면서 방사선으로 박테리아를 없애는 방법을 개발했고 냄새도 크게 줄여 우주식품으로 공식 인증을 받았다.

　〈뉴욕 타임스〉도 '우주의 김치 파티'에 주목했다.

　"한국 연구팀이 발효를 한 달쯤 늦추는 방법을 개발해 김치 수출의 최대 난제였던 짧은 저장수명을 늘릴 길이 열렸다. 우주 김치는 김치의 세계화에도 기여하게 될 것이다."

그러면서 〈뉴욕 타임스〉는 '김치 친서' 이야기를 기억해냈다. "박정희가 존슨에게 특별히 부탁해 주베트남 장병에게 김치를 제공했을 만큼 한국인들과 뗄 수 없는 관계인 김치가 우주를 정복하게 됐다"고 했다.

'김치 레이션'은 1970년 미 상원 '사이밍턴 청문회'에서 모독을 당했다. 사이밍턴 의원은 미국 정부가 한국군의 베트남전 복무수당을 너무 많이 준다며 "한국군에게 썩은 채소를 먹이느라 국고를 낭비하느냐"고 공격했다. 그는 최고의 발효음식 김치를 썩은 음식으로 알았다. 김치에 담긴 진짜 맛이 '마음'이요 '정情'이라는 것은 죽었다 깨어나도 알 리 없었다.

혼자 사는 게 안타깝다고

반찬이 강을 건너왔네
당신 마음이 그 그릇이 되어
햇살처럼 강을 건너왔네

김치보다 먼저 익은
당신 마음
한 상

마음이 마음을 먹는 저녁

─함민복, 〈만찬〉

강화도 오두막집에 살던 시인에게 어머니가 김치를 해 오셨다. 아들이 장가도 안 가고 혼자 사는 게 안쓰러웠을 것이다. 그렇게 애틋한 사랑이 김치엔 잘 익어 있다. 김치보다 더 풍요로운 만찬이 있을까.

2008.4.29

과속하는 문명의 공포
로드 킬 Road Kill

다큐 영화 〈어느 날 그 길에서〉가 개봉했다. 10년 가까이 이 땅 야
생동물의 삶과 죽음을 카메라에 담아온 황윤 감독의 세 번째 작
품이다. 그는 지리산을 둘러싼 88고속도로와 19번 산업도로, 섬
진강변 2차선 도로 세 곳에서 '로드킬'Road Kill을 연구하는 사람들
이야기를 담았다. 로드킬이란 차에 치여 죽는 동물, 또는 그렇게
죽는 것을 말한다.

　2년 반 사이 다 합쳐 길이가 120km에 이르는 도로에서 발견
된 로드킬은 5,769건이나 됐다. 뱀·개구리처럼 작고 느린 동물도,
삵·고라니같이 날랜 동물도, 심지어 몸 가벼운 새들도 처참한 죽
음을 맞았다. 그중엔 '팔팔이'로 불린 삵도 있다. 88고속도로에서
죽어가던 팔팔이는 연구진의 극진한 보살핌을 받아 회생했었다.
추적장치를 목에 달고 야생으로 돌아간 팔팔이는 이내 도로 위
주검으로 발견됐다.

어미를 따라 잡힌

어린 게 한 마리

큰 게들이 새끼줄에 묶여

거품을 뿜으며 헛발질할 때

게장수의 구럭을 빠져 나와

옆으로 옆으로 아스팔트를 기어간다

개펄에서 숨바꼭질하던 시절

바다의 자유는 어디 있을까

눈을 세워 사방을 두리번거리다

달려오는 군용 트럭에 깔려

길바닥에 터져 죽는다

먼지 속에 썩어가는 어린 게의 시체

아무도 보지 않는 찬란한 빛

—김광규, 〈어린 게의 죽음〉

개펄에 있어야 할 게가 얄궂게도 아스팔트에서 깔려 죽는다. 도로
는 뭇 생명의 무덤이다. 아스팔트는 무의미한 반反문명 공간이다.
도로들은 국토를 바둑판처럼 가르며 산허리를 끊어놓고 생태계
를 찢어발겼다.

　시인 이문재는 "이 땅이 직선과 수평 숭배에 빠져 있다"고 했다.

"낡고 좁고 굽은 길 다 곧게 폈다. 터널과 다리가 길의 높낮이를 없앴다. 길은 없고 도로만 있다. 도로 위에 사람은 없고 운전자만 있다. 도로에는 생명은 없고 자동차만 있다."

야생동물만이 아니다. 기르던 개 고양이들, 버려진 애완동물들이 도시를 헤매다 길바닥에서 죽어간다. 과속하는 현대 물질문명에 납작하게 뭉개진 고양이의 주검이 시인의 눈엔 봄날 망가진 외출복이었다. 잔인한 4월의 풍경이다.

양지말 앞산에서 숨 고르던
3월의 귀에 들린 것은
언덕 아래로 살금살금 굴러가는
바람 소리?

그러나 꽃 접던 4월이 본 것은
국도 한가운데 널브러져 있는
죽은 고양이의
저 망가진 외출복!

—이창기, 〈봄과 고양이〉

어느 시인이 자유로를 오가며 로드킬을 본다. 차에 치여 죽은 짐승들이 며칠씩 깔리고 깔리다 가루로 날린다. 다른 곳에서 죽었으면 썩어 다시 흙으로 돌아갔을 텐데. 그는 그걸 '풍장'風葬이라고 했다.

강가에 물고기 잡으러 가던 고양이를 친 트럭은

놀라서 엉덩이를 약간 씰룩거렸지만

아무렇지도 않게 북으로 질주한다

숲으로 가던 토끼는 차 바퀴가 몸 위를 지나갈 때마다

작아지고 작아져서 공기가 되어가고 있다

흰구름이 토끼 모양을 만들었다

짐승들의 장례식이 이렇게 바뀌었구나

긴 차량행렬이 곧 조문행렬이었다

시체를 밟지 않으려고 조심해도 소용없다

자동차가 질주할 때마다 태어나는 바람이

고양이와 토끼와 개의 몸을 조금씩 갉아먹는다

고양이와 토끼와 개의 가족들은 멀리서 바라볼 뿐

시체라도 거두려 가다간 줄초상 난다

장례식은 쉬 끝나지 않는다

며칠이고 자유로를 뒹굴면서

살점을 하나하나 내던지는 고양이 아닌 고양이

개 아닌 개 토끼 아닌 토끼인 채로 하루하루

하루하루 석양만이 얼굴을 붉히며 운다

......

출판단지 진입로에서도

살쾡이의 풍장이 열 하루째 진행되고 있다

   —차창룡, 〈기러기의 뱃속에서 날알과 지렁이가 섞이고 있을 때〉

대구 〈매일신문〉에 한 무리 개들의 모습이 연이은 다섯 컷 사진으로 실린 적이 있다. 사진에서 개들은 친구의 '풍장'을 그냥 보고만 있지 않았다. 대구 달성군 마을 앞길을 개들이 건너다 한 마리가 화물차에 치였다. 뒤따르던 개가 깨워 보지만 움직이지 않는다. 개는 화가 치민 듯 지나는 차에 달려들어 범퍼를 물어뜯으려한다. 개들은 길 복판 친구의 주검 곁에 버티고 서서 지킨다. 그러다 비슷한 트럭이 지나갈 때마다 쫓아가며 매섭게 짖어댄다.

이 동네는 영세 공장이 밀집해 이사가 잦고 그래서 버리고 간개들이 많다고 했다. 시커멓게 먼지에 찌든 행색으로 보아 사진속 개들도 버림받아 헤매고 있었을 것이다. 그래도 개들은 눈망울을 초롱초롱 빛내며 마치 '의리'라도 알듯 친구를 애도하고 '내친구 살려내라'는 것처럼 항의했다. 그 모습이 처음엔 신통하다싶더니 볼수록 짠했다. 달성 개들의 몸짓은 한 해 5만 5천 마리씩개를 버리는 매몰찬 인간들에 대한 분노로 비쳤다.

야간 아홉 시, 46번 국도
찢어져 스러졌지만
개의 주검은 초연하였다
더 이상 그는 귀를 쫑긋거리지 않는다

쫓김은 끝이 났다
물끄러미 바라보는 배고픔도
걱정스레 주저하는 믿음도

ⓒ 오태진

공포에 담겨진 눈빛도

주인에게 버림 당한 싫은 기억도

이제는 끝이 나고 있다

그의 체온은 멀리 피어나는 하얀 달빛처럼

모락모락 산화하고 있다

드디어

하나 남은 마지막 기지개로

바르르 몸을 떨었다 …

—이경석, 〈야간 아홉 시, 46번 국도 : 로드킬〉

노벨상을 받은 오스트리아 동물행동학자 콘라트 로렌츠는 애정을 기울여 다양한 개를 키우며 연구했다. 그가 기르던 셰퍼드가 영하 20도 한겨울 도나우강에서 얼음을 지치다 물에 빠졌다. 그는 개를 살리려고 앞뒤 없이 얼음판을 기어가다가 얼음이 꺼지면서 함께 빠졌다. 둘은 한참을 떠내려가다 겨우 발 디딜 곳을 찾아 살아났다. 그는 "한 인간이 개와 우정을 맺는다는 것은 그 개를 잘 돌본다는 도덕적 의무를 지는 것"이라고 했다.

인간은 개와 맺은 우정을 배신하고 그걸로도 모자라 도처 질주 지옥에서 그 우정을 역살轢殺하고 만다.

햇빛의 세례 무진장한 그날

교외 국도길 모처럼 걷는데

계속 아른아른 눈을 찔러오는 게 있었다
검은 아스팔트 한가운데서 아른아른
멀리서도 색색 눈부신 것이
혹 실크 스카프?

누가 버렸나 날렸나
흘렸나 떨어뜨렸나
누가 길게 하느작이는 약속 시간을
저토록 날염이 아름다운 꽃피는 외출을
아스팔트 바닥에 박아 놓았나

……

줍지 못한 실크 스카프

……

손대지 못한 명품 실크 스카프
껍질조차 녹여내고
무늬만으로도 눈부신 생이 호올로
검은 길바닥의 화염 정적 먹으며
모래사막으로 돌아가고 있었다

—이진명, 〈줍지 못한 실크 스카프〉

이 여류시인은 로드킬의 살풍경을 뜻밖에 아름답게 그렸다. 달리
는 차 안이었다면 스쳐갔을 장면을, 모처럼 느긋하게 걷고 있었기

에 그렇게 잡아냈을 것이다. 저토록 날염 아름다운 명품 실크 스카프는 길을 잘못 든 뱀이다. 뱀은 온몸 던져주고 무늬만 눈부시게 남았다. 고요히 사막으로 돌아가면서 질주의 끝은 정적과 공허라고 말한다.

생명들은 로드킬로 스러져가며 인간에게 이른다. 폭주하는 문명에 결국 치여 죽고 마는 건 바로 인간이라고.

2008.4.21

마음이 고플 때는
국수가 먹고 싶다

25년쯤 됐을까, 기자 초년병 시절 청백리清白吏상을 받은 차관급 퇴직 공직자 집에 찾아간 일이 있다. 이 전직 감사위원 집은 세검정 산비탈에 지은 지 20년 된 국민주택이었다. 인터뷰가 끝나고 마침 점심때라 주인은 "우리 가족이 항시 먹는 점심이니 맛없는 음식이라도 함께하자"며 아내에게 점심상을 내오게 했다. 자그만 밥상 위에 오른 것은 말갛게 비치는 국물에 띄운 국수와 김치 한 보시기가 전부였다. 그 청백清白 국수 한 사발이 노老부부의 맑고 곧은 일생을 고스란히 말하고 있었다.

　하루 일 끝마치고
　황혼 속에 마주 앉은 일일노동자
　그대 앞에 막 나온 국수 한 사발
　그 김 모락모락 말아 올릴 때
　남도 해지는 마을

저녁연기 하늘에 드높이 올리듯
두 손으로 국수사발 들어올릴 때

무량하여라
청빈한 밥그릇의 고요함이여
단순한 순명의 너그러움이여
탁배기 한잔에 어스름이 살을 풀고
목 메인 달빛이 문 앞에 드넓다
　　　　—고정희, 〈그대가 두 손으로 국수사발을 들어올릴 때〉

국수는 주식主食도 아니고 잘나지도 않았으며 입맛을 요란하게 들
쑤시지도 않는다. 가난하고 수더분하다. 그러나 국수 사발엔 결
코 얕지 않은 삶의 깊이가 있다. 하루 밥벌이를 마치고 이 소박한
먹을거리로 노곤한 심신을 축이는 노동자들 모습엔 청빈淸貧과 순
명順命이 있다. 노동의 숭고함이 있다. 욕심 없는 삶에서 국수는 어
떤 화려한 요리보다 달고 맛있다.

　전남 담양 관방천변엔 국숫집들이 아름드리 나무 그늘에 대나
무 평상을 늘어놓고 국수를 판다. 관방천 물길과 함께 가는 아름
다운 숲길 풍광도 일품이지만 무엇보다 싸고 맛있는 국수에 꾸밈
없는 인정이 한가득이다. 입소문 듣고 먼 길을 온 외지인도 많다.
둘러앉아 호로록 호로록 국수를 빨아먹는 동안엔 모르는 이들이
라도 이미 남이 아니다. 한가족이다. 국수는 위안의 음식이자 소
통의 음식, 교감의 음식이다.

평상이 있는 국수집에 갔다

붐비는 국수집은 삼거리 슈퍼 같다

평상에 마주 앉은 사람들

세월 넘어온 친정오빠를 서로 만난 것 같다

국수가 찬물에 헹궈져 건져 올려지는 동안

쯧쯧쯧쯧 쯧쯧쯧쯧,

손이 손을 잡는 말

눈이 눈을 쓸어주는 말

병실에서 온 사람도 있다

식당일을 손놓고 온 사람도 있다

사람들은 평상에만 마주 앉아도

마주 앉은 사람보다 먼저 더 서럽다

세상에 이런 짧은 말이 있어서

세상에 이런 깊은 말이 있어서

국수가 찬물에 헹궈져 건져 올려지는 동안

쯧쯧쯧쯧 쯧쯧쯧쯧,

큰 푸조나무 아래 우리는

모처럼 평상에 마주 앉아서

—문태준, 〈평상이 있는 국수집〉

모르는 사람끼리 둘러앉아 국수 나오기를 기다리며 서로 안부를
묻는다. 혀를 차며 걱정해준다. 살갑게 보듬는다. 국수를 먹으러
왔다는 것, 그것만으로도 사람들은 친해졌다.

서울 용산 삼각지 뒷골목 '옛집'은 탁자 넷 놓인 허름한 국숫집이다. 할머니가 30년을 한결같이 연탄불로 뭉근하게 우려낸 멸치국물에 국수를 말아낸다. 10년 넘게 값을 2천 원에 묶어놓았다가 얼마 전에야 2천 5백 원으로 올렸다. 그래도 면은 얼마든 더 부어준다. 연전에 이 집이 SBS TV에 소개된 뒤 나이 지긋한 남자가 담당 PD에게 전화를 걸어 다짜고짜 "감사합니다"를 연발했다.

사내는 15년 전 사기를 당해 재산을 들어먹고 아내까지 떠나버렸다. 용산역 앞을 배회하던 그는 식당들을 찾아다니며 한끼를 구걸했다. 음식점마다 쫓겨나기를 거듭하면서 사내는 독이 올랐다. 휘발유를 뿌려 불질러 버리겠다고 맘먹었다. 할머니네 국숫집까지 가게 된 사내는 자리부터 차지하고 앉았다. 나온 국수를 허겁지겁 먹자 할머니가 그릇을 빼앗았다. 그러더니 국수와 국물을 그릇 가득 다시 내줬다.

두 그릇치를 퍼 넣고 그는 냅다 도망쳤다. 할머니가 쫓아 나오면서 뒤에 대고 소리쳤다.

"그냥 가, 뛰지 마. 다쳐!"

그 한마디에 사내는 세상에 품은 증오를 버렸다. 파라과이로 이민 가서 꽤 큰 장사를 벌인다고 했다. 국수 그릇에 담긴 사랑은 가스불처럼 화르르 타오르고 마는 것이 아니라 연탄불처럼 은근 뭉근하고 깊다.

접시 귀에 소기름이나 소뿔등잔에 아즈까리 기름을 켜는 마을에
서는 겨울밤 개 짖는 소리가 반가웁다

이 무서운 밤을 아래웃방성 마을 돌아다니는 사람은 있어 개는
짖는다

낮배 어니메 치코에 꿩이라도 걸려서 산너머 국수집에 국수를 받
으러 가는 사람이 있어도 개는 짖는다

김치가재미선 동치미가 유별히 맛나게 익는 밤

아베가 밤참 국수를 받으러 가면 나는 큰마니의 돋보기를 쓰고
앉어 개 짖는 소리를 들을 것이다

—백석, 〈개〉

*아래웃방성=크게 외치는 소리, 어니메=어디, 치코=올가미, 김치가재미=김치가 얼지
않게 쳐둔 움막, 큰마니=할머니

날도 춥고 인적도 끊긴 유년의 겨울밤은 으슥하고 무서웠다. 어둠
을 가르고 들려오는 개 짖는 소리가 그렇게 반가울 수가 없다. 더
욱이 아버지는 밤참으로 냉면을 받으러 나서신다. 이제 겨울밤은
더없이 훈훈하고 넉넉하다. 백석은 음식 시詩의 명편 〈국수〉뿐 아
니라 여러 시에서 고향 평북의 냉면을 찬미하고 그리워했다. 그에
게 국수는 푸근한 고향이고 설레는 동심이었다. 특별한 정신적 가
치를 지닌 음식이었다.

거리에는 모밀내가 났다

부처를 위하는 정갈한 노친네의 내음새 같은 모밀내가 났다

어쩐지 향산香山 부처님이 가까웁다는 거린데
국수집에서는 농짝 같은 도야지를 잡어 걸고 국수에 치는 도야지
고기는 돗바늘 같은 털이 드문드문 백였다
나는 이 털도 안 뽑은 도야지 고기를 물구러미 바라보며
또 털도 안 뽑은 고기를 시꺼면 맨모밀국수에 얹어서 한입에 꿀
꺽 삼키는 사람들을 바라보며
나는 문득 가슴에 뜨끈한 것을 느끼며
소수림왕을 생각한다 광개토대왕을 생각한다

—백석, 〈북신北新〉

백석은 평북 북부 낯선 거리를 가다 반가운 냄새를 맡는다. 메밀
냄새다. 끌리듯 들어선 국수가게에서 투박하고 야생적인 토속음
식 국수를 삼켜 넣는 그곳 사람들 모습에서 고향의 숨결과 민족
의 정신, 원형적 삶의 풍경을 느낀다. 서민의 삶에 뿌리 내린 국
수, 그 소박한 미각엔 우리네 그윽한 삶의 정취가 담겨 있다.

소외와 결핍에 메마른 일상을 살다 사람들은 불현듯 끈끈한 무
언가를 그리워한다. 국수를 먹는 것은 고향에 가는 것, 옛 고향집
에서 어머니의 손맛을 누리는 것이다.

얼마 전 용인 어느 잔치국수 집에 갔다 깜짝 놀랐다. 늦은 점심
시간인데도 기다리는 사람이 너무 많아 허탕을 쳤다. 더 늦은 시
간에 다시 찾아간 날도 겨우 자리 차지를 했다. 국수 맛은 뜻밖에

평범했다. 국수 한 그릇 먹겠다고 긴 줄을 서면서 사람들은 무슨 생각을 하고 있었을까.

국수는 저마다 무의식적 자아와 연결돼 있는 음식이다. 국수 국물의 멸치향은 어린 시절 고향 냄새다. 그래서 우리는 삶이 허기질 때 문득문득 국수가 생각난다.

사는 일은 밥처럼 물리지 않는 것이라지만
때로는 허름한 식당에서
어머니 같은 여자가 끓여주는
국수가 먹고 싶다
삶의 모서리에서 마음을 다치고
길거리에 나서면
고향 장거리 길로
소 팔고 돌아 오듯
뒷모습이 허전한 사람들과
국수가 먹고 싶다

세상은 큰 잔칫집 같아도
어느 곳에선가
늘 울고 싶은 사람들이 있어

문들은 닫히고
어둠이 허기 같은 저녁

눈물 자국 때문에

속이 훤히 들여다 보이는 사람들과

국수가 먹고 싶다

―이상국, 〈국수가 먹고 싶다〉

2008.4.7

꽃 배달 왔습니다

지난 겨울 늦추위가 질겼다. 겨울 속 봄인지, 봄 속 겨울인지 우수 지나 경칩 오도록 영하 추위가 쉬 물러가려 하지 않았다. 그래도 봄이 보내는 신호를 일찌감치 감지하는 것이 혀, 미각이다.

오늘 나의 밥상에는
냉이국 한 그릇.
풋나물무침에
신태新苔.
미나리김치.
투박한 보시기에 끓는 장찌개.

실보다 가는 목숨이 타고난 복록福祿을.
가난한 자의 성찬盛饌을.
묵도默禱를 드리고

젓가락을 잡으니

혀에 그득한

자연의 쓰고도 향깃한 것이여.

경건한 봄의 말씀의 맛이여.

　　　　　　　　　　　　　—박목월, 〈소찬素餐〉

봄은 시린 발목으로 청보리밭을 밟는 촉각에서도 온다.

풀을 밟아라

들녘엔 매맞은 풀

맞을수록 시퍼런

봄이 온다. …

　　　　　　　　　　　　　—정희성, 〈답청踏靑〉

대지의 온기를 전해주는 새순들은 "땅 위에서/ 무수히 일어서는 촛불"(노창선, 〈땅〉)이기도 하다. 봄은 절집 댓돌 위 스님의 흰 고무신에도 내려앉는다.

문빈정사

섬돌 위에

눈빛 맑은 스님의

털신 한 켤레

어느 날

새의 깃털처럼

하얀 고무신으로 바뀌었네

—최윤진, 〈봄〉

다가오는 봄은 코끝 후각에도 잡힌다.

… 비릿한 비 냄새

겨울 난 화초들이 심호흡하며

냄새 맡기 분주하다

—황동규, 〈봄밤〉

이 비 그치면

내 마음 강나루 긴 언덕에

서러운 풀빛이 짙어 오것다

푸르른 보리밭길

맑은 하늘에

종달새만 무어라 지껄이것다

이 비 그치면

시새워 벙그러질 고운 꽃밭 속

처녀애들 짝하여 새로이 서고

임 앞에 타오르는

향연 香煙과 같이

땅에선 또 아지랑이 타오르것다

　　　　　　　　　　　　—이수복, 〈봄비〉

봄은 실비처럼 속삭이며 온다. 풀, 보리, 종달새, 뭇 생명들더러
어서 일어나라 재촉하며 온다. 싱숭생숭 처자들 가슴 들썩대며 온
다. 마침내 봄을 제대로 알리는 것이 화신花信이다.

　봄이 가려운가 보다

　엉킨 산수유들이
　몸을 연신 하늘에 문대고 있다.
　노란 꽃망울이 툭툭 터져 물처럼 번진다. …

　　　　　　　　—정영주, 〈가슴 안쪽에 생기는 나무〉

이른 봄 세상은 꽃을 터뜨리려는 가려움증에 시달린다.
모과나무 꽃순이 나무껍질을 열고 나오려고 속에서 입술을 옴질
옴질 거리는 걸 바라보다 봄이 따뜻한 부리로 톡톡 쪼며 지나간다
봄의 줄탁
금이 간 봉오리마다 좁쌀알만 한 몸을 내미는 꽃들 앵두나무 자두
나무 산벚나무 꽃들 몸을 비틀며 알에서 깨어 나오는 걸 바라본다
내일은 부활절

시골 교회 낡은 자주색 지붕 위에 세워진 십자가에 저녁 햇살이
몸을 풀고 앉아 하루 종일 자기가 일한 것을 내려다보고 있다

—도종환, 〈봄의 줄탁 茁啄〉

병아리와 어미 닭이 안팎에서 껍질을 쪼아야 알을 깨고 나오듯,
안쪽 꽃순의 힘에 바깥 햇살의 힘이 보태져야 나무껍질을 뚫고
나올 수 있다. 무르익은 봄 햇살 속으로 꽃순들이 고개를 내밀기
만 하면 일사천리 꽃 세상이다. 기다리기 지루해서 그렇지 일단
상륙했다 하면 꽃은 빛보다도 빠르게 대지를 물들인다.

산서고등학교 관사 앞에 매화꽃 핀 다음에는
산서주조장 돌담에 기대어 산수유꽃 피고
산서중학교 뒷산에 조팝나무꽃 핀 다음에는
산서우체국 뒤뜰에서는 목련꽃 피고
산서초등학교 울타리 너머 개나리꽃 핀 다음에는
산서정류소 가는 길가에 자주제비꽃 피고

—안도현, 〈3월에서 4월 사이〉

전북 장수 산서면에서 교편을 잡았던 안도현은 앞서거니 뒤서거
니 마을 곳곳을 차례대로 물들이는 꽃으로 봄을 노래했다.
　임영조가 바라본 개화 행렬은 참 맹랑하고 유머러스하다.

무엇이나 오래 들면 무겁겠지요.

© 오태진

ⓒ 오태진

앞뜰의 목련이 애써 켜든 연등을
간밤에 죄다 땅바닥에 던졌더군요.
고작 사나흘 들고도 지루했던지
파업하듯 일제히 손을 털었더군요.
막상 손 털고 나니 심심했던지
가늘고 긴 팔을 높이 뻗어서 저런!
하느님의 괴춤을 냅다 잡아챕니다.
파랗게 질려 난처하신 하느님.
나는 터지려는 웃음을 꾹 참았지만
마을 온통 웃음소리 낭자합니다.
들불 같은 소문까지 세상에 번져
바야흐로 낯 뜨거운 시절입니다.
누구 짓일까, 거명해서 무엇하지만
맨 처음 발설한 것은 매화년이고
진달래 복숭아꽃 살구꽃이 덩달아
희희낙락 나불댄 게 아니겠어요.
싹수 노란 민들레가 망보는 뒤꼍
자꾸만 수상쩍어 가보니 이런!
겁 없이 멋대로 발랑 까진 10대들
냉이 꽃다지 제비꽃 환하더군요.
몰래 숨어 꼬나문 담뱃불처럼
참 발칙하고 앙증맞은 시절입니다.
나로서는 대책 없는 봄날입니다.

—임영조, 〈대책 없는 봄〉

시인의 귀엔 남도에 봄 오는 소리, 꽃 피는 소리가 북소리로 들린다. 고수鼓手처럼 무겁게 앉은 지리산은 섬진강이 판소리 하듯 길게 흐르며 한 구비 틀 때마다 난타로 매화를 터뜨리고 동백을 떨어뜨린다.

지리산 앉고
섬진강은 참 긴 소리다
저녁노을 시뻘건 것 물에 씻고 나서
저 달, 소리북 하나 또 중천 높이 걸린다
산이 무겁게, 발원의 시내가 다시 어둑어둑
고쳐 눌러 앉는다

이 미친 향기의 북채는 어디 숨어 춤 추나

매화 폭발 자욱한 그 아래를 봐라

뚝, 뚝, 뚝, 듣는 동백의 대가리들

선혈의 천둥
난타가 지나간다

　　　　　　　　　—문인수, 〈채와 북 사이, 동백 진다〉

지는 동백 신호탄 삼아 지리산 자락 섬진강변엔 줄 폭죽 터지듯 봄꽃이 연달아 터진다. 광양 백매白梅 청매靑梅가 보름 넘게 향기를 내뿜으면 구례 산수유가 샛노랗게 흐드러진다. 하동 쌍계사 십리 길은 벚꽃에 덮이고 섬진강 양안兩岸을 달리는 17·19번 국도, 861 번 지방도도 벚꽃길이 된다. 순천 선암사 무우전 옆 돌담길에 600 년 고매古梅가 연분홍 홍매紅梅를 틔우면 그 기운이 백리를 날아 구 례 화엄사의 진홍빛 흑매黑梅를 깨운다. 꽃은 마침내 서울까지 북 상해 북한의 언젠가 으름장보다 훨씬 요란한 축포祝砲 공습을 퍼 부을 것이다. 잿빛 서울을 불바다로 만들 것이다.

> … 녹색 군복의 병정들은 일제히 하늘을 향해
> 총구를 곧추세운다
> 발사!
> 소총, 기관총, 곡사포, 각종 총신과 포신에
> 붙는 불
> 지상의 나무들은 다투어 꽃들을 쏘아올린다
> 개나리, 매화, 진달래, 동백 …
> 그 현란한 꽃들의 전쟁
> 적기다!
> 서울의 영공에 돌연 내습하는 한 무리의 벌떼!
> 요격하는 미사일 …
>
> —오세영, 〈서울은 불바다 1〉

춘분 넘기고도 영하 추위가 강짜를 부렸던 재작년, 봄꽃이 사보타 주라도 하듯 더디 오는 바람에 남녘 꽃축제들이 울상이었다. 겨울이 따뜻했던 작년엔 화신花信이 그보다 열흘이나 일찍 왔고 평년보다도 사나흘 앞섰다. 올핸 다시 꽃소식이 늦어져 예년과 비슷할 거라는 예보다. 하긴 자연의 조화를 인간이 내다보고 기다리는 것 자체가 주제넘은 짓일지 모른다. 시절이 더디 온다 안달하고 쉬 간다 탄식한들 무슨 소용일까. 유리창 묵은 때 말갛게 닦아내듯 봄을 맞는 마음부터 가다듬을 일이다. 그러면 어느 사이 싱그런 봄 빛깔이 찾아와 삶을 축복해 줄 것이다.

내가 입김을 불어 유리창을 닦아 내면
새 한 마리 날아가며 하늘빛을 닦아 낸다
내일은 목련꽃 찾아와 구름 빛도 닦으리

—정완영, 〈초봄〉

2008.3.24

시詩가 내게로 왔다

에밀리 디킨슨은 시詩를 이렇게 말했다.

"책을 읽다가 온몸이 싸늘해져 어떤 불로도 녹일 수 없게 되면, 그것은 시다. 머리끝이 곤두서는 것 같은 기분이 들면, 그것은 시다. 나는 오로지 그런 방법으로만 시를 알아본다. 다른 방법이 있으면 한번 말해보라."

시와 담쌓고 사는 사람도 우연히 접한 시에서 놀라움, 두려움, 슬픔, 기쁨이 가득한 세상을 만난다. 어지럽던 심사가 차분해지고 답답하던 가슴이 시원해지고 찌들었던 머리가 맑아진다. 시는 같은 시대를 살아가는 사람들이 겪는 마음의 울림을 함께 나눠 사람들을 묶어준다. 사람이 믿고 사는 게 힘들 때 잠자는 영혼과 상상력을 생명과 희망으로 일깨운다.

그러니까 그 나이였어 … 시가
나를 찾아왔어. 몰라. 그게 어디서 왔는지,

모르겠어. 겨울에서인지 강에서인지,

언제 어떻게 왔는지 모르겠어,

아냐, 그건 목소리가 아니었고, 말도

아니었으며, 침묵도 아니었어,

하여간 어떤 길거리에서 나를 부르더군,

밤의 가지에서,

갑자기 다른 것들로부터,

격렬한 불 속에서 불렀어, …

—파블로 네루다, 〈시〉

네루다는 시나 시인이 따로 있는 게 아니라고 했다. 세상 만물이 갑자기 달리 보이기 시작하면 그것이 시라고 했다. 시는 모든 것에 의미가 있고 숨결이 있음을 깨닫는 일이다. 늘 그곳에 있던 것이 어느 날 새롭게 보이는 일이다.

… 바람에 흔들리다가

풀잎이며

나뭇잎이

조용히 제자리로 돌아선다

그것을 지켜보는 것만으로도

이미 반은 시인이다

—임강빈, 〈시인〉

마루 모리가 내게 준

양말

한 켤레.

양치는 손으로

그녀가 직접 짠

토끼같이 부드러운

양말 두 짝,

황혼의 빛과

양털로 엮은 듯한

주머니

두 개.

그 속에

두 발을

슬며시 넣었다.

놀라운 양말,

내 발은

두 마리의 양털 물고기.

황금 털이

나 있는

짙푸르고 기다란 상어 두 마리.

두 마리의 커다란 검은 새.

대포 두 대.

천상의

양말이

내 발에 축복을 내렸다.

그것이

너무나 아름다워

나는 처음으로

늙어빠진 소방수 같은

내 발이 미워졌다 …

—파블로 네루다,
〈내 양말에게 바치는 송시Ode to My Socks〉

네루다는 하찮은 양말 한 켤레에서 일흔한 줄짜리 긴 시를 풀어냈다. 새 양말 한 켤레에 관해 곰곰이 생각하면서 양말이 주는 무구한 즐거움과 놀라움을 써내려 갔다. 네루다의 시는 일상의 아름다움과 경이로 가득하다. 그는 양말뿐 아니라 토마토, 옷, 양파, 수탉, 다리미, 우표첩, 소금에게도 시를 바쳤다. 나이 쉰에 《일상적인 것에 대한 송시들Odes to Common Things》을 출간하기 시작했다. 그는 삶의 진정한 기쁨이 사소한 것들에서 온다는 것을 알았다. 시는 저 멀리 높이 있는 것도 거창한 것도 아니다.

　두보杜甫도 모든 것을 시로 썼다. 이런 게 시가 되나 싶은 일상 잡사雜事들까지 무심코 넘기지 않고 감정을 옮겨 넣었다.

　집에서 기르는 닭이 벌레를 잡아먹으니 벌레가 가엾다며 아내와 아이들이 닭을 팔아 치우기로 한다. 묶인 닭들이 요란하게 울어대자 두보가 뛰어나가 끈을 풀어주며 머슴을 꾸짖는다. 닭도 팔려가면 잡아먹히는 것을 모르느냐고. 두보는 생각에 잠긴다. 닭에게 잡혀먹는 벌레는 분명 불쌍하다. 벌레를 먹도록 타고난 닭도 불쌍하다. 이 모순은 생명 있는 것들의 생존에 본래 따르는 것이니 도저히 해결할 방법이 없다. 그의 〈묶인 닭의 노래〉(縛鷄行)다.

두보는 벼를 벤 뒤 이삭은 마을 아이들이 맘대로 줍게 하라고 이른다. 벼 훑는 도구를 놓을 땐 개미집을 부수지 않게 조심하라고 챙긴다. 겨울 밤 불조심하라는 박자목拍子木 소리가 들려오면 얼마나 가엾은 처지에 놓인 아이가 저 딱딱이를 치고 있는 것일까 생각한다.

집 뜰 대추는 서쪽 이웃이 따가라고 놔두시게 堂前撲棗任西隣
먹을 것도 자식도 없는 아낙이라네 無食無兒一婦人
그녀가 가난하지 않다면 어찌 이런 일 있으랴 不爲困窮寧有此
두려워할 테니 더욱 친하게 대해 주시게 祗緣恐懼轉須親
……
성긴 울타리에 섶을 빽빽이 심는 건 지나친 일이네

使挿疏籬卻甚眞

……

—두보, 〈다시 오랑에게〉(又呈吳郎)

두보가 기주에 살던 시절, 오랑이라는 먼 친척에게 집을 넘겨주고 이사가면서 남긴 시다. 가난한 이웃 과부가 두보 집 울타리에 난 개구멍으로 들어와 몰래 대추를 따가곤 했다. 두보는 울타리를 손

보기는커녕 모르는 체 내버려뒀다. 그는 이사 오는 오랑이 사정을
몰라 그녀를 쫓을까 걱정하며 울타리를 그대로 두라고 당부한다.
이쯤이면 세상에 시 되지 않을 일이 없다.

막힌 하수도 뚫은 노임 4만원을 들고
영진설비 다녀오라는 아내의 심부름으로
두 번이나 길을 나섰다
자전거를 타고 삼거리를 지나는데 굵은 비가 내려
럭키슈퍼 앞에 섰다가 후두둑 비를 피하다가
그대로 앉아 병맥주를 마셨다
멀리 쑥국 쑥국 쑥국새처럼 비는 그치지 않고
나는 벌컥벌컥 술을 마셨다
다시 한번 자전거를 타고 영진설비에 가다가
화원 앞을 지나다가 문밖 동그마니 홀로 섰는
자스민 한 그루를 샀다
내 마음에 심은 향기 나는 나무 한 그루
마침내 영진설비 아저씨가 찾아오고
거친 몇 마디가 아내 앞에 쏟아지고
아내는 돌아서 나를 돌아보았다
그냥 나는 웃었고 아내의 손을 잡고 섰는
아이의 고운 눈썹을 보았다
어느 한쪽
아직 뚫지 못한 그 무엇이 있기에

오늘도 숲속 깊은 곳에서 쑥국새는 울고 비는 내리고

홀로 향기 잃은 나무 한 그루 문밖에 섰나

아내는 설거지를 하고 아이는 숙제를 하고

내겐 아직 멀고 먼

영진설비 돈 갖다주기

—박철, 〈영진설비 돈 갖다주기〉

시인이 늘어놓는 얘기는 뭐 대단한 게 아니다. 아내에게 4만 원을 받아 들고 외상값 갚으러 가는 짧은 동네 길에 시인은 두 번이나 일을 저지른다. 그 돈으로 맥주를 사 마시고 자스민을 사버린다. 그런데 시인이 하는 이야기를 따라가다 보면 입가에 절로 미소가 솟고 괜히 가슴이 훈훈해진다.

요즘 〈조선일보〉에선 아침마다 시가 사람들 눈높이로 내려앉아 친근하게 말을 건다. 새해 첫날부터 〈조선일보〉에 하루 한 편씩 실리고 있는 시들이다. '현대시 100년'을 맞아 시인 100명이 추천해 고른 명시 100편이다. 독자들 반응은 뜨겁다. 정성껏 오려 스크랩하고 온 가족이 함께 읽는다는 집이 적지 않다. 아침마다 한 편의 좋은 시를 읽으며 따뜻해진 가슴, 맑아진 머리로 하루를 시작하게 해줘서 고맙다는 이들도 많다.

시 한 편에 삼만원이면

너무 박하다 싶다가도

쌀이 두 말인데 생각하면

금방 마음이 따뜻한 밥이 되네

시집 한 권에 삼천원이면
든 공에 비해 헐하다 싶다가도
국밥이 한 그릇인데
내 시집이 국밥 한 그릇만큼
사람들 가슴을 따뜻하게 덥혀줄 수 있을까
생각하면 아직 멀기만 하네

시집 한 권 팔리면
내게 삼백원이 돌아온다
박리다 싶다가도
굵은 소금 한 됫박인데 생각하면
푸른 바다처럼 상할 마음 하나 없네

— 함민복, 〈긍정적인 밥〉

시는 값이 참 쌀지 모르지만 쌀 두 말, 국밥 한 그릇, 소금 한 됫박
처럼 사람들 삶의 허기를 채워주는 정신의 풍요로운 양식이다. 독
자들이 한 편의 시를 읽으며 마음속에 작은 소용돌이가 일고 인
생과 일상을 다시 한 번 생각했다면 그것만으로도 시는 위대한
일을 하고 있다.

2008.3.10

설
그 행복한 기다림

하루 앞서 설날을 연습하는 까치설날
색동옷 설빔 졸라서 미리 입어도
말 잘 들어 얻은 이름 고운 세 살배기야
널도 뛰고 밤윷도 던져보고

'가자가자 감나무, 오자나무 옻나무, 십리 절반 오리나무, 따끔따
금 가시나무, 대낮에도 밤나무, 양반동네 상나무, 깔고 앉자 구기
자나무, 마당 쓸어 싸리나무, 가다 보니 가닥나무, 오다 보니 오
동나무, 방귀 뽕뽕 뽕나무, 데끼 이눔 대나무, 참을 인자 참나문
가, 칼에 찔려 피나문가 …'

보는 만큼 듣는 만큼 세상이 재미나는
아이로 돌아가 설날을 기다리며
까치설날 눈썹 셀라 잠 못 자는 세 살짜리로.

— 유안진, 〈고운 세 살배기로〉

유안진은 번잡한 세상에서 가장 순수하고 진정한 것이 동심이라고 말한다. 어린 아이는 세상을 호기심과 동경으로 바라볼 줄 안다. 그 동심이 가장 설레는 때로 시인은 설을 기억했다. 설을 기다리며 잠 설치는 세 살배기, 그 고운 마음으로 돌아가고 싶다고 했다.

추석을 설보다 큰 민족의 명절로 꼽는 사람이 많지만 어린 날 추억으로 치자면 설이 훨씬 더 신났다. 설이든 추석이든 모처럼 목욕탕에 가고 고무신이 운동화로 바뀌고 명절빔도 얻어 입고 맛 있는 음식을 맘껏 먹어볼 수 있다는 건 같았다.

그러나 설이 아이들에게 각별히 매력적이었던 건 세배라는 독 특한 행사와 함께 횡재하는 날이었기 때문이다. 동네 세배 순례까 지 하고 나면 주머니는 정말 오랜만에 두둑해지곤 했다. 그런 아 이들을 노려 구멍가게들은 '뽑기'를 잔뜩 들여다 놓았다. 아이들 에게 설은 '폭음탄'도 눈깔사탕도 구슬도 장난감도 큰맘 먹고 사 고, 만화방 만화도 모처럼 실컷 볼 수 있는 날이었다.

백석이 〈여우난골족〉에 구수한 서북사투리로 묘사한 설 정경은 아이들이 설에 누리는 즐거움의 절정이다. 여우 출몰하는 골짜기 에 사는 일가 피붙이 수십이 왁자지껄 모여든다. 아이들은 저들끼 리 몰려다니며 갖은 놀이를 하다 설날 새벽녘이 돼서야 지쳐 잠 이 든다. 명절 새 옷 냄새, 음식 냄새들이 코끝을 간질이며 아이들 을 더욱 달뜨게 했다.

명절날 나는 엄매 아배 따라 우리집 개는 나를 따라 진할머니 진 할아버지가 있는 큰집으로 가면

얼굴에 별자국이 솜솜 난 말수와 같이 눈도 껌적거리는 하루에
베 한 필을 짠다는 벌 하나 건너 집엔 복숭아나무가 많은 신리新里
고무 고무의 딸 이녀李女 작은 이녀李女
……
배나무접을 잘 하는 주정을 하면 토방돌을 뽑는 오리치를 잘 놓
는 먼섬에 반디젓 담그러 가기를 좋아하는 삼춘 엄매 사춘누이
사춘 동생들

이 그득히들 할머니 할아버지가 있는 안간에들 모여서 방안에서
는 새 옷의 내음새가 나고
또 인절미 송구떡 콩가루차떡의 내음새도 나고 끼때의 두부와 콩
나물과 뽑운 잔디와 고사리와 도야지 비계는 모두 선득선득하니
찬 것들이다

저녁 술을 놓은 아이들은 외양간 섶 밭마당에 달린 배나무 동산
에서 쥐잡이를 하고 숨굴막질을 하고 꼬리잡이를 하고 가마 타고
시집가는 놀음 말 타고 장가가는 놀음을 하고 이렇게 밤이 어둡
도록 북적하니 논다
밤이 깊어가는 집안엔 엄매는 엄매들끼리 아르간에서들 웃고 이
야기하고 아이들은 아이들끼리 웃간 한 방을 잡고 조아질 하고
쌈방이 굴리고 바리깨돌림 하고 호박떼기 하고 제비손이구손이
하고 이렇게 화디의 사기방등에 심지를 몇 번이나 돋구고 홍게닭

이 몇 번이나 울어서 졸음이 오면 아릇목 싸움 자리 싸움을 하며
히드득 거리다 잠이 든다 그래서는 문창에 텅납새의 그림자가 치
는 아침 시누이 동세들이 욱적하니 흥성거리는 부엌으론 샛문 틈
으로 장지 문틈으로 무이징게국을 끓이는 맛있는 내음새가 올라
오도록 잔다

—백석, 〈여우난골족〉

*진할머니=친할머니, 말수와 같이=말할 때마다, 고모=고무, 이녀=이씨네 딸, 오리치=
오리 잡는 도구, 반디젓=밴댕이젓, 잔디=짠지, 숨굴막질=숨바꼭질, 꼬리잡이 호박떼기
제비손이구손이=줄 지어 하는 놀이들, 아르간=아랫간, 조아질=공기놀이, 바리깨돌림=
주발 뚜껑 돌리기, 화디=등잔걸이, 사기방등=사기 등잔불, 홍게닭=새벽닭, 텅납새=추
녀, 동세=동서同壻, 무이징게국=무-새우국

청마 유치환은 설의 미덕이 "아이들에게 정신의 윤기와 풍성의
순차와 혈연에의 애착을 부어주는 것"이라고 했다.
  "요즘 어린이들의 설날을 맞는 기쁨은 어느 정도인지 모르지만
우리가 어릴 적에는 동지팥죽을 먹을 때부터 설날이 기다려지는
것이었다."
  동지부터 설을 기다리는 아이들에게 마침내 설이 다가왔다는
것을 알리는 이가 어머니였다. "설을 앞두고 어머니는 조청에 버
무린/ 쌀 콩 깨 강정을 한 방 가득 펼쳤다"(조향미, 〈온돌방〉).
  정끝별도 음식을 장만하느라 며칠씩 동분서주하는 어머니 곁에
서 들뜬 마음으로 명절을 기다렸다.
  "돼지고기를 삶고, 쇠고기를 누르고, 홍어를 삭히고, 김부각을
말리고, 술을 내리고, 산자를 튀기고, 약과를 모양내고, 오꼬시를
굳히고, 식혜를 끓이고, 수정과를 거르고, 떡을 빚고, 떡시루를 안

ⓒ 오태진

치고, 약식을 누르고, 찰밥을 찌고, 뒷마당에 가마솥 뚜껑을 괴고
는 가지가지 부꾸미와 부치미와 지짐이를 하고, 잡채를 무치고,
죽상어와 조기를 찌곤 하셨다. 그때마다 온갖 냄새와 부산스러움
에 취해 엄마 치마폭 근처를 맴돌며 며칠을 들뜨곤 했다."

그리고 섣달 그믐날 어머니는 놋그릇들을 꺼내 마당에 펼쳐놓
았다. 푸른 녹이 슬거나 거뭇거뭇해진 놋그릇을 기왓가루, 모래,
재 따위를 묻힌 짚으로 닦았다. 놋그릇들은 반짝반짝 황금빛으로
빛났다. 닥쳐온 설날이 발하는 빛이었다.

우리의 설날은 어머니가 빚어주셨다

밤새도록 자지 않고

눈 오는 소리를 흰 떡으로 빚으시는

어머니 곁에서

나는 애기까치가 되어 날아올랐다

빨간 화롯불 가에서

내 꿈은 달아오르고

밖에는 그 해의 가장 아름다운 눈이 내렸다

매화꽃이 눈 속에서 날리는

어머니의 나라

어머니가 이고 오신 하늘 한 자락에

누이는 동백꽃 수를 놓았다

섣달 그믐날 어머니의 도마 위에

산은 내려와서 산나물로 엎드리고

바다는 올라와서 비늘을 털었다
어머니가 밤새도록 빚어 놓은
새해 아침 하늘 위에
내가 날린 방패연이 날아오르고
어머니는 햇살로
내 연실을 끌어올려 주셨다

—김종해, 〈어머니와 설날〉

설 차례상 음복 한 잔에 발그레한 얼굴은 어머니에 대한 간절한
그리움의 빛깔이다. 이젠 곁에 없어 아득히 멀기만 하던 어머니의
그림자를 시인은 기억 속에서 불러내 모시고 지나간 설날의 추억
과 함께 그리워한다.

설날 차례 지내고
음복 한 잔 하면
보고 싶은 어머니 얼굴
내 볼 물들이며 떠오른다

설날 아침
막내 손 시릴까봐

아득한 저승의 숨결로
벙어리장갑을 뜨고 계신

나의 어머니

―오탁번, 〈설날〉

이번 설 연휴엔 징검다리 휴일로 길게는 아흐레까지 쉴 수 있어 해외여행객이 명절 사상 가장 많다고 한다. 국내에서 가장 크다는 여행사의 경우만 해도 설 연휴 해외여행객이 3만 명을 넘어 작년 설 12,500명의 갑절을 넘었다. 대한항공과 아시아나항공 해외 인기 노선은 석 달 전부터 예약이 밀려들었다. 명절이 국내외로 여행 떠나기 좋은 휴가대목 비슷해진 게 어제오늘 일은 아니지만 그래도 명절의 화두는 역시 '가족'이다.

바삐 살다 모처럼 만난 가족들은 한잔 술로 핏줄의 정을 나눈다. 시인은 다 큰 아들에게 술 권하는 설이 눈물 날 듯 푸근하다.

자식도 크면 친구되지

이만 나이 먹으면
잡초 같이 산 인생이라도 흐뭇하구나

봄에 푸르던 풀도
가을 되면 시드는 법
자 너도 한 잔 받아라
잔디 줄기처럼 서로 엉기면

눈물 날듯이
푸근하구나

누가 적막강산이라더냐
문 열고 들을 보면

강 건너 날아가는
한 떼의 들기러기

—김동현, 〈설날 아침에〉

2008.2.4

"딸이 더 좋아"

… 토요일 오후의 우리집은 온통 행복뿐이네
세 살 난 여름에 나와 함께 목욕하면서 딸은
이게 구슬이냐? 내 불알을 만지작거리며 물장난하고
아니 구슬이 아니고 불알이다 나는 세상을 똑바로
가르쳤는데 구멍가게에 가서 진짜 구슬을 보고는
아빠 이게 불알이냐? 하고 물었을 때
세상은 모두 바쁘게 돌아가고 슬픈 일도 많았지만
나와 딸아이 앞에는 언제나 무진장의 토요일 오후
모두 다 예쁘게 몸치장을 하면서 춤추고 있었네
구슬이냐? 불알이냐? 딸의 어릴 적 질문법에 대하여
아빠가 시를 하나 써야겠다니까 여중 2학년은
아니 아니 아빠 저를 망신시킬 작정이세요?
문법도 경어법도 딱 맞게 말하는 토요일 오후
모의고사를 열 문제나 틀리고도 행복하기만 한

강남구에서 제일 예쁜 내 딸아 아이구 예쁜 것!

—오탁번, 〈토요일 오후〉

시인이 토요일 오후 집에서 누리는 소시민적 행복의 복판에 딸이
있다. 시인은 아기 천사처럼 지상에서 가장 예쁘기만 한 딸을 실없
이 놀리며 스스로 천진한 동심이 된다. 딸에게서 얻는 삶의 여유로
움과 너그러움을 능청맞고 익살스럽게 풀어놓는다. 그런 딸을 시
집보내며 부모들은 예나 지금이나 애틋한 마음에 젖게 마련이다.

언제나 애처롭던 네 얼굴　永日方戚戚

떠나는 날 더욱 슬퍼 보이는구나　出行復悠悠

너는 오늘 혼행 길 나서면　女子今有行

너른 강 작은 배 타고 거슬러 간다　大江溯輕舟

어려서 엄마 잃은 너이기에　爾輩苦無恃

안쓰러워 다독이며 키워 왔는데　無念益慈柔

어린 동생 잘 보살피더니　幼爲長所育

이별 앞에 둘이서 한없이 우는구나　兩別泣不休

바라보는 이 가슴 미어지지만　對此結中腸

어찌 너를 붙잡을 수 있을까　義往難服留

엄마의 가르침 잘 받지 못해　自小闕內訓

시집살이 잘 해낼지 걱정이구나　事姑貽我憂

다행히 훌륭한 가문으로 출가하니　賴玆託令門

어루시되 나무라지는 않으시리라　任恤庶無尤

내 가난해   貧儉誠所尙

혼수도 제대로 장만하지 못했구나   資從豈待周

시부모 섬기고 아내의 도리 지켜   孝恭遵婦道

언행 조심하고 예의를 갖추어라   容止順其猷

오늘 아침 이별하고 나면   別離在今晨

언제 다시 너를 볼 수 있을까   見爾當何秋

지금껏 혼자 삭여왔다만   居閑始自遣

오늘은 격한 마음 누르기 어렵구나   臨感忽難收

널 보내고 돌아와 작은딸 보니   歸來視幼女

떨어지는 눈물 갓끈 타고 흐른다   零淚緣纓流

—위응물 韋應物, 〈양씨 가문에 딸을 보내며〉(送楊氏女)

당唐 시인 위응물은 아내 앞세운 뒤로 딸에 대한 사랑과 회한과 안
타까움을 드러내지 않고 안으로 삭여 왔다. 그 부정父情은 딸 시집
보내는 날 봇물 터지듯 쏟아지고 만다. 어렵게 키워 대견하게 자란
맏딸을 보내며 노래한 심사는 지금 부모들 가슴에도 절절히 와 닿
는다. 그렇듯 부모와 딸 사이 정서적 친밀도는 뻣뻣한 부자父子 사이
와 비교할 바가 아닐 것이다. 딸만 둘 둔 시인이 밤늦게 집에 와 함
께 잠 든 세 모녀를 앞에 두고 넋두리 아닌 넋두리를 풀어놓는다.

그렇게도 여자를 그리워했더니
어디 한번 당해봐라
너희 둘 보내주었거니 에미까지 합이 셋

그렇게도 사랑에 목말라했더니

사랑이 어디 가슴이 확 트이는 킨사이다 정도냐고

너희들 내게 보내주었거니 너희들 잠든 사이

등판 적셔 벽에 기댄 채 하염없이 하염없이

잃어버린 여자들과 잃어버린 사랑과 잃어버린 …

잃어버린 젠장에 대해 생각한다

……

남은 것은 뒤엉켜 잠든 세 여자

세월이 다시 이만큼 흘러

너희들 남자를 그리워하고 사랑에 목매달고

손바닥 가득 식은땀 흐를 때

누군가의 잃어버린 세월과 잃어버린 사랑과

더 이상 잃기 싫어 눈물로 채운

긴 밤과 빈 상자에 대해 생각하라

……

그것이 너희들 잠든 사이

남아 숨쉬는 자의 마지막 행복이었으니

—박철, 〈너희들 잠든 사이—두 딸에게〉

잠든 세 여자에게 하는 혼잣말이 유머러스하다. 그러니 그건 푸념
도 넋두리도 아니다. 세 모녀의 모습에서 자신의 잃어버린 세월과
사랑과 남루한 인생을 돌이켜보고, 두 딸 앞에 펼쳐질 인생의 기
복을 내다보며 설레고 안쓰러워한다. 그러면서 아버지는 행복해

한다. 그 딸 사랑에 절로 미소가 솟는다.

> 연탄 장수 아저씨와 그의 두 딸이 리어카를 끌고 왔다
> 아빠, 이 집은 백 장이지? 금방이겠다, 뭐
> 아직 소녀 티를 못 벗은 그 아이들이 연탄을 날라다 쌓고 있다
> 아빠처럼 얼굴에 껌정칠도 한 채 명랑하게 일을 하고 있다
> 내가 딸을 낳으면 이 얘기를 해주리라
> 니들은 두 장씩 날러
> 연탄 장수 아저씨가 네 장씩 나르며 얘기했다
>
> ―김영승, 〈반성 100〉

남 눈길에 예민할 소녀들이 얼굴에 검정을 묻힌 채 아버지를 도와 연탄을 나르면서도 아버지를 위로하고 격려한다. "니들은 두 장씩"하며 어린 딸들을 생각하는 아비 마음에도 부녀 사랑은 물론 인간적 진정성이 있다.

〈뉴욕 타임스〉가 "아들이 왕 대접 받던 한국, 딸 쪽으로 옮겨가다"Where boys were kings, a shift toward baby girls라는 기사에서 한국의 남아선호가 급속히 퇴조하고 있다고 전했다. 〈뉴욕 타임스〉는 기혼여성 절반이 '아들 없어도 괜찮다'고 생각하고, '아들이 꼭 필요하다'는 사람도 열에 하나 꼴이라는 얼마 전 한국보건사회연구원 조사도 소개했다.

요즘 중년 주부들 사이에 유행하는 유머 시리즈만 봐도 자녀 성별에 대한 세태 변화가 뚜렷하게 드러난다.

'아들은 사춘기 되면 남남, 군대 가면 손님, 장가들면 사돈', '잘난 아들은 국가의 아들, 돈 잘 버는 아들은 사돈의 아들, 빚 진 아들은 내 아들', '딸 둘에 아들 하나면 금메달, 딸만 둘이면 은메달, 딸 하나 아들 하나면 동메달, 아들만 둘이면 목매달', '아들은 큰 도둑, 며느리는 좀도둑, 딸은 예쁜 도둑.' …

  알콩달콩 딸 키우는 재미에다 노후에도 딸들이 훨씬 살갑게 챙겨준다는 걸 요즘 부모들은 잘 안다. 억압돼 있던 여성 능력의 약진과 폭발적 사회 진출, 급속한 핵가족화, 아내들의 집안 주도권 확보, 맞벌이 부부 증가. 그래서 처가妻家가 더 친밀하고 처가에 더 의지하는 신新모계사회가 도래했다고들 말한다.

  백 년 전의 조선엔
  아들 낳은 여인이 유방을 내보이는
  특이한 풍속이 있었다
  무명 치마저고리 사이에
  여인의 유방이 두 개의 노을처럼 달렸지
  여인의 유방은 혁명의 깃발처럼 펄럭이고
  여인의 유방에서 위풍당당한 행진곡이 흘러나오고
  사방팔방 강가에 조선의 모유가 흘러 넘치지

  백 년, 다시 백 년 후의 조국엔
  딸을 낳은 여인도 유방을 드러내놓고
  남태평양처럼 화통방통하게 웃는

마땅한 일상사가 이어지것다

허허벌판에서 두 개의 우주를 털렁이며

어화어화 내 사랑

어화둥둥 내 딸년

그 딸년들을 위해 인디언 추장처럼 춤추는

나, 신현림과 내 딸의 딸들이 있을 것이다

하하하하하 ……

—신현림, 〈아들 자랑〉

신현림은 남성 이데올로기에 맹종하는 백 년 전 한 조선 여인의 사진을 보며 분노, 슬픔, 안타까움, 가여움, 모멸감을 토해냈다. 그는 앞으로 100년 뒤엔 딸 낳은 여인이 가슴을 드러내고 자랑스러워할 거라고 했지만 100년까지 기다릴 것도 없다. 그런 시대가 이미 와 있으니까.

2008.1.21

어두운 세월 살라버리고
새 해야, 솟아라

새해 벽두마다 독일 프랑크푸르트 인근 노이 이젠부르크 동쪽 호이젠슈탐의 중학교 체육관에서는 기이한 축제가 벌어진다. 루프트한자 항공사가 승객들이 잃어버린 뒤 찾아가지 않은 여행가방을 모아 경매하는 축제다. 경찰이 미리 수색해 폭발물과 무기, 마약 검사를 거친 가방들은 다시 밀봉된 채 무게만 공개된다.

사람들은 그 안에 무엇이 들어 있는지도 모른 채 오직 무게만으로 가방을 산다. 사자마자 관중 앞에서 내용물을 쏟아내 보이며 함께 웃고 즐거워한다. 가방들은 그야말로 도깨비 상자다. 새해는 안에 뭐가 들어 있는지 알 수 없는 가방처럼 호기심과 가능성, 희망을 한가득 품고 있다.

… 히스테리아 시베리아나라는 병이 있는데 이 병은 시베리아 농부들이 걸리는 병이라는데 날마다 똑같은 일을 반복하다 더 이상 견딜 수 없을 때 곡괭이를 팽개치고 지평선을 향해 서쪽으로 서

쪽으로 걸어간다는데 걸어가다 어느 순간 걸음을 뚝, 멈춘다는데
걸음을 멈춘 순간 밭고랑에 쓰러져 죽는다는데 …

—천양희, 〈어떤 일생〉

무라카미 하루키 소설에 시베리아 농부들이 걸린다는 병 '히스테리아 시베리아나' 얘기가 나온다. 농부는 동쪽에서 떠서 서쪽으로 기우는 해를 매일매일 보며 들에서 일하다 어느 날 속에서 무언가 뚝하고 끊어져버린다. 농부는 괭이를 내던지고 하염없이 서쪽으로 걸어간다. 걷다 멈추는 순간 그대로 쓰러져 죽는다. 농부가 견뎌내지 못한 것은 지겹게 되풀이되는 일상이었을까. 숨막히게 반복되는 일상에 큰 획을 그어주는 새해가 없다면 이 죽음의 병은 시베리아에 그치지 않았을 것이다.

정월 초하루는 하루아침에 해와 달과 날이 새로 시작한다 해서 삼시三始라고 했다. 삼조三朝, 삼원三元이라고도 했다. 같은 해가 솟아도 새해엔 천지만물 삼라만상이 새롭게 마련이다.

매양 추위 속에
해는 가고 또 오는 거지만

새해는 그런 대로 따스하게 맞을 일이다.
얼음장 밑에서도 고기가 숨쉬고
파릇한 미나리 싹이
봄날을 꿈꾸듯

새해는 참고
꿈도 좀 가지고 맞을 일이다.

오늘 아침
따뜻한 한 잔 술과
한 그릇 국을 앞에 하였거든

그것만으로도 푸지고
고마운 것이라 생각하라.

세상은
험난하고 각박하다지만
그러나 세상은 살 만한 곳.

한 살 나이를 더한 만큼
좀 더 착하고 슬기로울 것을 생각하라.

아무리 매운 추위 속에
한 해가 가고
또 올지라도

어린것들 잇몸에 돋아나는
고운 이빨을 보듯

새해는 그렇게 맞을 일이다.

—김종길, 〈설날 아침에〉

시인은 감정이나 감상感傷에 달뜨지 않은 잔잔한 음성으로 새해를 맞는다. 이 시를 나지막이 소리 내 읽자면 어느덧 가슴이 훈훈해진다. 긍정적이고 경건한 삶의 자세가 와 닿는다. 아무리 험난하고 각박해도 세상은 살 만하다는 희망과 자족自足을 새해가 되살린다. 행복이라는 것이 뭐 그리 대단하고 드문 것일까. 이런 새해라면 또 한 살 나이 먹는 것도 허망하지가 않다.

또다시 탈진과 후회로 끝날지라도 아름다운 꿈 새로 꿀 수 있는 특권은 새해가 우리에게 주는 선물이다. 새해 새 아침, 고달픈 삶에서도 희망과 기대를 놓지 않고 청신한 가슴으로 살게 해달라고 기원해본다. 어진 이웃들을 향한 귀를 밝히고 눈을 씻어 관용과 사랑으로 새 출발하게 해달라고 기도해본다.

첫 눈뜸에
눈 내리는 청산을 보게 하소서
초록 소나무들의 청솔바람 소리를 듣게 하소서

아득한 날에
예비하여 가꾸신
은총의 누리
다시금 눈부신 상속으로 주시옵고

© 오태진

젊디젊은 심장으로
시대의 주인으로
사명의 주춧돌을 짐지게 하소서

첫 눈뜸에
진정한 친구를 알아보고
서로의 속사랑에
기름 부어 포옹하게 하여 주소서 …

—김남조, 〈새해 아침의 기도〉

40대 샐러리맨은 중학생 시절, 전차電車 운전기사 옆자리에 앉아 통학하던 한 순간이 자신의 삶에서 가장 또렷한 행복의 모습이라고 말한다. 여고생은 귀지를 파주던 엄마의 무릎 감촉을 가장 행복했던 기억으로 간직한다. 팔순 할머니는 대숲에서 주먹밥을 먹던 순간을 떠올린다. 어느 일본 영화에서 사후死後 세계에 들어서는 영혼들이 꼽는 행복이다.

그렇게 우리는 바로 행복 곁에서 산다. 그러면서도 늘 행복과 너무 멀리 떨어져 있다고 생각한다. 작은 것에서 행복을 보려 하지 않는다.

나는 가끔 후회한다
그때 그 일이
노다지였을지도 모르는데

그때 그 사람이

그때 그 물건이

노다지였을지도 모르는데

더 열심히 파고들고

더 열심히 말을 걸고

더 열심히 귀 기울이고

더 열심히 사랑할 걸

반벙어리처럼

귀머거리처럼

보내지는 않았는가,

우두커니처럼

더 열심히 그 순간을

사랑할 것을

모든 순간이 다아

꽃봉오리인 것을,

내 열심에 따라 피어날

꽃봉오리인 것을!

—정현종, 〈모든 순간이 꽃봉오리인 것을〉

행복은 어쩌다 있을까 말까 한 큰 행운으로 이뤄지는 게 아니라 하루하루 일어나는 작고 기쁜 일에서 쌓인다. 전한前漢 교훈집 설원說苑에도 "복은 조그마한 일에서부터 싹튼다"福生於微고 했다. 행복은 다른 집 마당에서 찾지 말라고 했다. 눈앞에 오는 일을 족한 줄 알고 보면 바로 그 자리가 선경仙境이다.

로마인들은 1월 1일마다 선물을 주고받고 잔치를 벌였다. 앞뒤로 두 얼굴을 지닌 1월January의 신 야누스Janus처럼 지난해 잘못을 돌아보고 새해를 새 의지로 내다본다는 뜻이었다. 톨스토이는 "가장 큰 행복은 한 해의 마지막에서, 지난해의 처음보다 훨씬 나아진 자신을 발견하는 것"이라고 했다. 그러려면 순간마다 가치 있는 삶을 생각하고 노력하라고 시인은 이른다. 그 순간이 쌓여한 해가 되고 또 다른 새해가 온다고 했다.

오늘도 신비의 샘인 하루를 맞는다.

이 하루는 저 강물의 한 방울이
어느 산골짝 옹달샘에 이어져 있고
아득한 푸른 바다에 이어져 있듯
과거와 미래와 현재가 하나이다.

이렇듯 나의 오늘은 영원 속에 이어져
바로 시방 나는 그 영원을 살고 있다.

그래서 나는 죽고 나서부터가 아니라
오늘서부터 영원을 살아야 하고

영원에 합당한 삶을 살아야 한다.

마음이 가난한 삶을 살아야 한다.
마음을 비운 삶을 살아야 한다.

—구상, 〈오늘〉

〈채근담菜根譚〉에 날씨의 춥고 뜨거움寒暑보다 피하기 힘든 게 세간
인심의 차고 더움이고, 그 인세人世의 염량炎凉보다 벗어나기 어려
운 게 내 마음의 빙탄氷炭이라고 했다. 저마다 가슴속에 얼음덩이,
숯덩이를 함께 품고서 몸부림치는 세상이다. 모두들 신기루처럼
거창한 행복에 허기져 분노하고 증오한다.

새해 왔다고 지난날보다
껑충껑충 뛰어
단오날 열일곱짜리 풋가슴 널뛰기로
하루 아침에
찬란한 세상에 닿기야 하리오?

새해도 여느 여느 새해인지라
궂은 일 못된 일 거푸 있을 터이고
때로 그런 것들을
칼로 베이듯 잘라버리는
해와 같은 웃음소리 있을 터이니 …

—고은, 〈새해 두어 마디 말씀〉

내가 새로워야 새해도 새로운 법이다. 올해도 시련과 수난이 닥칠 테지만 그 어려움들을 꺼리지 말자. 명성의 노예도, 모략의 빌미도, 일의 종도 되지 말고 지혜의 주인이 되자. 들판의 안개를 아침 햇살이 걷어내듯 남루한 회한과 미망을 털어내고 내 곁의 행복을 찾아 나서자. " … 운명이란 피할 수 없는 것이 아니라/ 진실로 피할 수 있는 것을 피하지 않음이 운명이니라"(유치환, 〈너에게〉). 어둡고 찌든 한 해 불살라버리고 새 해가 솟았다.

해야 솟아라, 해야 솟아라
말갛게 씻은 얼굴 고운 해야 솟아라
산 너머 산 너머서 어둠을 살라먹고
산 너머서 밤새도록 어둠을 살라먹고
이글이글 애띤 얼굴 고운 해야 솟아라 …

—박두진, 〈해〉

2008.1.7

세밑, 마음에 박힌 못
뽑으셨습니까

사람들은 못을 아무 데나 쉽게 박는다. 박히는 벽의 아픔은 생각지 않는다. 지난 한 해도 가족, 친구, 이웃들 가슴에 얼마나 많은 못을 박고 살았는지 헤아리기도 힘들다.

이사를 와서 보니
내가 사용할 방에는
스무여 개의 못들이 필요 이상으로 박혀 있다
우리에게 익숙한 것은
어디에라도 못을 박는 일
내가 너에게 못을 박듯이
너도 나에게 못을 박는 일
벽마다 가득 박혀 있는 못들을 뽑아낸다
창 밖으로 벽돌 지고 가는 사람들도 보인다
선명하게 드러나는 못자국

그 깊이에 잠시 잠긴다
뽑음과 박음, 못을 뽑는 사람과
못을 박는 사람 사이의 거리가
좁혀지지 않는다
못을 뽑고 벽에 기대어 쉬는데
벽 뒤편에서 누가 못질을 한다

—주창윤, 〈못을 뽑으며〉

또 한 해가 기울어간다. 새해 새 마음으로 살자고 다짐한 게 엊그제 같은데 어느새 또 다른 새해가 코앞에 왔다. 참 잘못 살았구나 하는 뉘우침부터 밀려든다. 사는 일의 고달픔과 덧없음이, 살아온 날의 탈진과 후회가 찌든 때처럼 쌓인다. 부끄러운 일들은 저마다의 가슴에도 자책自責의 못으로 되날아와 박힌다.

못을 뽑습니다
휘어진 못을 뽑는 것은
여간 어렵지 않습니다
못이 뽑혀져 나온 자리는
여간 흉하지 않습니다
오늘도 성당에서
아내와 함께 고백성사를 하였습니다
못자국이 유난히 많은 남편의 가슴을
아내는 못 본 체하였습니다

나는 더욱 부끄러웠습니다
아직도 뽑아내지 않은 못 하나가
정말 어쩔 수 없이 숨겨 둔 못대가리 하나가
쏘옥 고개를 내밀었기 때문입니다

—김종철, 〈고백성사〉

아내에게도 차마 말 못하고 가슴에 묻어둔 일, 너무 부끄러워 차마 뽑지 못한 못 저마다 하나 둘쯤 품고 있을 세밑이다. 그 못 시원하게 뽑아버리고 해넘이를 하고 싶지만 고해하고 용서 받는다는 게 말처럼 그리 쉬운 일은 아니다. 자기에 대한 반성은 남에 대한 죄책 같은 것으로 번진다. 나만 생각하고 앞만 보고 살아오면서 더불어 사는 것에 무심하지는 않았는지.

들자니 무겁고
놓자니 깨지겠고

무겁고 깨질 것 같은 그 독을 들고 아둥바둥 세상을 살았으니
산 죄 크다
내 독 깨뜨리지 않으려고
세상에 물 엎질러 착한 사람들 발등 적신 죄
더 크다

—김용택, 〈죄〉

시가 내게로 왔다 373

시인은 제 앞 가리려 살다 보니 베풀기는커녕 이웃에 폐 끼치기 십상이었다고 뉘우친다. 네 탓만 하는 세상에서 드물게 착한 고백이다. 세밑이면 그렇게 남을 돌아보고 이웃을 생각하게 마련이다. 그러니 세밑은 나눔과 베풂의 시절이기도 하다.

> 곰삭은 흙벽에 매달려
> 찬바람에 물기 죄다 지우고
> 배배 말라가면서
> 그저, 한겨울 따뜻한 죽 한 그릇 될 수 있다면
>
> —윤중호, 〈시래기〉

보잘것없는 시래기도 외롭고 허기진 사람들에게 따뜻한 죽 한 그릇 되기를 원한다. 몸 안에 머금은 물기, 이를테면 욕심 같은 것을 지워야 따스한 시래기죽이 될 수 있다. 얼마 전 암으로 일찍 떠난 시인은 죽음의 병상에서 이 시를 썼다. 시든 무엇이든 베푸는 마음은 가진 것 많고 적음에 상관없다.

사회복지공동모금회 신필균 사무총장이 인터뷰에서 어느 이름 없고 얼굴 없는 기부를 얘기했다.

"전북에선 해마다 12월이면 공동모금회 사무실로 전화를 걸어오는 이가 있습니다. 그는 '어느 동사무소 앞 화단에 가서 쇼핑백을 찾아가라'고 해요. 그 쇼핑백에는 수표와 함께 현금으로 8백만 원이 들어있기도 하는데, 늘 꽉 찬 돼지저금통도 두 개가 있어요. 누군지 알아보려고도 했지만 순수한 마음이 좋아 그대로 지켜보고 있어요. 올해도 기다려집니다."

전주 노송동사무소에 누군가가 적지 않은 돈을 놓고 간 지가 오래됐다. 전주 시민에겐 이미 '전설'이 된 독지가다. 그는 세밑마다 몇백만 원에서 천만 원씩 든 쇼핑백과 동전 몇십만 원이 들어찬 저금통을 놓아둔다. 30대 남자 또는 20대 여자가 전화로 알려와 동사무소 직원이 달려나가 보면 돈과 함께 이런 메모지가 들어 있다고 한다.

"올해는 눈이 너무 많이 내렸습니다. 추위에 떨고 있는 이웃에게 전해주십시오."

백만 원씩 묶는 '띠지'가 세밑을 데우는 얼굴 없는 온정을 추적할 단서가 되지만 동장은 누를 끼칠까봐 주인공 찾는 일은 포기했다고 한다.

큰 베풂도 좋지만 작은 나눔은 더욱 소중하다. 제 여유 없어도 가난마저 쪼개는 청빈淸貧의 마음이어서다. 시인의 귀엔 자선냄비에 던져 넣는 동전 소리가 하늘이 '잔돈 자선'을 반겨 내는 탄성嘆聲으로 들린다.

구세군 자선냄비에
지폐는 접어 두고
동전을 던진다.
……
동전을 던져 쨍그랑 소리가 나면
자선이 하늘에 상달上達하는

© 오태진

소리라기에,

아예 지폐는 젖혀두고

소리 잘 나는 동전만 골라 던진다.

—김시종, 〈인심〉

신필균 총장은 "자기도 처지가 어려운 사람들이 더 기부를 많이
한다"고 했다. 교사로 사회에 첫발을 디디면서 첫 월급을 기부한
선생님, 점심을 굶으며 한 달치 점심값을 모아 보내온 익명 기부
자, 하루 수익금을 몽땅 보내온 순대 노점상 부부 ···. 매달 일정액
을 내는 이들도 10만 명에 이른다고 한다.

이 모든 손길이 빈자일등貧者一燈 같은 사랑이다. 부처에 공양한
수만 등불이 바람에 꺼져도 가난한 여인이 정성으로 켜 올린 등
불 하나는 오래도록 무명無明세계를 밝혔다. 감나무에 외롭게 매
달린 까치밥은 우리네 시골의 빈자일등이다. 어르신들은 초겨울
배고픈 까치가 쪼아 먹으라고 감 몇 개는 따지 않고 남겨뒀다. 살
림은 넉넉지 못해도 우리는 그렇게 더불어 살 줄 알았다.

감나무 가지 끝에

홍시 하나가

까치밥으로 남아 있었다

서릿바람 불고

눈발 날려도

가지 끝에

빨갛게

남아 있었다

밤새 꺼지지 않던

빈자일등

—윤효, 〈홍시〉

한 해의 끝, 새해의 경계에 서면 좌절과 극복, 절망과 부활이 맞부
딪친다. 그러나 대립과 갈등과 부정否定은 언제나 참회와 정죄淨罪
와 긍정에 자리를 내주고 물러가고야 만다. 그 사색과 성찰은 한
해라는 산에 오를 때가 아니라 한 해의 마루턱을 내려올 때에야
비로소 얻는 깨우침이다.

내려갈 때

보았네

올라갈 때

보지 못한

그 꽃

—고은, 〈그 꽃〉

지하철역 모금함을 열어보면 돈만 나오는 게 아니라고 한다. "애
인과 헤어져 이 반지가 필요없어요. 좋은 일에 쓰세요"라는 사연
과 함께 반지가 들어 있기도 한다. "부모님께 드리려던 선물인데

더 어려운 이웃들에게 주세요"라며 상품권을 넣은 이들도 있다.

깊이 박힌 못을 이보다 더 시원스레 뽑아내고 가족과 이웃 사랑을 이보다 더 알싸하게 표현한 해님이도 드물겠다. 지난 한 해 남의 마음에 박은 못, 내 몸에 박힌 못 모두 뽑아내고 빈 가슴, 맑은 머리로 새해를 맞아야겠다. 작고 당연한 것을 축복으로 여기는 세밑이어야겠다. 못, 뽑으셨습니까?

2007.12.24

농촌의 아기 울음소리
뉴스가 되는 세상

우리들은 저녁밥을 일찍 먹고 너나없이 모여들어 이삿짐을 꾸렸다. 거울 깨진 농짝 하나, 테 맨 장독 몇 개, 헌옷 보따리, 때 긴 카시미롱 이불, 그 흔한 흑백 텔레비전 하나 없는 이런 촌 세간살이들이 서울에 가서 산다는 게 우습고 기맥히는 일이지만, 우리들은 말없이 이삿짐을 꾸려 회관마당 삼륜차에 실었다. …

아버지의 아버지, 그의 아버지들이 대대로 힘써 살았던 땅, 논과 밭과 온갖 과일 나무들, 뒷산 몇 백 년 묵은 귀목나무, 강 건너 평밭, 꽃밭등, 절골, 뱃마당에 두루바위, 벼락바위, 눈 주면 언제나 눈이 익어 거기 정답게 있던, 우리들이 자라며 나무하고 고기 잡고 놀아주었던 몸에 익은 정든 이름들이 구로동 성남 신길동 명동, 이런 낯선 서울 이름들과 엇갈리며 우리 머릿속을 쓸쓸하게 지나갔다. 마당의 화톳불이 사그라져가고 새마을 스레트집은 횅 댕그레 비워졌다.

… 남의 일 같지 않은 이런 일들이 있을 때마다 사람들은 듬성듬
성 줄어들어 있었고 우리들은 얼마나 가슴 아팠던가. 이제 떠
날 만한 사람들은 거의 다 떠나고 회관 마당엔 어찌하지 못하는
나이 든 사람들과 몇몇 아이들만 남아 흐린 불빛 속에 어둡고 지
친 얼굴로 서 있었다. …

　　　　　　　　　　　　　—김용택, 〈섬진강 16:이사〉

　마을회관 마당에 동네 사람들이 모두 나와 서울로 떠나는 가족을
배웅한다. 그러나 사람들은 서로 얼굴을 마주치거나 말을 하려 들
지 않는다. 떠나는 이도 남는 이도 모두가 지친 얼굴이다. 김용택
이 〈섬진강〉 연작시를 쓴 1980년대 초반 농촌은 이미 피폐할 대
로 피폐해 있었다. 신경숙은 그보다 앞선 1970년대 후반 고향을
떠나 서울역에 내렸다.

　"열여섯의 나, 모내기가 끝나던 마지막 날 밤기차를 타고 집을
떠난다 … 그날 새벽에 봤던 대우빌딩을 잊지 못한다. 거대한 짐
승으로 보이는 저만큼의 대우빌딩이 성큼성큼 걸어와 엄마와 외
사촌과 나를 삼켜버릴 것만 같다."

　신경숙의 자전적 성장소설 《외딴 방》에서 도시에 첫발을 딛는
'나'는 서울역 앞을 두려움에 찬 눈길로 살핀다. 그 시절 얼마나
숱한 완행열차들이 서울로 동경과 상실을 함께 실어 날랐나. 객차
승강대에 매달려 온 젊은 꿈들은 블랙홀 같은 잿빛 거대 도시에
빨려들 듯 사라지곤 했다.

기차는 가고 똥개만 남아 운다

기차는 가고 식은 팥죽만 남아 식는다

기차는 가고 시커멓게 고개를 넘는

깜부기, 깜부기의 대갈통만 남아 벗겨진다

기차는 가는데 빈 지게꾼만 어슬렁거리고

기차는 가는데 잘 배운 놈들은 떠나가는데

못 배운 누이들만 남아 샘물을 긷는데

기차는 가고 아아 기차는 영영 사라져버리고

생솔가지 저녁 연기만 허물어진 굴뚝을 뚫고 오르고

술에 취한 홀애비만 육이오의 과부를 어루만지고

농약을 마시고 죽은 머슴이 홀로 죽는다

인정 많은 형님들만 곰보딱지처럼 남아

할아버지 아버지 어머니 무덤을 지키며

거머리 우글거리는 논바닥에 꼿꼿이 서 있다.

—김준태, 〈호남선〉

탈농^{脫農}, 이농^{離農}의 행렬이 40년 넘게 이어진 끝에 지금 농촌엔 누군 떠나고 누군 남고 할 게 없어졌다. 더 떠날 사람이 말라버렸 다. 농사짓는 사람 절반이 예순다섯 넘은 노인들이다. 정월 대보 름날 위아랫동네 사람들이 전쟁하듯 얽혀 놀던 쥐불놀이는 추억 거리가 된 지 오래다. 상여 메는 품앗이 할 장정이 드물어 상여가 사라진 마을이 많다.

시인 곽재구가 섬진강변 마을 어느 집 사랑채에 잠시 머물자니

시가 내게로 왔다 383

노인들이 "젊은이가 마을에 들어왔다"며 퍽이나 좋아했다. 시인은 그때 이미 쉰이 다 돼가던 나이에 젊은이 소리 듣는 것이 그리 싫지 않았다고 했다. 밤이면 노인네들은 그의 방에 불이 켜지는 것을 지켜봤다가 이튿날 그를 보면 "사랑채에 불빛이 참 곱데"라며 손을 잡았다. "사람이, 젊은 사람이 그리운 탓이었다"며 그는 가슴 시려했다. 그러니 어쩌다 소주잔이라도 대접받으면 노인들에겐 그보다 더 반가운 일이 없다.

　마을 주막에 나가서
　단돈 오천 원 내놓으니
　소주 세 병에
　두부찌개 한 냄비

　쭈그렁 노인들 다섯이
　그걸 나눠 자시고
　모두들 불그족족한 얼굴로

　허허허
　허허허
　큰 대접 받았네그려!

—고재종, 〈파안〉

노인들만 남은 시골, 그나마 홀로 남은 노인이 많다. 누군가 생을 끝내고 모처럼 살붙이들 모여들어 마당에 불 밝히는 상喪을 치르고 나면 그 집은 그날로 폐가가 되고 만다.

> 하늘이 두 뼘쯤 되는 산골짜기 집 마당에
> 백 촉짜리 백열등 주렁주렁 달렸습니다
> 저 집에서 다시 불빛 새어나올 일 없습니다
> 장독대 항아리들 다시 빛날 일 없습니다
> 툇마루에 걸터앉을 엉덩이 없습니다
>
> 시골집 환하면 그것으로 끝입니다
> 마지막 불빛입니다.

—정양주, 〈환하면 끝입니다〉

다들 아들 낳겠다고 하다 성비性比가 무너지고 농촌에 시집 오기 꺼리는 '남촌여도'男村女都까지 심해지면서 1980년대 후반부터 농촌 노총각 자살이 잇따랐다.

'농촌총각 총단결로 색시감 찾아오자', '마음 놓고 장가가는 조국에 살고 싶다.'

1989년 '농촌총각 결혼대책위'가 내건 구호다. 대책위는 구로공단 여성노동자회를 비롯한 여성단체를 돌며 농촌 총각과 만남을 주선했다. '아! 장가가고 싶다'고 써 붙인 '먹거리 한마당'도 열어 여성 근로자들을 불렀다. "농촌 총각들이 건강한 신체와 정신으로 여성 여러분에게 진실한 행복을 주겠다"고 하던 강기갑 대책위원장은 이제 국회의원을 지낸 정치인이다.

　… 이 지상의 생물 중에 도대체

　암컷 못 만나 자살한 수컷 있다는 말 못 들었는데

　적어도 사람이

　사람 중에도 제일가는 사람인 농부가

　농부 중에도 햇덩이 같은 총각들이

　장가를 못 가 고민이요

　고민하다 더러 자살도 하니

　이 일을 어쩌면 좋겠나 …

　　　　　　　　　—정현종, 〈이 나라의 처녀들아〉

농촌은 새 생명을 잉태하지 못하는 불임不妊의 땅이 돼버렸다. 두어 해 전 한 해 출생신고가 열 건도 안 되는 읍·면·동이 290곳이나 된다는 통계가 있었다. 아예 아기 울음소리가 끊긴 마을도 여덟 곳이었다. 그래서 어느 마을에 모처럼 아기가 태어나면 온 마을에 잔치가 벌어지고 그 소식이 신문 사회면에 실리는 세상이 됐다.

　얼마 전 경남 거창군 삼포마을에서 아기 울음소리가 울렸다고 한다. 21년 만의 고고성呱呱聲이다. 40대 농군에게 건강한 사내 아이를 안긴 스물두 살 아내는 베트남에서 왔다. 장·노년층이 대부분인 마을 사람들은 모처럼 아기 울음소리를 들으면서 모두 자기가 손주를 본 것처럼 즐거워했다 한다. 새 생명이 발하는 희망과 생기를 마을 사람들이 얼마나 진심으로 반겼을지 안 봐도 선하다.

지금 농촌에 새 생명을 안겨주는 이들이 외국인 며느리다. 어린이들이 거의 혼혈 '코시안'(코리안+아시안)인 마을도 늘고 있다. 농촌은 옛 문화를 물려받았다가 후대로 물려주는 전통의 저수지 같은 곳이다. 지금 그 농촌에서 새로운 문화가 일고 있다. 애당초 농촌이 풍요로운 삶의 터전이었다면 생겨나지 않았을 문화다. 삼포마을 아기 탄생은 경사가 틀림없지만 한 구석 연민 어린 경사다.

2007.12.10

없으면 괴롭고 있으면
더 괴로운 요물妖物 휴대전화

현대시 강습회 1박 2일

첫날 저녁 때 교육원 숙소

휴게 코너 기둥 뒤에서 누군가

전화 거는 젊은 목소리

―오늘은 엄마가 집에 없으니까

아빠하고 자야지

이 닦고 발 씻고 …

저 여성 강습생은 조그만 핸드폰 속에

온 가족을 넣고 다니는구나

부럽다 어리고 작아서 따뜻한 가정

―김광규, 〈핸드폰 가족〉

젊은 엄마가 시를 배우러 하룻밤 집을 비우고 강습회에 나와 있
다. 그러나 마음은 가족을 떠나지 못했다. 시인은 엄마가 어린 딸

에게 이르는 얘기를 들으며 휴대전화 속에 가족을 담고 다니는 것이라고 했다. 시인은 차가운 기계에서 따스한 온기를 느낀다. 휴대전화는 이기利器다. 가족과 친지와 사랑하는 이와 언제 어디서든 소통할 수 있다. 없었을 땐 어떻게 살았나 싶다.

휴대전화는 마물魔物이다. 예전 호출기 삐삐의 미덕은 '받지 않을 자유'에 있었다. 호출이 와도 하던 일을 덜 방해 받는다. 응답할지 말지 생각할 여유가 있다. 짜증스러운 스팸 전화 공해로부터 자유롭다. 휴대전화는 그러나 받지 않곤 못 배긴다. 당장 안 받으면 뭔가 놓칠 것 같은 '잠재적 상실효과'를 뿌리치지 못한다. 휴대전화는 '가장 싫은 필수품'이다.

삐리리릭 잠깐만 응 난데 어디야
한국은 지금
애도 어른도
몽땅 통화중

새로 생긴 전화인간
학명은 텔레포니쿠스
휴대폰을 차고 도시의 빌딩숲을 헤매는
21세기형 신유목민에겐
휴대폰은 생존을 위한 병기兵器라나
……
삐리릭 소리가 들려야 막혔던 기가 풀리고

정신이 확 드는

저마다 저지르는 소리가 가벼워진 만큼

거동도 가벼워진 사람들로 붐비는 거리

도처에 삐리리릭 소리를 기다리는 사람들과

삐리리리 소리를 만들려고 번호를 누르는 사람들로 가득한 …

—류근조, 〈전화인간〉

새 인류 '전화 인간', '텔레포니쿠스'가 출현했다. 거리엔 온통 경
례하듯 휴대전화를 귀에 모시고 다니는 사람들이다. 물리적인
선線은 없어졌지만 휴대전화는 그 어떤 유선전화보다 더 사람을
옭아맨다. '전화 수갑', '전화 족쇄'다.

휴대전화는 쓰는 사람의 염치를 마비시키는 요물妖物이다. 지하
철이나 버스에서 승객들은 어느 동네 어느 미장원 값이 싼지, 어
느 집 식구는 오늘 아침밥으로 무엇을 먹었는지, 어느 회사 납품
사정이 어떤지 따위를 원치 않아도 훤히 알게 된다. 별의별 시시
콜콜한 남의 개인사를 듣고 앉아 있어야 하는 '간접 통화'의 고통
은 '간접 흡연'보다 짜증스럽고 그래서 정신건강엔 더 해롭다. 그
래도 말리는 이가 없으니 참 너그럽기도 하다.

요즘 미국 사람들은 더는 못 참는 모양이다. 다른 사람 휴대전
화 통화를 방해하는 전자장치를 쓰는 사람이 늘고 있다고 〈뉴욕
타임스〉가 보도했다. 담뱃갑만 한 검정색 장치의 버튼을 눌러 방
해전파를 쏘면 10m에서 몇십m 안 모든 휴대전화가 불통된다. 불
법이고 값도 몇백 달러까지 만만치 않지만 한 달에 수백 대씩 수

© 오태진

입된다. 일반인뿐 아니라 카페나 미용실 주인, 대중 연설자, 극장 매니저, 버스 기사까지 다양한 사람들이 쓴다고 한다.

> … 핸드폰도 터지지 않고
> 라디오도 잡히지 않는 곳
> 석회암이 앙상한 두 개의 산 사이
> 수달이 어름치를 잡아먹는 강이 흐르고
> 읍내엔 일백오십 호 주민들이 삽니다
> 아이가 어른 같고
> 어른이 아이 같은 그곳에선
> 시간이 황종류석처럼 더디게 자라고
> 조폐공사에서 찍은 돈은 쓰이지 않습니다 …
>
> —전윤호, 〈도원 가는 길〉

강원도 정선 출신 시인은 산들이 첩첩 가로막아 휴대전화도 안 터지고 라디오 전파도 닿지 않는 곳, 그래서 사람 살기 불편한 땅이 곧 천국이라고 말한다. 주변 사람 휴대전화 통화에 신경 곤두세우지 않아도 되고 휴대전화 벨소리가 시도 때도 없이 사람을 불러대는 일도 없는 곳이다. 면허증, 신분증, 신용카드, 명함 ….
  황동규는 현세의 짐과 끈 가운데 휴대전화를 가장 상징적인 속박의 사슬로 꼽는다.

  휴대폰 안 터지는 곳이라면 그 어디나 살갑다

아주 적적한 곳

늦겨울 텅 빈 강원도 골짜기도 좋지만

알맞게 사람 냄새 풍겨 조금 덜 슴슴한

부석사 뒤편 오전梧田약수 골짜기

벌써 초여름, 산들이 날이면 날마다 더 푸른 옷 갈아입을 때

흔들어봐도 안 터지는 휴대폰

주머니에 쑤셔넣고 걷다 보면

면허증 신분증 카드 수첩 명함 휴대폰

그리고 잊어버린 교통 범칙금 고지서까지

지겹게 지니고 다닌다는 생각! …

—황동규, 〈탁족濯足〉

한국인의 휴대전화 중독은 분명 세계 으뜸이다. 넷 중 셋은 벨 소리나 진동이 울린 것 같은 환청幻聽을 겪는다. 다섯 중 셋은 전화가 오지 않았는데도 수시로 주머니 속 휴대전화를 꺼내 확인한다. 셋 중 둘은 배터리가 부족하거나 휴대전화를 집에 두고 오면 불안·초조해진다. 절반 이상은 걸려오는 전화를 놓칠까봐 집안에서도 휴대전화를 들고 다닌다. 한 소비자 조사기관이 1만 명을 조사한 결과다. 침묵하고 생각하는 시간을 견디지 못하는 세상은 얼마나 어수선하고 강파른가.

시인 이문재는 세상을 촘촘하게 뒤덮은 디지털 네트워크로부터의 절연絶緣을 말한다. 세상 전파로부터 자유롭고 싶어한다. 그러나 자연 속으로 도망쳐 오고서도 절교란 쉬운 일이 아니다. 갓 담

배 끊은 사람처럼 며칠을 금단 증상에 시달린 끝에야 몸이 새로
깨어난다.

강원도의 산들은 높이를 버리고 초록에 집중하고 있습니다
……
처음 며칠간은 휴대폰 벨소리가 수시로 들렸습니다
라디오조차 들을 수 없는 오지에서 벨소리가 환청으로 들린 것이
지요
혼잣말을 할 때에는 손가락으로 무릎 위를 톡톡 치기도 합니다
전원電源에 연결되어 있던 삶에서 벗어나기가 여간 힘들지 않습니다

환청이 사라지는 것과 함께 향기들이 기습했습니다
한 홉씩 코를 틀어막는 냄새들이라니요
아픈 몸은 후각에 흔쾌해지면서 한 칸씩 몸으로 돌아오고 있습니다 …
　　　　　　　　　　　　　　　　　　—이문재, 〈서신〉

도시를 벗어나려고 산에 오르면서도 주머니에 휴대전화를 챙겼
는지 확인하는 세상이다. 그러나 떨어져 자주 보지 못하는 사랑이
더욱 애틋하고 절절한 법이다. 단절이 있어야 소통이 아름답다.

휴대폰 없이 산에서 지내는 동안
하늘색 공중전화가 있는
절 마당까지 뛰어갔다가 동전은 못 바꾸고

길만 바꿔 돌아올 때

보고 싶은 마음 꾸욱 눌러
돌무지 탑 하나 올린다

—고두현, 〈보고 싶은 마음〉

바로바로 터지는 디지털 사랑보다 편지 띄운 뒤 며칠을 설레며
기다리는 아날로그 사랑이 향기롭다. 잉크 번져난 자국에서 그리
운 이의 체취를 맡는 손 글씨 편지 받아본 지가 얼마인가. 그 살가
운 접촉이 그립다.

네 핸드폰에
목소리 저장하지 않겠다
소중한 가슴 놔두고
왜 우리의 진실
기계 속에 끼워 넣어야 하는지

언제 허물어질
가볍고 허무한
멀티미디어 사랑 하기 싫어
내 목소리 그곳에 보관하지 않겠다

백치처럼 가여운

원시인이라 할지라도

네가 보고 싶을 때

바람소리에도 흔들리지 않는

간절한 편지 한 장 들고

우체국으로

달려가는 게 낫겠네

내 발자국

기계음보다 느려도

쐐기풀 같은 사랑이

더 진실할 것 같아서

—문정희, 〈쐐기풀 사랑〉

2007.11.26

참척慘慽, 세상에서 가장 참혹한 고통
자식 잃은 슬픔

한국시인협회가 창립 50년을 맞아 한국 현대시 대표 시인 10명과 대표작을 뽑았다. 김소월 〈진달래꽃〉, 한용운 〈님의 침묵〉, 서정주 〈동천〉, 정지용 〈유리창〉, 백석 〈남신의주 유동 박시봉방〉, 김수영 〈풀〉, 김춘수 〈꽃을 위한 서시〉, 이상 〈오감도〉, 윤동주 〈또 다른 고향〉, 박목월 〈나그네〉이다. 별로 이의가 없을 면면이다.

대표 시도 대개 낯익은 작품들이지만 정지용의 〈유리창〉은 생소할 이가 적지 않을 것 같다. 정지용이라면 "문 열자 선뜻!/ 먼 산이 이마에 차다"로 시작하는 〈춘설春雪〉이나 "고향에 고향에 돌아와도/ 그리던 고향은 아니러뇨 …"의 〈고향〉을 떠올리게 마련이다. "넓은 벌 동쪽 끝으로/ 옛이야기 지줄대는 실개천이 회돌아 나가고/ 얼룩백이 황소가 …"하는 〈향수鄕愁〉도 가수 이동원 노래로 많이 알려졌다.

〈유리창〉은 우리 근대시에 현대적 숨결과 박동을 불어넣어준 시로 평가 받는다. 감성을 멀리하고 지성과 이미지에 눈길을 두는 주지주의主知主義 시다. 정지용은 한밤 유리창을 닦으며 절망과 고독과 허무를 이겨보려 애쓴다. 그 절망마저도 선명한 이미지와 절제된 언어로 표현하며 극복하려 한다.

유리에 차고 슬픈 것이 어린거린다.
열없이 붙어서서 입김을 흐리우니
길들은 양 언 날개를 파닥거린다.
지우고 보고 지우고 보아도
새까만 밤이 밀려나가고 밀려와 부딪치고,
물먹은 별이, 반짝, 보석처럼 백힌다.
밤에 홀로 유리를 닦는 것은
외로운 황홀한 심사이어니,
고운 폐혈관이 찢어진 채로
아아, 늬는 산새처럼 날러 갔구나!

—정지용, 〈유리창〉

정지용이 이겨보려 애쓴 절망은 자식의 죽음이다. 그는 어린 아들을 '고운 폐혈관이 찢어'지는 폐렴으로 떠나보냈다. 육친의 죽음은 하늘이 무너지는 아픔 천붕지통天崩之痛이라 했고, 자식 앞세우기는 창자가 끊어지는 애달픔 단장지애斷腸之哀라 했다.

"부모 주검은 북망北邙에 묻고 자식의 주검은 가슴에 묻는다"는 말도 있다. 부모 여읜 아픔이 인류의 것이라면 자식 잃은 슬픔은 본능적·동물적 설움일 것이다. 그래서 세상에서 가장 참혹한 슬

© 오태진

품 참척慘慽이라고 일컫는다. 동서고금에 자식 잃는 것보다 더한 삶의 고통은 없다.

링컨의 셋째 아들 윌리가 앓다 죽은 몇 주 뒤 백악관 마구간에 불이 났다. 링컨은 조랑말 한 마리를 구해내려고 앞뒤 없이 불 속으로 뛰어들었다. 기겁한 경호원들에게 구출된 대통령은 울고 있었다. 그 조랑말은 죽은 윌리가 아끼던 놈이었다. 링컨의 아내 메리는 아들이 숨진 백악관 '이스트 룸'과 주검을 안치했던 '그린 룸'에 다시는 들어가지 않았다.

부모들은 흔히 자식의 죽음이 내 탓이라 여겨 죄책과 분노에 빠진다. '생존자 증후군'이다. 워낙 말수가 적어 '조용한 칼'Silent Cal로 불렸던 1920년대 미국 대통령 캘빈 쿨리지도 재임 중에 둘째 캘빈 주니어를 잃었다. 주니어는 백악관에서 테니스를 치다 발가락에 물집이 잡혔지만 새 양말을 찾지 못해 맨발로 몇 게임을 더 했다. 주니어는 패혈증에 걸려 사흘 뒤 숨졌다.

쿨리지는 며칠을 넋 놓고 있다 창 밖에서 아들이 테니스를 치는 환영을 보기도 했다. 집무실에서 인터뷰 하다 말고 기자 앞에서 흐느꼈다. "참 좋은 아이였는데 …." 쿨리지는 "내가 대통령이 아니었다면 아들이 백악관에서 테니스를 치지 않았을 것"이라며 죄책감에 시달렸다. 그는 다음 대선에 출마하지 않겠다고 선언했다. 훗날 자서전에 "주니어가 떠난 뒤 대통령의 권력과 영광도 함께 사라졌다"고 썼다.

특히 아들의 죽음을 상명喪明이라고 한다. 빛을 잃어 천지가 캄캄하다는 뜻이다. 조선 중기 강직한 큰 선비, 남명南冥 조식曺植도 마흔넷에 총명한 아홉 살 외아들을 잃고 〈상자〉喪子를 써 탄식했다. "집도 아들도 없어 승려와 비슷하고(靡室靡兒僧似我) 뿌리도 꼭지도 없는 이내 몸 구름 같다(無根無我如雲)/ 한평생 보내자니 어쩔 수 없는 일(送了一生無可奈) 남은 생 돌아보니 눈처럼 어지럽다(餘年回首雪紛紛)." 아들 없는 여생은 그에게 암흑이었다.

산이 저문다
노을이 잠긴다
저녁 밥상에 애기가 없다
애기 앉던 방석에 한 쌍의 은수저
은수저 끝에 눈물이 고인다

한밤중에 바람이 분다
바람 속에서 애기가 웃는다
애기는 방 속을 들여다본다
들창을 열었다 다시 닫는다
먼 들길을 애기가 간다
맨발 벗은 애기가 울면서 간다
불러도 대답이 없다
그림자마저 아른거린다

— 김광균, 〈은수저〉

은수저엔 장수와 건강, 행복의 뜻이 담겨 있다. 시인은 저녁 밥상에 놓인 주인 잃은 은수저에서 아이의 부재를 확인한다. 정지용을 잇는 모더니스트 김광균은 가슴이 미어지는 비통함을 간결한 언어로 표현했다. 읽는 이의 마음이 더욱 저리다.

김동리도 큰아들 진홍을 경기로 앞세우고 10년이 지나도록 아파했다.

진홍이 한 조각 구름 되어 날아간 날
하늘엔 벙어리 같은 해만 걸려 있더라

먹고살면 흘러가는 나날
십 년도 도무지 하루같이 쉬운 것을
……
어이한 새 한 마리냐 너는, 지금도
천길 하늘 위에서 우느냐.

—김동리, 〈아들 진이〉

참척의 고통은 눈을 감을 때까지 부모 가슴에 납덩이로 얹혀 있다. 세월이 흘러도 상처에 딱지가 앉지 않는다.

박완서는 1988년 스물다섯 외아들을 앞세웠다. 레지던트 과정을 밟던 '청동기처럼 단단하고 앞날이 촉망되던 젊은 의사 아들'이었다. 박완서는 부산 수녀원에서 스무 날 넘게 하느님에게 '한 말씀만 하시라'고 따졌다.

내 아들아. 이 세상에 네가 없다니 그게 정말이냐 … 창창한 나이에 죽임을 당하는 건 가장 잔인한 최악의 벌이거늘 그 애가 무슨 죄가 있다고 그런 벌을 받는단 말인가. 이 어미에게 죽음보다 무서운 벌을 주는 데 이용하려고 그 아이를 그토록 준수하고 사랑 깊은 아이로 점지하셨더란 말인가. 하느님이란 그럴 수도 있는 분인가. 사랑 그 자체라는 하느님이 그것밖에 안 되는 분이라니. 차라리 없는 게 낫다. 아니 없는 것과 마찬가지다.

박완서는 소설 〈나의 가장 나종 지니인 것〉에서도 아들 잃은 어머니의 넋두리를 풀어놓았다. "교통사고로 반신불수에 치매 상태가 된 친구 아들이 오히려 부러울 지경"이라고. "다만 볼 수 있고, 만질 수 있고, 느낄 수 있는 생명의 실체가 그렇게 부럽더라. 세상에 어쩌면 그렇게 견딜 수 없는 질투가 다 있을까." 박완서의 소설 제목은 김현승의 시에서 따 온 것 같다.

더러는
옥토沃土에 떨어지는 작은 생명이고저 …

흠도 티도,
금가지 않은
나의 전체는 오직 이뿐!

더욱 값진 것으로 드리라 하올 제,

나의 가장 나중 지니인 것도 오직 이뿐!

아름다운 나무의 꽃이 시듦을 보시고
열매를 맺게 하신 당신은

나의 웃음을 만드신 후에
새로이 나의 눈물을 지어 주시다

—김현승, 〈눈물〉

신神은 시인 자신으로도 모자라 시인이 '가장 나중 지닌' 소중한 자식을 바칠 때까지 기다린다. 그때까지 신은 가혹하리만큼 무심하다. 아들의 목숨을 거둬가고 나서야 신은 새로 눈물을 지어주고 시인을 거듭나게 한다. 절대자에 대한 원망을 시인은 믿음이 참되고 깊어지는 종교적 성숙으로 승화시킨다.

박완서는 한동안 '자식을 앞세우고도 살겠다고 꾸역꾸역 음식을 처넣은 에미'가 너무 징그러웠다. 그가 찾은 돌파구는 글이었다. 아들이 살았을 땐 '사치요 욕심이지 싶었던' 글쓰기가 아들 앞세운 뒤엔 공기였다. 마시지 않으면 죽을 수밖에 없는.

많은 부모들이 울면서 허송하기보다 열심히 사는 것, 작더라도 남을 돕는 것이 하늘나라에서 자식을 만나도 떳떳하다는 걸 깨닫는다. 형벌 같은 그리움을 봉사로 승화해내는 부모들을 주변에서 드물지 않게 본다. 자식들도 그렇게 강하고 아름다운 부모를 자랑스럽게 지켜보고 있을 것이다.

2007.11.12

아내의 인내에도
바닥이 있다

부부싸움을 할 때 감정을 억누르는 아내는 감정을 솔직히 드러내는 아내보다 사망 확률이 4배 높다고 〈뉴욕 타임스〉가 보도했다. 한 의학저널이 남녀 4천여 명을 10년에 걸쳐 연구한 결과라고 한다. 반면 남자들은 감정을 억눌러도 건강에 문제가 나타나지 않았다. 연구팀은 "아내가 자기 감정을 누르기만 해서는 몸에 좋지 않을 뿐 아니라 건강을 심각하게 악화시킬 수 있다"고 했다. 여성은 생래적으로 마음의 상처로 몸까지 해치기 쉽다는 얘기다.

오랜 세월 눌러 참고 살기를 미덕으로 여겨온 우리 아내들은 더 말할 필요가 없겠다. 우리에겐 '화병'火病이라는 가슴 답답한 병까지 따로 있다. 주로 여자들이 스트레스를 적절히 풀지 못한 채 참고 인내하는 데서 생기는 병이다. 국제 정신과 학계가 한국인 특유의 정신질환으로 공인해 'Hwabyung'으로 등재해 놓았을 정도다.

미당은 '질마재 신화'의 신부 설화에서 전통적 도덕의 강압과

속박이 부르는 여성의 정한情恨에 연민의 눈길을 보냈다.

신부新婦는 초록 저고리 다홍치마로 겨우 귀밑머리만 풀리운 채 신랑하고 첫날밤을 아직 앉아 있었는데 신랑이 그만 오줌이 급해져서 냉큼 일어나 달려가는 바람에 옷자락이 문 돌쩌귀에 걸렸습니다. 그것을 신랑은 생각이 또 급해서 제 신부가 음탕해서 그 새를 못 참아서 뒤에서 손으로 잡아 다리는 거라고, 그렇게만 알곤 뒤도 안 돌아보고 나가버렸습니다. 문 돌쩌귀에 걸린 옷자락이 찢어진 채로 오줌 누곤 못 쓰겠다며 달아나 버렸습니다.

그리고 나서 사십 년인가 오십 년이 지나간 뒤에 뜻밖에 딴 볼일이 생겨 이 신부네 집 옆을 지나가다가 그래도 잠시 궁금해서 신부방 문을 열고 들여다보니 신부는 귀밑머리만 풀린 첫날밤 모양 그대로 초록 저고리 다홍치마로 아직도 고스란히 앉아 있었습니다. 안쓰러운 생각이 들어 그 어깨를 가서 어루만지니 그때서야 매운 재가 되어 폭삭 내려앉아버렸습니다. 초록 재와 다홍 재로 내려앉아 버렸습니다.

—서정주, 〈신부〉

가사일은 현대 여성 불평등의 상징처럼 돼 있다. 집안일은 여자 몫이라는 고정관념이 아내들에겐 큰 짐이다. 해마다 명절이면 며느리들의 음식 장만 스트레스가 언론에 끊임없이 오른다.

ⓒ 오태진

산 목숨에도 노란 빈혈이 드는

가을날 오후

어김없이 찾아온 제사를 위해

파를 다듬는다

파를 다듬다가 철철 눈물을 흘린다

홍 동 백 서, 주 과 포 혜

몇 백 년을 루머처럼 떠도는 지령에 따라

바삐 손을 놀리는 나에게

어린 효자 아들이 말했다

엄마, 제사상에 짜장면 시켜다 놓자

탕수육도 한 접시

—문정희, 〈파를 다듬으며〉

TV 노인 퀴즈쇼에서 일어난 소극笑劇 뒤로도 차마 웃지 못할, 힘겹게 꾸려온 나날들이 엿보인다.

낱말을 설명해 맞히는 TV 노인 프로그램에서

천생연분을 설명해야 하는 할아버지

여보 우리 같은 사이를 뭐라고 하지?

웬수

당황한 할아버지 손가락 넷을 펴보이며

아니 네 글자

평생웬수 …

—황성희, 〈부부〉

아내의 인고^{忍苦}, 아내의 존재는 아내에게 화가 닥쳤을 때나 아내를 앞세워 떠나 보내고서 비로소 절절히 다가온다.

> … 진흙밭에 삭은 연^蓮 잎새 다 된 발아
>
> 말굽쇠 같은 발, 무쇠솥 같은 발아
>
> 잠든 네 발바닥을 핥으며 이 밤은
>
> 캄캄한 뻘밭을 내가 헤매며 운다. …

—송수권, 〈아내의 맨발 1. 연엽^{蓮葉}에게 줌〉

송수권은 백혈병으로 골수이식 수술을 받고 투병하는 아내 연엽에게 시를 써 바쳤다. 병상 밖으로 비어져 나온 아내의 발을 밤마다 만지작거리며 쓴 시와 산문집 '아내의 맨발'엔 눈물이 질펀하다. 까치마늘 같던 아내의 발은 섧게도 말굽쇠나 무쇠솥처럼 돼버렸다.

그가 '백수건달로 시를 쓴다고 까불거릴 때' 아내는 똥장군을 짊어지고 수박밭을 일궜다. 18년이나 보험 아줌마로 전국을 돌아다녔다. 아내는 골수이식 수술비만 2억 원이 넘는다는 걸 알고는 "우리 송 시인 늙어서 거러지 만들지 않겠다"며 종적을 감춰버리기도 했다. 그는 뒤늦게 머리를 쥐어뜯는다.

"너의 피를 먹고 자란 시인, 더는 늙어서/ 피 한 방울 줄 수 없는 빈 껍데기 언어로/ 부질없는 시를 쓰는구나."

조금 전까지 거기 있었는데

어디로 갔나

밥상은 차려놓고 어디로 갔나

넙치지지미 맵싸한 냄새가

코를 맵싸하게 하는데

어디로 갔나

이 사람이 왜 갑자기 말이 없나

내 목소리는 메아리가 되어

되돌아온다

내 목소리만 내 귀에 들린다

이 사람이 어디 가서 잠시 누웠나

옆구리 담괴가 다시 도졌나, 아니 아니

이번에는 그게 아닌가 보다

한 뼘 두 뼘 어둠을 적시며 비가 온다

혹시나 하고 나는 밖을 기웃거린다

나는 풀이 죽는다 …

—김춘수, 〈강우〉

팔순의 시인은 아내의 죽음이 실감나지 않는다. 아내는 금방이라
도 돌아올 것 같다. 그가 추구해온 관념시와는 사뭇 다른 시다. 김
춘수는 주관과 주장을 담지 않는 '무의미의 시'를 말해 왔지만 아
내와의 사별死別이 시작詩作의 길마저 틀어버렸다. 그는 "너는 죽지
않는다/ 너는 살아 있다/ 죽어서도 너는/ 시인의 아내/ 너는 죽지

않는다"로 시작하는 〈S를 위하여〉를 남기고 아내의 뒤를 따랐다.

일본 어떤 조사에서 아내가 없는 노인의 사망률이 아내가 있는 경우보다 80%나 높았다고 한다. 반면 남편이 있는 노인의 사망률은 없는 경우보다 55% 높았다. 여자는 남편 수발하느라 제 명에 못 죽고 남자는 아내 수발이 없으면 오래 못 산다는 얘기다.

그러나 아내들의 인내에도 바닥이 있다. 여성은 나이 들어가면서 여성호르몬 에스트로겐 분비가 줄어든다. 에스트로겐은 여성을 더욱 여성답게 만드는 호르몬이다. 여성적 몸매뿐 아니라 묵묵히 일을 처리하는 순종적 성향을 키운다. 여성호르몬이 부족해지면 인내심과 부드럽고 희생적인 여성성性도 약해져 공격적으로 바뀐다. 고집 세고 가부장적인 남편을 젊었을 때처럼 참아내지 못한다. 그래서 황혼이혼이 늘고 있다는 의학 논문이 국내외에서 나오고 있다.

〈뉴욕 타임스〉는 남편의 감정적 말투가 아내의 건강을 해치고 특히 심장질환 위험을 높인다는 보고서도 인용했다.

"부부 대화방식이 흡연이나 콜레스테롤처럼 심장질환을 부른다. 따뜻한 말 한마디가 아내의 심장병 위험을 줄여 준다"고 했다.

일본 퇴직 남편들이 아내에게 황혼이혼을 당하지 않으려고 기울이는 노력을 참고할 만하다.

"요리, 청소, 장보기를 배운다. 내가 스트레스의 원인이라는 사실을 인식한다. 아내가 뭔가 해줬을 때 고맙다고 말한다. 아내 말에 귀 기울이고 아내 눈을 보며 이름을 불러준다."

속담에 "효자가 불여악처"不如惡妻라 했다. 아무리 악처라도 자식

보단 아내가 낫다. 아내 귀한 것 명심할 일이다. 노(老)시인의 시처럼 부부 함께 닮아가며 편안하게 늙어 갈 일이다.

어두운 부뚜막이나
낡은 탁자 위 같은 데서
어쩌다 비쳐 드는 저녁 햇살이라도 받아야

잠시 제 모습을 드러내는
한 쌍의 빈 그릇,
놋쇠든, 사기이든, 오지이든
오십 년이 넘도록 하루같이 함께
붙어 다니느라 비록 때묻고 이 빠졌을망정,

늘 함께 있어야만 제격인
사발과 대접 …

—김종길, 〈부부〉

2007.10.29

남자男子, 그리고 중년

마흔 다섯은
귀신이 와 서는 것이
보이는 나이.

참 대 밭 같이
참 대 밭 같이

겨울 마늘 낼
풍기며,
처녀 귀신들이
돌아 와 서는 것이
보이는 나이.

귀신을 기를 만큼 지긋치는 못해도

처녀 귀신 허고

상면相面은 되는 나이.

—서정주, 〈마흔 다섯〉

중년이 돼 삶의 마루턱에 서면 세상사 이치가 훤하다고 했다. 형안炯眼이라는 말처럼, 지난 일부터 닥쳐올 일까지 눈이 확 트인다고 했다. 아예 도통할 만도 했다.

쉰 살이 되니까

나도 반쯤 귀신이 되어가는 모양이군

자기 죽은 날 옛집을 찾아가는

귀신 눈에는 제삿상도 보인다던데

쉰 살이 되니까 내게도

지난 추억이란 추억들이

불을 켠 듯 환히 보이기 시작하는군

그뿐인가, 쉰 살이 되니까

내가 앞으로 내처 가야 할

길도, 어렴풋이 보이기 시작하는군

옛날에는 점술가한테서나 알아보던 그 길이

—이수익, 〈오십 근황〉

중년의 묵직함, 완숙함, 느긋함을 "늦은 봄, 민달팽이 한 마리 푸른 산그늘을 지고 아주 천천히 청미래 덩굴 아래를 지나고 있다"(유재영의 〈오십 살〉)고 노래한 시인도 있다.

잡지사에 취직한 김동인이 중절모를 쓴 채 책상에 앉아 일했다. 보다 못한 사장이 "김 선생, 사무실에서는 모자를 벗으시지요" 한 마디 했다. 김동인은 벌떡 일어나 나가더니 종내 무소식이었다.

밥벌이에 목을 매는 오늘 우리네 세속의 중년 가장들에게 김동인의 일화는 일화일 뿐이다. 자존심은 고사하고 좀스런 걱정에 이리저리 헛된 셈을 하느라 밤잠을 설친다. 아이들 가르치고 결혼시키고 늙어서 먹고 살려면 얼마가 드나, 그런데 얼마를 더 벌 수 있나. 아무리 맞춰봐도 어긋나는 대차대조표를 머릿속에 썼다 지웠다 한다. 그냥 살아볼 밖에.

대문을 나선다.
먹고 마시는 것을
위하여.
바쁜 걸음으로
대문을 나서는
이를 긍휼히 여기소서.
집으로 돌아온다
하루를
몇 개의 은전銀錢과 바꾸고
지쳐서 어깨가 축 늘어져
문을 들어서는
이를 긍휼히 여기소서. …

—박목월, 〈우리의 출입〉

중년의 삶은 하루를 몇 닢 은전과 바꾸는 일이다. 부르튼 맨발로 종일 거리를 헤매며 노동하고 양식을 벌어 가족을 부양하는 일이다. 그렇게 생활의 수레바퀴를 굴리느라 너절해진 제 몸을 내려다보며 가장은 동정 어린 독백을 뇌까린다.

> 헌 신문지 같은 옷가지들 벗기고
> 눅눅한 요 위에 너를 날것으로 뉘고 내려다본다
> 생기 잃고 옹이 진 손과 발이며
> 가는 팔다리 갈비뼈 자리들이 지쳐 보이는구나
> 미안하다
> 너를 부려 먹이를 얻고
> 여자를 안아 집을 이루었으나
> 남은 것은 진땀과 악몽의 길뿐이다 …
>
> ─김사인, 〈노숙〉

사내 나이 마흔이면 제 얼굴에 책임을 져야 한다고 했다. 그러나 중년이 되면 거울 보기가 싫다. "처음엔 내가 마흔 살이/ 되었다는 것을 도저히 받아들일 수가 없드라"고(황지우, 〈우울한 거울 2〉).

나이 들어가는 과정은 점진적이지도 순하지도 않다. 우스꽝스러워진 제 모습을 받아들일 준비도 안 돼 있는데 예고 없이 갑자기 들이닥친다. 눈꼬리는 처지고 흰자위는 탁해진다. 온 얼굴에 세월과 피곤의 더께가 앉는다. 미어지고 비어져 나온 살들은 또 어떤가. "뚱뚱한 가죽부대에 담긴 내가, 어색해서, 견딜 수 없다"

(황지우, 〈어느 날 나는 흐린 주점에 앉아 있을 거다〉).

　내 얼굴 이미 많은 걸 지녔다
　얼굴 드리운 퀭한 눈빛
　얼굴에 파인 깊은 그늘
　자비상, 분노상, 백아상출상 열한 개 얼굴
　보이지 않는 뒷모습 살의殺意
　나는 내가 두렵다
　……
　가면도 얼굴이란 걸 알았다 그래서
　맨 얼굴 옛 미소가
　내 얼굴 정수리 불면佛面이 사라진 흔적

　　　　　　　　　　　　　—김영산, 〈내 십일면관음상〉

시인은 젊음과 순수가 사라진 자기 얼굴을 고통스럽게 바라본다. 맨 얼굴의 미소를 상실한 현실과 옛 얼굴을 돌이킬 수 없다는 아픔이 거기 있다. 나이 든다는 것은 나와는 다른 타자他者들의 얼굴을 가면처럼 쓰고 살아야 하는 것인지 모른다.

　시인 강태기도 "가끔 화장실 거울을 보며 별 볼 일 없는 사내에게 욕을 퍼붓는다"고 했다. 그는 쉰 넘긴 사람을 보면 참 지겹게도 오래 산다고 경멸하던 때가 있었는데 정작 그도 이냥저냥 살다보니 쉰줄에 들더라고 했다.

　공자는 나이 마흔을 가리켜 '불혹不惑'이라 했지만 우리네 중년은 '부록'附錄 같은 곁가지 인생이 돼 버렸다. 직장에선 잘릴까 눈치보고 집에선 손님처럼 겉돌자니 열정은커녕 세상에 대한 적의와 원망까지 잊어버렸다.

어쩌다가, 어쩌다가 몇 달에 한 번꼴로 들어가는 집, 대문이 높다
......
장모는 반야심경과 놀고 장인은 티브이랑 놀고
아내는 성경 속의 사내랑 놀고
아들놈은 리니지와 놀고
딸내미는
딸내미는

처음 몸에 핀 꽃잎이 부끄러운지 코빼기 한 번 삐죽 보이곤 방에
서 나올 생각을 않는다
그나마 아빠를 사내로 봐주는 건 너뿐이로구나
그것만으로도 충분히 고맙고 황송하구나, 예쁜 나의 아가야

아무도 놀아주지 않는 식탁에 앉아 소주잔이나 기울이다가
혼자 적막하다가
문득, 수족관 앞으로 다가가 큰 소리로 인사를 한다

블루그라스야, 안녕! 엔젤피시야, 안녕!
너희들도 한잔 할래?

소주를 붓는다

—고영, 〈황야의 건달〉

가장이 집에 들어오자 그나마 신경 쓰고 불편해하는 건 초경을 시작한 딸아이뿐이다. 집안 어디에 엉덩이를 놓아야 할지 무색해서 가장은 짐짓 큰소리를 내본다. 술에 취해 들어가 자고 있는 아이들에게 수염을 부비거나 용돈을 안기던 것은 시절 좋던 때 얘기다. 아무도 상대해 주지 않는 집에서 가장은 수족관 열대어에게 소주를 권한다.

남성성男性과 부성父性이 스러져 가는 이 시대 가장들은 진이 다 빠지도록 돈 버는 기계일 뿐이다. 가정과 가족을 위해 온몸 바쳐 국물만 실컷 우려내고 나면 하찮게 버려지는 한 마리 멸치다.

(아내는 맛있게 끓는 국물에서 며루치를
하나씩 집어내 버렸다. 국물을 다 낸 며루치는
버려야지요. 볼성도 없고 맛도 없으니까요.)
며루치는 국물만 내고 끝장인가.

뜨겁게 끓던 그 어려운 시대에도
며루치는 곳곳에서 온몸을 던졌다.
(며루치는 비명을 쳤겠지. 뜨겁다고,
숨차다고, 아프다고, 어둡다고, 떼거리로
잡혀 생으로 말려서 온몸이 여위고

비틀어진 며루치 떼의 비명을 들으면.)

시원하고 맛있는 국물을 마시면서
이제는 쓸려나간 며루치를 기억하자. …
　　　　　　　　　—마종기, 〈며루치는 국물만 내고 끝장인가〉

중년들은 시고 아리고 매운 삶을 짊어지고 가느라 몸과 마음이
온통 생채기투성이다. 고단한 불모의 시대에 감정은 무뎌가고 욕
망은 말라 간다. 모든 게 심드렁하고 시큰둥하다. '네 가지 맛'도
잃었다. 입맛 떨어져 먹는 게 시원찮고, 자는 맛 잃어 불면에 시달
리고, 잠자리 맛 사라져 아내를 멀리하니, 살맛 안 날 수밖에. 그
래도 중년들은 아픈 심신을 숨기고 산다. '남자는 강해야 한다'거
나 '남자는 강해 보여야 한다'는 강박이다. 이 알량한 '존 웨인 증
후군' 탓에 골병만 더 깊어간다.

　며칠 전 일간지 '책'면을 보니 어깨 처진 중년 남자들을 위한
책이 한꺼번에 4권이나 나왔다. 국내외 필자들이 쓴《마흔의 심리
학》,《인생은 40부터》,《서드 에이지》,《마흔 이후 30년》,《제3의
인생—중년 실직 시대의 인생법칙》이다.

　책들은 중년이 겪는 '사추기'思秋期의 여러 위기와 고민을 말하
고 나름대로 해법을 내놓는다. 인생 3분의 2는 결정됐으니 3분의
1을 남긴 중장년이 인생 최고 시기라고 말한다. 그러니 스스로에
게 애정과 관심을 기울이라고 이른다. 이뿐 아니라 출판계엔 중년
인생지침서들이 숱하게 쏟아지고 있다. 고독, 우울, 공허, 자책, 무

기력 …. 자신과의 불화와 단절을 겪으며 갈 길 몰라 하는 중년이 그만큼 많다는 얘기다.

2007.10.15

보름달처럼 둥근 마음으로
세상을 보듬는 날, 한가위

오-매 단풍 들겠네

장광에 골붉은 감잎 날아와

누이는 놀란 듯이 치어다 보며

오-매 단풍 들겠네

추석이 내일 모레 기둘리니

바람이 잦아서 걱정이리

누이의 마음아 나를 보아라

오-매 단풍 들겠네.

—김영랑, 〈누이의 마음아 나를 보아라〉

장독대에 날아드는 감잎 빛깔이 벌써 붉은 것을 보며 누이는 코
앞에 온 추석을 실감한다. 잦은 바람이 풍성한 가을걷이를 해코지
하지나 않을까 걱정한다. 영랑은 명절맏 싱숭생숭한 설렘을 향토

색 짙고 운율 절묘한 감탄사에 감칠맛 나게 녹여 놓았다. 누이는 곧 고향이다.

> 반짝반짝 하늘이 눈을 뜨기 시작하는 초저녁
> 나는 자식놈을 데불고 고향의 들길을 걷고 있었다
>
> 아빠 아빠 우리는 고추로 쉬하는데 여자들은 엉덩이로 하지?
>
> 이제 갓 네 살 먹은 아이가 하는 말을 어이없이 듣고 나서
> 나는 야릇한 예감이 들어 주위를 한번 쓰윽 훑어 보았다. 저만큼
> 고추밭에서
> 아낙 셋이 하얗게 엉덩이를 까놓고 천연스럽게 뒤를 보고 있었다
> ……
>
> ─김남주, 〈추석 무렵〉

대지의 풍요로움은 한가위에 한껏 치오른다. 김남주는 그 푸진 생명력을 귀향길 고추밭에서 마주친 여인네들의 허연 엉덩이에서 본다. '투사闘士 시인' 김남주답지 않게 천진하고 익살맞다. 명절이란 원래 그런 것인 모양이다.

> 추석 전날 달밤에 마루에 앉아
> 온 식구가 모여서
> 송편 빚을 때

그 속 푸른 풋콩 말아넣으면
휘영청 달빛은 더 밝아 오고
뒷산에서 노루들이 좋아 울었네.

"저 달빛엔 꽃가지도 휘이겠구나!"
달 보시고 어머니가 한마디 하면
대수풀에 올빼미도 덩달아 웃고
달님도 소리내어 깔깔거렸네
달님도 소리내어 깔깔거렸네

—서정주, 〈추석 전날 달밤에 송편 빚을 때〉

추석엔 올빼미도, 달님도, 모처럼 모여든 가족들도 둥글고 밝기만
하다. 달빛 밝은 마루에 온 식구가 모여 앉아 송편에 푸른 풋콩을
말아 넣는 정경은 달빛보다 환하다. 수채화 같은 추석 풍경들은
그리움이다. 그 아득한 시절 그리운 얼굴과 삶의 숨결을 백석만큼
맛깔스럽게 되살린 이도 드물 것이다.

… 내일같이 명절날인 밤은 부엌에 쩨듯하니 불이 밝고 솥뚜껑이
놀으며 구수한 내음새 곰국이 무르끓고 방안에서는 일가집 할머
니가 마을의 소문을 펴며 조개송편에 달송편에 쮠두기송편에 떡
을 빚는 곁에서 나는 밤소 팥소 설탕 든 콩가루소를 먹으며 설탕
든 콩가루소가 가장 맛있다고 생각한다 …

—백석, 〈고야古夜〉

*쩨듯하니=환하게

어린 백석은 투명한 시선으로 추석을 영사기 돌리듯 되돌려 보여준다. 추석 전날 음식을 장만하는 정겹고 푸근하던 부엌 풍경을 다채로운 시각과 후각으로 좇는다. 아이들에게 추석은 더없이 넉넉하고 행복한 놀이이자 축제였다.

옛날 추석들은 그렇듯 가난했어도 마음은 풍요로웠다. 1970년대 개발시대에도 모처럼 명절에 나누는 고향과 가족의 정情이 각박한 도회지의 삶을 지탱하는 큰 힘이었다. 그 시절 도시의 공사판을 떠도는 아우는 집 살림에 보태지 못하는 죄책감을 추석 귀성 길에 추수 거들기로 때워본다.

추석에 내려왔다
추수 끝내고 서울 가는 아우야
동구 단풍 물든 정자나무 아래
―차비나 허라
―있어요 어머니
철 지난 옷 속에서
꼬깃꼬깃 몇푼 쥐여주는
소나무 껍질 같은 어머니 손길
차마 뒤돌아보지 못하고
고개 숙여 텅 빈 들길
터벅터벅 걸어가는 아우야
서울길 삼등열차
동구 정자나뭇잎 바람에 날리는

쓸쓸한 고향 마을

어머니 모습 스치는 차창에 머리를 기대고

어머니 어머니 부를 아우야

찬 서리 내린 겨울 아침

손에 쩍쩍 달라붙는 철근을 일으키며

공사판 모닥불가에 몸 돌리며 앉아 불을 쬐니

팔리지 않고 서 있던 앞산 붉은 감들이

눈에 선하다고

불길 속에 선하다고

고향 마을 떠나올 때

어여 가 어여 가 어머니 손길이랑

눈에 선하다고 …

─김용택, 〈섬진강 17 동구〉

그때에 비하면 먹고 입고 자는 것들이 훨씬 번드르르해졌지만 추석은 갈수록 공허하고 스산하다. 지금은 송편 빚는 집도 많지 않다. 따로 명절빔 사 입히는 집도 드물다. 고향 명절의 추억들은 흑백사진처럼 빛바래 간다. 귀성이 거듭될수록 고향집 식구와 고향 마을 이웃은 줄어든다. 차례 자리에 있어야 할 어버이, 형제, 자식의 그림자를 그리워하기도 한다. 그게 커가고 나이 들어 가는 것이려니 해봐도 허전하긴 마찬가지다.

　남의 집 추녀 밑에

주저앉아 생각한다
날 저물 때까지

그때는 할머니가 옆에
계셨는데
어머니도 계셨는데
어머니래도 젊고 이쁜
어머니가 계셨는데

그때는 내가 바라보는
흰 구름은 눈부셨는데
풀잎에 부서지는 바람은
속살이 파랗게
떨리기도 했는데

사람 많이 다니지 않는
골목길에 주저앉아 생각한다
달 떠 올 때까지

—나태주, 〈추석 지나 저녁 때〉

귀경길 열 몇 시간 운전 끝에 서울 톨게이트의 불빛이 보이면 절로 '집에 왔구나' 안도할 이도 많을 것이다. 그러니 귀성은 또 하나의 실향失鄕 과정일지 모른다. 자식은 도시에서 찌들고 부모는 시골에서 시드는 사이, 고향이 객지 되고 타향이 고향 돼 간다.

전화기 속에서 어머니가 우신다
'니가 보고 싶다' 하시면서
나는 울지 않았다
더욱더
서러워하실 어머니가 안쓰러워

어릴 적 객지에서 어머니 보고 싶어 울었다
그때는 어머니
독하게 울지 않으셨다
외롭고
고단한 날들 이겨내야 한다고

언제부턴가 고향도 객지로 변해
어머닌 객지에서
외로움에 늙으시고
어머니
날 낳던 나이보다, 내 나이 더 늙어간다

—김영재, 〈어머니〉

고향이 아무리 객지처럼 썰렁해졌다 해도 자식 보고픈 부모 마음
은 한결같다. 조병화도 〈송이〉에서 "막내딸이 추석이라고 송이를

© 어태진

보내왔다/ 바빠서 못 온다고/ 아 내겐 송이 냄새보다는/ 사람의 냄새가 그리운 것을"이라고 한숨 지었다.

올해 추석은 토·일요일에 잇닿아 있어 기업들이 보통 닷새 넘게 쉰다고 한다. 4분의 1이 엿새 연휴를 한다 했고 아예 아흐레 쉬는 곳도 3%에 가까웠다. 추석연휴 해외여행객이 여름 성수기보다 많다는 얘기가 나올 만도 하다. 그러나 명절 귀성은 척박한 세상살이에 한번 크게 트이는 숨길이다.

《장자莊子》에 "샘물이 마르면 고기들이 침으로 서로를 적셔준다"고 했다. 추석은 보름달처럼 둥근 마음과 따스한 눈길로 가족이 서로를 보듬는 날이다. 갈 고향과 만날 가족이 있다는 것만으로 귀성길은 행복하다.

나이 쉰이 되어도
어린 시절 부끄러운 기억으로 잠 못 이루고

철들 때를 기다리지 않고 떠나버린
어머니, 아버지.

아들을 기다리며
서성이는 깊은 밤.

반백의 머리를 쓰다듬는
부드러운 달빛의 손길.

모든 것을 용서하는 넉넉한 얼굴

.

아, 추석이구나.

—유자효, 〈추석〉

2007.9.21

계절의 바뀜은 매혹적인 기적,
모질던 여름도 가을 앞에 고개 숙여

두보_{杜甫}는 가족과 떨어진 채 전란에 치여 떠돌다 47세 때 성도^成^都에 이른다. 그는 가족을 불러 모아 장강^{長江} 지류 완화계^{浣花溪}가에 땅을 얻고 완화초당^{草堂}을 짓는다. 집이라야 이름처럼 소박한 초가여서 비만 오면 띠 지붕이 샜어도 생애에서 가장 달콤한 2년 반 휴식이 이때부터 시작된다. 그의 시도 평온하고 부드러운 정취로 바뀌어 읽는 사람까지 편안하다.

> 맑은 강 휘어 마을 안고 흐르고 淸江一曲抱村流
> 긴 여름 강마을 일마다 한가롭다 長夏江村事事幽
> 제비는 멋대로 처마를 나들고 自去自來梁上燕
> 갈매기는 가까이 가도 날아갈 줄 모르네 相親相近水中鷗
> 늙은 아내는 종이에 바둑판을 그리고 老妻畵紙爲棋局
> 아이는 바늘 두드려 낚시를 만든다 稚子敲針作釣鉤 …
>
> ―두보, 〈강촌〉

완화계 시절 명편 〈강촌江村〉엔 시간이 멈춰버린 듯 정밀靜謐하고 긴 여름 낮이 있다. 가을이라기엔 아직 이르고 여름이라기엔 너무나 신선하고 맑은 오후, 여름의 끝이다.

"8월 중순을 지나면 갑자기 가을 기운이 느껴지는 날들이 있다. 날은 선선하고 햇빛은 유달리 밝고 찬란하다. 아직 따갑지만 한결 부드러워진 여성적 빛이다."

윌리엄 포크너는 이 빛을 제목 삼아 장편 〈8월의 빛〉을 썼다. 주인공 조 크리스마스는 살인을 저지른 대가로 거세된 뒤 평화롭게 주변을 응시한다. 욕정과 폭력이 뜨겁게 난무하는 삶의 복판 여름을 지나 생의 언저리, 가을의 초입에서 인생을 지혜롭게 보는 눈을 얻는다.

처서處暑 가까운 이 깊은 밤
천지를 울리던 우레 소리들도 이젠
마치 우리들의 이마에 땀방울이 걷히듯
먼 산맥의 등성이를 넘어가나 보다

역시 나는 자정을 넘어
이 새벽의 나른한 시간까지는
고단한 꿈길을 참고 견뎌야만
처음으로 가을이 이 땅을 찾아오는
벌레 설레이는 소리라도 귀담아 듣게 되나 보다
……

처서 가까운 이 깊은 밤

나는 아직은 깨어 있다가

저 우레 소리가 산맥을 넘고, 설레이는 벌레 소리가

강으로라도, 바다로라도, 다 흐르고 말면

그 맑은 아침에 비로소 잠이 들겠다

세상이 유리잔같이 맑은

그 가을의 아침에 비로소

나는 잠이 들겠다.

—박성룡, 〈처서기 處暑記〉

8월 하순의 처서는 글자 그대로 더위暑를 치워 들어앉힌다는 절기節氣다. 처서는 "땅으론 귀뚜라미 등에 업혀 오고 하늘로는 뭉게구름 타고 온다"고 했다. 처서엔 "모기도 입이 비뚤어져 모진 성화를 그친다"고도 했다. 파리, 모기 사라지고 귀뚜라미가 하나둘 나오기 시작한다.

지난여름은 유난스럽게 모질었다. 장마 끝난 뒤로도 게릴라성 호우니 국지성 호우니 하는 물폭탄을 쏟아부었다. 8월 들어 보름 동안 하루도 빠짐없이 비가 오느라 서울의 하루 평균 일조日照 시간이 한 시간밖에 안 됐다. 비가 와도 서늘하지 않고 되레 후텁지근해 한반도에 아열대 우기雨期가 닥친 게 아니냐고들 걱정할 지경이었다. 그 '우울雨鬱'한 날들이 겨우 그친 뒤엔 때 아닌 폭염이 처서 지나도록 열흘 넘게 이어졌다. 여름내 하늘을 원망하던 해수욕장들은 폐장을 늦추고 밑진 여름 장사를 그나마 끝물에야 조금 만회했다. 개학을 연기하는 학교들도 잇따랐다.

하긴 그 맹렬하던 여름의 화염이 게눈 감추듯 그저 한순간에 사그라지지는 않을 것이다.

오규원은 "8월이 담장 너머로 다 둘러메고/ 가지 못한 늦여름이/ 바글바글 끓고 있는 뜰 한켠"(〈9월과 뜰〉)이라고 노염老炎을 노래했다.

백거이白居易도 〈남은 더위에 객을 청하다〉(殘暑招客)에서 "누가 늦더위 씻어주리오(誰能淘晚熱) 간간이 두어 잔 술을 마시네(間飲 兩三杯)"라고 읊었다.

그래도 거스를 수 없는 것이 계절이다. 어느 순간 창문을 닫고 자야 하는 서늘한 밤이 거짓말같이 찾아들었다. 그 혹독한 무더위가 언제였나 싶게 보송보송한 자리에서 사람들은 모처럼 깊은 잠을 누렸다. 유리잔처럼 말간 서울 하늘을 보면서는 찬탄과 함께 좌절도 맛보았다. 우리가 그간 얼마나 혼탁한 속에서 숨쉬고 살아왔나를 새삼 깨닫는 좌절이다.

하늘은 쪽빛으로 짙게 물들어 간다. 아침저녁으로 서늘한 기운이 찾아든다. 태양은 이미 노한 얼굴을 거뒀다. 눈에 띄게 쇠衰해졌다. 별안간 덧없이 천지가 쓸쓸해졌다. 그렇다고 허무한 것도 아니다. 사찰, 포구, 간이역 같은 곳이 가고파진다. 늘 오고 가는 것이긴 해도 계절의 변화보다 매혹적인 기적도 드물다.

가을 햇살은 수채화처럼 모든 것을 투명하게 칠한다. 햇살은 경춘선 철로변 호수에 떠서 고기비늘처럼 은색으로 빛난다. 고즈넉한 산사山寺의 마당, 야트막한 시골 돌담을 어루만진다. 번잡한 도시라 해도 가로수 이파리 사이로 살랑이듯 반짝인다. 가을 햇살은 비스듬하다. 정수리를 수직으로 사정없이 내리쬐던 여름 햇빛과 달리 가슴을 나지막이 편안하게 비춰 온다. 그래서 가을 햇살은 일 없이 쪼이고 싶어진다.

··· 세상엔 지금 햇볕이 지천으로 놀고 있다 햇볕이 아깝다는 뜻을
아는 사람은 지금 아무도 없다 사람아 사람아 젖어 있는 사람들아
그대들을 햇볕에 내어 말려라 햇볕에 내어 말려 쓰거라 끊임없이
살려내거라 놀고 있는 햇볕이 스스로 제가 아깝다 아깝다 한다.
— 정진규, 〈놀고 있는 햇볕이 아깝다〉

시인은 쓸모 많은 가을 햇볕을 예찬한다. 고추며 옥수수, 토란대도 말리고 참깨도 털고 콩도 타작하고 ···. 가을 햇살은 도무지 버릴 것 하나 없이 귀하다. 말릴 것이 그뿐일까. 여름 내내 눅눅해진 책이며 옷가지를 볕에 내다 말리는 쇄서포의灑書曝衣, 포쇄曝의 계절이다.

··· 가을 되어 긴긴 장마 개고 時秋積雨霽
서늘한 기운 들판에서 들어오네 新涼入郊墟
등불을 점차 가까이 할만 하니 燈火稍可親
책을 펴 보는 것도 좋지 않겠느냐 簡編可卷舒
어찌 아침저녁으로 생각하지 않으리 豈不旦夕念
그대들 위해 세월을 아끼라 爲爾惜居諸

© 오태진

사랑과 의리는 서로 어긋나는 것　恩義有相奪

시를 지어 망설이는 자들에 권하노라　作詩勸躊躇

— 한유, 〈부독서성남 符讀書城南〉

한유 韓愈가 아들에게 독서를 권하며 쓴 장시 〈부독서성남〉의 끝 구절이다. 흔히 가을을 '등화가친 燈火可親의 계절'이라고 하는 게 여기서 나왔다. 날씨 서늘하고 하늘 맑으며 수확 풍성해 마음이 편안하니 공부하기에 더없이 좋은 계절이라는 말이다.

　이부자리 말리듯, 여름내 눅눅하던 몸과 마음도 보송보송하게 말리고 싶다. "마음을 내려놓아라"는 불가 佛家의 가르침, 방하착 放下着의 시절이기도 하다. 여름내 지고 온 탐욕이며 분노, 어리석음을 잠시 내려놓고 마음을 가볍게, 정신을 맑게 할 만하다. 깨달음의 저 언덕으로 건너가는 완전한 성취, 도피안 到彼岸까지는 아니라도 미혹한 중생들의 차안 此岸을 응시할 수만 있어도 이 무렵 계절 바꿈은 위대하다.

　이젠 그만 푸르러야겠다

　이젠 그만 서 있어야겠다

　마른풀들이 각각의 색깔로

　눕고 사라지는 순간인데

　나는 쓰러지는 법을 잊어버렸다

　나는 사라지는 법을 잊어버렸다

높푸른 하늘 속으로 빨려가는 새

물가에 어른거리는 꿈

나는 모든 것을 잊어버렸다.

—조태일, 〈가을 앞에서〉

2007.9.10

비오면 생각나는
부침개 냄새, 어머니 냄새

작가 윤대녕은 한동안 된장을 찾아 돌아다닌 적이 있다고 했다. 몇 해나 경상도, 전라도, 강원도를 돌며 집에서 담근 된장을 일일이 얻어먹어 봤다. 모두가 훌륭한 맛이었다. 하지만 그가 찾는 그 깊고도 그윽한 맛은 아니었다.

윤대녕이 제주도 살 때 애월의 한 허름한 식당에 들어가 된장찌개를 먹다 자기도 모르게 그만 코끝이 찡해지고 말았다. 오랫동안 속에 응어리졌던 것이 순식간에 풀어지는 느낌이었다. 마치 실컷 울고 난 뒤처럼 후련했다. 주인아주머니에게 슬그머니 고향이 어디냐고 물었다. 충청도라고 했다. 그는 내심 놀랐다. 그의 고향도 충청도였다. 그 아주머니의 된장찌개 맛은 바로 어머니가 끓여주던 된장찌개 맛이었다.

어릴 적 신열身熱을 앓아누우면 꿈인 듯 아닌 듯 천장이 온통 구겨지고 물결쳤다. 그럴 때마다 어머니는 복숭아 통조림을 사다 떠먹여 주셨다. 평소엔 엄두도 못 내던 황도黃桃 통조림은 감기의 고

통을 상쇄할 만큼 달콤했다. 황도를 먹은 지 꽤 됐다 싶으면 앓는
게 기다려질 정도였다. 혼자 그것도 객지에서 아플 때면, 어린 이
마 짚어주던 어머니 손처럼 부드럽던 그 통조림 복숭아를 서럽게
그리워한 이들이 적지 않을 것이다. 음식은 어머니이고 고향이다.
모성母性이고 향수鄕愁다.

> 모난 밥상을 볼 때마다 어머니의 두레밥상이 그립다
> 고향 하늘에 떠오르는 한가위 보름달처럼
> 달이 뜨면 피어나는 달맞이꽃처럼
> 어머니의 두레밥상은 어머니가 피우시는 사랑의 꽃밭
> 내 꽃밭에 앉는 사람 누군들 귀하지 않겠느냐
> 식구들 모이는 날이면 어머니가 펼치시던 두레밥상
> 둥글게 둥글게 새끼제비처럼 앉아
> 어린 시절로 돌아간 듯 밥숟가락 높이 들고
> 골고루 나눠주시는 고기반찬 착하게 받아먹고 싶다 ….
> —정일근, 〈둥근, 어머니의 두레밥상〉

음식은 그 음식과 얽혔던 시·공간을 절절한 그리움으로 되살려낸다.

> 어릴 때, 두 손으로 받들고 싶도록 반가운 말은 저녁 무렵 아버지
> 가 돼지고기 두어 근 끊어왔다는 말
> ……
> 남의 집에 세 들어 살면서 이웃에 고기 볶는 냄새 퍼져나가 좋을

거 없다. 어머니는 연탄불에 고기를 뒤적이며 말했지

그래서 냄새가 새어나가지 않게 방문을 꼭꼭 닫고 볶은 돼지고기
를 씹으며 입안에 기름 한입 고이던 밤
— 안도현, 〈돼지고기 두어 근 끊어왔다는 말〉

궁핍하고 미진해도 지키고 자족하며 살던 그 시절 아버지 어머니
를 시인은 생각한다. 지금 이리도 호사로운 세상을 살기 힘들다고
한숨 쉬는 게 투정이고 엄살이라는 걸 새삼 깨닫는다.

어쩌다 맛본 쌉싸름한 젓갈이 "일곱 살 적/ 나 젖떼게 하려고/
어머니 붉은 젖꼭지에 발라놓은/ 담뱃진 맛 같았다"(이진영, 〈전어
밤젓〉)며 어머니 젖가슴을 떠올리기도 한다. 생명의 양식이 돼줬
던 어머니의 젖 내음을 맡는다.

음식에 순박한 미각과 동심童心을, 가족의 온기溫氣와 삶의 체취
를 아련하고 푸근하게 담아낸 시인이라면 단연 백석이다. 그의 시
에 등장하는 우리 토속 음식만 150가지가 넘는다. 백석은 누구보
다 아이들에게 더없이 넉넉하고 흥겨웠던 축제, 명절을 다채로운
후각으로 되살렸다.

〈여우난골족〉에선 여우 나는 골짜기의 큰집에서 수십 혈족들과
왁자하니 어우러지는 설을 냄새로 좇는다. 지치도록 떠들다 잠든
설날 아침 아이들을 깨우는 것도 맛난 음식 냄새들이다.

… 방안에서는 새옷의 내음새가 나고

또 인절미 송구떡 콩가루차떡의 내음새도 나고 끼때의 두부와 콩
나물과 볶은 잔디와 고사리와 도야지 비계는 모두 선득선득하니
찬 것들이다
……
아침 시누이 동서들이 욱적하니 홍성거리는 부엌으론 샛문 틈으
로 장지문 틈으로 무이징게국을 끓이는 맛있는 내음새가 올라오
도록 잔다

　　　　　　　　　　　　　　　　　　　—백석, 〈여우난골족〉

*송구떡=송기(松肌 : 소나무 속껍질)떡, 무이징게국=무-새우국.

음식 시詩의 걸작 〈국수〉에도 가족의 훈훈한 체온과 숨결이 넘친
다. 어머니가 동치미 국물을 뜨러 가고, 부엌에서 국수틀로 국수
를 뽑고, 냉면을 사발에 말아 내오자 겨울 밤 따끈한 아랫목에서
받아 들고 찬미한다.

　… 아, 이 반가운 것은 무엇인가
　이 히수무레하고 부드럽고 수수하고 슴슴한 것은 무엇인가
　겨울밤 쩡하니 익은 동치미국을 좋아하고 얼얼한 댕추가루를 좋
　아하고 싱싱한 산꿩의 고기를 좋아하고
　그리고 담배 내음새 탄수 내음새 또 수육을 삶는 육수국 내음새
　자욱한 더북한 샷방 쩔쩔 끓는 아르를 좋아하는 이것은 무엇인가 …

　　　　　　　　　　　　　　　　　　　　　—백석, 〈국수〉

*댕추가루=고춧가루, 탄수=식초, 아르=아랫목.

ⓒ 오태진

백석의 〈적경寂境〉은 음식에 밴 가족애家族愛의 절정이다. 몸 푼 며느리를 위해 늙은 홀아비 시아버지가, 없는 시어머니 대신 산국을 끓인다.

신살구를 잘도 먹드니 눈오는 아츰
나어린 안해는 첫아들을 낳었다

인가人家 멀은 산중山中에
까치는 배나무에서 즞는다

컴컴한 부엌에서 늙은 홀아비의 시아부지가 미역국을 끓인다 …

—백석, 〈적경寂境〉

올여름엔 비가 유난히도 질기게 왔다. 서울만 해도 8월 중순까지 하루도 거르지 않고 퍼부었다. 그렇게 비 오는 여름날 어둑한 오후, 괜히 입이 궁금할 때면 저마다 비슷하게 떠올리는 기억이 있다.

하굣길에 잔뜩 젖어 집에 오면 어머니는 옷을 갈아입힌 뒤 군불을 살짝 땔 때 보송보송한 아랫목에 몸을 묻게 했다. 함석지붕을 때리는 빗소리가 아스라이 잦아들며 막 잠에 빠지려는데 기름내가 코끝을 간질인다. 뭔가 지글거리는 소리가 빗소리 같기도 하다. 어머니가 부침개를 지지고 계셨다. 장마철 주전부리로는 부추전, 김치전, 장떡이 만만했고 호박전, 감자부침도 맞춤이었다. 어머니가 돼지비계나 콩기름 두른 번철燔鐵에 부쳐내기 무섭게 자식들 차지였다.

　장마 뒤로도 게릴라성 호우라는 게 하고한 날 쏟아지면서 부침개 지져먹는 재료들이 부쩍 잘 팔렸다고 한다. 한 대형 할인점에선 작년 여름보다 식용유는 56%, 밀가루는 33%나 매출이 늘었다. 기상학자는 궂은 날엔 냄새들이 저기압에 갇혀 맴돌기 때문에 부침개 지지는 냄새가 유난히 고소하게 느껴진다고 말한다.

　영양학자는 옛 어른의 삶의 지혜를 본다. 체온이 떨어져 차고 물기 많은 음식을 멀리하게 되는 장마철엔 고소한 기름냄새가 식욕을 자극하고 제철 채소를 섭취할 수 있는 부침개가 제격이라고 한다.

　부침개 맛은 그런 과학적 인식을 초월한다. 거기엔 어김없이 어머니에 대한 옛 기억이 조건반사처럼 엮여 있다. 그 시절 어머니들이 파, 부추, 호박을 뒤란의 텃밭에서 따왔듯, 오늘 젊은 어머니들은 냉장고 속 자투리 채소와 신김치로 전을 부친다. 정취 어린 옛 것이 맥없이 단절되고 사라져버리는 세상에서 드물게 신통한 일이다.

　음식은 모성이고 모성은 우리네 맛의 뿌리라는 걸 비 오는 날 부침개에서 실감한다. 우리는 몸 깊숙이 육화肉化한 추억의 음식을 맛볼 때마다 변치 않는 어머니의 체취를 맡으며 안도한다.

2007.8.27

아들과 아버지 사이
그 아득한 행간

아들에게 아버지는 흔히 넘지 못할 장벽이거나 원망의 대상이다.
조정래는 아버지가 대처승이라는 사실을 부끄러워했다. 그는 중
학교 졸업 후 30여년 만에야 고향 절집을 찾아간 뒤 승려의 아들
임을 처음 글로 고백했다. 사회와 역사 인식에 눈뜨면서 아버지와
화해하게 됐다고 했다. 나아가 그는 아버지의 수난에 얽힌 의문과
질문에 답을 찾아 나선다. 그 결실이 《태백산맥》이다.

  순천 선암사 부주지였던 아버지는 해방 후 사찰 혁신운동을 벌
이다 '여순 반란사건' 와중에 빨갱이로 몰렸다. 몇 차례 죽을 고비
를 넘기고 절에서 쫓겨났다. 조정래는 아버지의 수난사를 《태백산
맥》의 법일 스님에게서 되살렸다. 그는 아버지가 세상을 떠난 뒤
어머니로부터 "네 아버지가 《태백산맥》 보시고 자식 키운 보람 있
다고 하셨니라"는 말을 듣고 불효를 뼈저리게 앓았다고 했다.

  어디 계셔요,

인공 때 집 떠나신 후
열한 살 어린 제게
편지 한 장 주시고는
소식 끊긴 아버지

오랜 가뭄 끝에
붉은 강철 빠져나가는
서녘 하늘은
콩깍지동에 숨겨놓은
아버지의 깃발이어요.

보내시라던 옷과 구두
챙겨드리지 못하고
왈칵 뒤바뀐 세상에서
오늘토록 저녁해만 바라고 서 있어요.

너무 늦은 이 답장
하늘 끝에다 쓰면
아버지 받아 보시나요.

—이근배, 〈노을〉

소년이 국민학교 5학년 때 아버지는 집을 나갔다. 남로당원이던
아버지는 6·25가 나자 숨겨뒀던 인공기를 꺼내 들고 길 떠난 뒤

© 오태진

돌아오지 않았다. 소년에게 그 깃발은 어머니와 세 남매의 행복을 앗아간 비극의 뿌리이며 제 안에서 슬픔으로 펄럭이던 고통의 진원이었다. 가족에게 수난과 고초를 안겨준 아버지에게 시인은 반백 년 세월이 지나서야 답장을 쓴다. 원망 대신 그리움을 담아 편지를 띄운다.

얼마 전 KF-16 전투기 추락사고로 숨진 박인철 대위도 어렸을 땐 아버지를 원망했다. 아버지 박명렬 소령은 박 대위가 다섯 살때 팬텀기를 몰고 훈련에 나섰다가 추락해 순직했다. 어린 아들은 조종복 차림의 빛바랜 사진과 희미한 기억으로만 아버지를 기억할 뿐이었다. 박 대위는 지난해 인터뷰에서 "사춘기 때 고생하는 홀어머니를 보며 아버지를 원망하기도 했고, 평범한 직장인이 돼 아버지 대신 어머니를 모시며 살겠다는 다짐도 했다"고 고백했다.

그러나 아버지에 대한 애증과 그리움은 '빨간 마후라'에 대한 동경으로 바뀌었다. 집안 반대를 무릅쓰고 재수까지 하며 공군사관학교에 진학했다.

박 대위는 작년 고등비행 수료식에서 "아버님이 못다 지킨 하늘, 이제부터 제가 책임지겠다"고 각오를 다졌다. 지난 현충일엔 국립현충원의 아버지 묘소를 찾아 "임무를 수행하면서 아버지를 떠올릴 때가 많다. 나라를 위해 목숨까지 바칠 수 있는 훌륭한 조종사가 되겠다"고 다짐했다 한다.

아들은 그 꿈을 이루지 못한 채 한 달 뒤 KF-16기를 몰고 서해로 나갔다가 떨어져 숨졌다. 아버지를 따라 산화散華해 아버지 곁에 묻혔다. 아버지와 아들은 이제 영원을 함께한다. 슬프고도 아름다운 부자父子 화해다.

　아버지를 한사코 부정하던 아들도 어느 날 자기 얼굴에서 아버
지의 모습을 발견하고는 화들짝 놀란다.

　… 아버지를 증오하면서 나는 자랐다
　아버지가 하는 일은 결코 하지 않겠노라고
　이것이 내 평생의 좌우명이 되었다
　나는 빚을 질 일을 하지 않았다
　취한 색시를 업고 다니지 않았고
　노름으로 밤을 지새지 않았다,
　……
　나는 기고만장했다. 그리고 이제 나도
　아버지가 중풍으로 쓰러진 나이를 넘었지만,

　나는 내가 잘못했다고 생각한 일이 없다,
　일생을 아들의 반면교사로 산 아버지를
　가엾다고 생각한 일도 없다. 그래서
　나는 늘 당당하고 떳떳했는데 문득
　거울을 쳐다보다가 놀란다. 나는 간 곳이 없고
　나약하고 소심해진 아버지만이 있어서,
　취한 색시를 안고 대낮에 거리를 활보하고,
　호기 있게 광산에서 돈을 뿌리던 아버지 대신,
　그 거울 속에는 인사동에서도 종로에서도

제대로 기 한번 못 펴고 큰소리 한번 못 치는

늙고 초라한 아버지만이 있다.

—신경림, 〈아버지의 그늘〉

시인 박형준도 어릴 적 가난하고 초라하기만 하던 아버지처럼 되지 않겠다고 작심했다. 그런 그가 신경림의 시를 읽다 왈칵 목이 메었다고 했다. 그러면서 실제인지 환상인지 모를 아버지의 추억 하나를 떠올렸다. 아버지가 수두로 온몸이 불덩이 같은 그를 들쳐업고 읍내 병원까지 뛰었다. 달은 차고 맑은데 숨을 헉헉거리며 들판을 내달리던 아버지가 잠시 그를 내려놓고 투박한 손으로 이마를 짚는 기억이다. 그는 어려서 호되게 아파서라도 아버지 사랑을 받고 싶은 간절함이 있었다고 털어놓았다. 자기처럼 우리 시대 많은 자식이 저마다 자기 얼굴에서 '아버지'를 알아보지 못한 채 살아간다고 했다.

뻔질나게 돌아다니며

외박을 밥먹듯 하던 젊은 날

어쩌다 집에 가면

씻어도 씻어도 가시지 않는 아배 발고랑내 나는 밥상머리에 앉아

저녁을 먹는 중에도 아배는 아무렇지도 않다는 듯

—니 오늘 외박하나?

—아뇨, 올은 집에서 잘 건데요

—그케, 니가 집에서 자는 게 외박 아이라?

집을 자주 비우던 내가

어느 노을 좋은 저녁에 또 집을 나서자

퇴근길에 마주친 아배는

자전거를 한 발로 받쳐 선 채 짐짓 아무렇지도 않다는 듯

—아야, 어디 가노?

—예 … 바람 좀 쐬려고요

—왜, 집에는 바람이 안 불다?

그런 아배도 오래 전에 집을 나서 저기 가신 뒤로는 감감 무소식
이다

—안상학, 〈아배 생각〉

아버지는 무심한 듯, 초연한 듯 무뚝뚝했다. 발 고린내처럼 불편
했다. 아버지는 함부로 사는 아들이 짐짓 아무렇지도 않은 척하면
서 생뚱맞게 슬쩍 핀잔하곤 하셨다. 그러나 그때 속으론 얼마나
걱정하고 속을 끓이셨던 것일까. 아들은 아버지가 돌아가신 뒤에
야 그 투박한 안동 사투리에 담겼던 곰삭은 정을 그리워한다.

함께 덮고 자던 이불을 내 아이가

돌돌 감고 혼자 잔다 잠결에

나는 또 아버지 이불을 뺏어 칭칭

몸에 감고 잔다

아버지는 혼자 아버지를 덮고 주무신다

아버지라는 이불이 추우신지 몸을 웅크리고

가끔 마른기침을 하신다

......

내 나이 한 살이 목에 걸려

잘 넘어가지 않는 섣달 그믐밤

긴 밤 꿈을 꾸며

꿈을 잃어가며 밤새도록 지금 나는

아버지가 되어 가는 중이다

아버지와 아들 사이

그 아득한 행간에 누워

—이기윤, 〈섣달 그믐밤〉

자식을 키워 봐야 부모 마음 안다고, 〈섣달 그믐밤〉도 아버지가 돼 비로소 아버지 마음을 깨닫는 아들의 이야기다. 덮고 자던 이불을 아들에게 빼앗기고도 아무 말 못하는 아버지. 한평생 주기만 하시는 아버지에 대한 애틋한 연민과 그리움. 아들은 제 아들과 잠자리에서 아버지의 그 춥고 속 깊은 고독을 체감한다.

아들은 인생 어느 순간에 이르러서야 아버지의 삶을 들여다볼 눈을 뜨게 된다. 아들도 아버지처럼 실수도 실패도 해보고 후회도 하는 동안 아버지가 결코 완벽한 존재일 수 없었음을 깨닫는다.

그 연민은 아버지를 극복하는 디딤돌이다. 그러나 많은 자식이 아버지의 손 붙잡기를 머뭇거리다 떠나보내고 만다. 미완의 화해는 그 다음 대代에도 물림하기 십상이다.

2007.8.13

어떻게
오래 살 것인가

처음엔 이름을 잊어먹고, 다음엔 얼굴, 그리곤 지퍼 올리는 것도 깜빡하고, 그 다음엔 지퍼를 내리는 것까지 잊어먹지.

—독일 법학자 레오 로젠베르크

오래돼도 맛이 변하지 않는 특별한 와인처럼 늙어가는 사람이 있다. 그러나 많은 이에게 늙는다는 것은 결코 고상하거나 유쾌한 일일 수 없다.

나이든 남자가 혼자 밥 먹을 때
울컥, 하고 올라오는 것이 있다
……
몸에 한세상 떠넣어주는
먹는 일의 거룩함이여
이 세상 모든 찬밥에 붙은 더운 목숨이여

......

파고다공원 뒤편 순댓집에서

국밥을 숟가락 가득 떠넣으시는 노인의, 쩍 벌린 입이

나는 어찌 이리 눈물 겨운가.

—황지우, 〈거룩한 식사〉

장수는 인간의 오랜 꿈이지만 수명에도 질(質)이 있다. 병치레로 골골하며 노년을 보내서야 오래 사는 의미가 무색하다. 중요한 것은 얼마나 오래 사느냐보다 어떻게 오래 사느냐일 것이다.

한국인 평균수명은 78세 7개월, 여자는 81세 11개월이고 남자는 75세 2개월이다. 1960년 평균수명이 여자 53세 8개월, 남자 51세 1개월이었으니 50년도 안 돼 여자는 28년, 남자는 24년을 더 살게 됐다.

얼마 전 보건사회연구원은 질병과 장애 없이 건강한 삶을 누리며 사는 평균건강수명을 68세 7개월로 집계했다. 평균수명과 비교해보면 보통 10년을 갖가지 질병에 시달리다 가는 셈이다. 여자는 남자보다 평균 6세 9개월을 더 살지만 건강수명은 69세 7개월밖에 안 돼 남자 67세 5개월과 2세 차밖에 안 난다. 관절염이나 우울증처럼 남자보다 질병이 많기 때문이라고 한다.

그래서 "한국이 2050년 세계에서 가장 늙은 국가가 된다"는 통계청 전망도 달가운 뉴스가 아니다. 65세 고령인구 비중은 2005년 9.1%에서 2050년 38.2%로 높아져 세계 평균 16.2%의 갑절을 넘어설 거라고 한다. 80세 이상 초고령 인구 비중은 1.4%에서 14.5%

로 폭증해 세계 평균 4.4%의 3배를 웃돌 전망이다. 급속한 수명 연장 추세에 세계 최저 출산율이 겹친 탓이다. 젊은 세대가 노인을 부양하는 국가적 부담이 감당하기 어렵게 커진다는 얘기다.

이상적인 죽음의 모습으로 세간에 '9988234'라는 말이 나돈다. '99세까지 팔팔하게 살다 2~3일 앓고 죽는死 것'을 뜻한다. 노화와 질병의 고통을 마지막 순간에 짧게 응축해 겪는다는 의미로 '병의 압축'compression of morbidity이라는 용어도 있다.

그 반대가 '스퍼터링'sputtering이다. 목숨을 겨우 유지한 채 서서히 죽어 가는 상태를 말한다. 뇌 신경조직이 손상되는 치매, 이른바 알츠하이머보다 더 오래 고통스럽게 목숨을 이어갈 병은 없다. '노인의 저주'로 불리는 이 병은 거의 낫는 법이 없다. 보통 8년에서 10년, 길게는 20년까지 주변사람의 돈과 인내가 다 바닥나야 끝나는 수가 많다.

10여 년 전 일본에서 〈둘만이 살고 싶었다〉는 TV 다큐멘터리가 방영돼 열도를 울린 일이 있다. 어느 노부부가 실종되자 제작팀이 아들을 앞세워 부부의 마지막 여행길을 더듬었다. 할아버지는 치매에 걸린 할머니를 혼자 수발하다 더 이상 감당할 수 없게 되자 할머니를 데리고 여행에 나선다. 자살여행이다. 제작팀이 할아버지의 신용카드 사용 기록을 추적해보니 부부는 신혼여행지를 비롯해 둘만의 추억이 새겨진 곳을 찾아다녔다. 지닌 돈이 바닥나자 할아버지는 할머니를 이끌고 바다로 걸어 들어가 함께 죽는다. 바닷가에 남긴 외투 주머니에는 동전 몇 닢만 들어 있었다.

이청준의 노모는 1996년 아흔다섯 살에 떠날 때까지 꽤 오래 치매를 앓았다. 1990년대 어느 겨울, 어머니 사랑이 극진한 이청준이 망각의 감옥에 갇혀 사는 어머니의 아기 같은 모습을 시인 정진규에게 들려줬다.

소설가 이청준이 내게 들려준 이야기인데, 나긋나긋하고 맛있게 들려준 이야기인데, 듣기에 따라서는 아주 슬픈 이야기인데, 그의 입술에는 끝까지 미소가 떠나지 않았는데, 그래서 더 깊이 내 가슴을 적셨던 아흔 살 어머니 그의 어머니의 기억력에 대한 것이었는데, 요즈음 말로 하자면 알츠하이머에 대한 것이었는데, 지난 설날 고향에 찾아 뵈었더니 아들인 자신의 이름도 까맣게 잊은 채 손님 오셨구마 우리집엔 빈방도 많으니께 편히 쉬었다 가시요 잉 하시더라는 것이었는데, 눈물이 나더라는 것이었는데, 가만히 살펴보니 책을 나무라 하고 이불을 멍석이라 하는가 하면, 강아지를 송아지라고, 큰며느님더러는 아주머니 아주머니라고 부르시더라는 것이었는데 … 몸에는 몸으로 갇혀 있으시더라는 것이었는데, 거기에는 어떤 빈틈도 행간도 없는 완벽한 감옥이 있더라는 것이었는데, 그건 우리의 몸이 빚어내는 눈물처럼 완벽한 것이어서 눈물이 나더라는 것이었는데, 그리곤 꼬박꼬박 조으시다가 아랫목에 조그맣게 웅크려 잠드신 모습을 보니 영락없는 자궁 속 태아의 모습이셨다는 것이었는데

—정진규, 〈눈물〉

우리나라 치매 환자는 50만 명 선이라고 한다. 미국에선 75~84

세 다섯 명 중 한 명이, 85세 이상 노인의 42%가 치매를 앓고 있다. 2,600만 명인 세계 치매 환자는 2050년이면 1억 600만 명에 이를 것이라고 한다. 미국 존스홉킨스대는 아시아에서만 1,260만명에서 6,280만 명으로 급증해 세계 환자의 절반 이상을 차지할 것으로 내다봤다. 원인도 모르고 치료약도 없지만 몸과 머리를 활동적으로 쓰고 심장·혈관 질환을 막는 것이 최선의 예방책이라고 한다.

미당의 고향 고창, 서정주문학관 전망대 계단을 오르다 보면 벽에 세계 이름난 산의 사진과 이름, 높이가 쓰여 있다. 미당이 치매를 막겠다며 3년 걸려 외웠다는 명산이다. 미당은 아침마다 40분씩 불경 외듯 암기하고 나면 무엇이든 할 수 있다는 자신감이 들었다고 했다.

생일 달을 넘기면서 할머니는
변소 출입을 못하신다
이제 아흔네 살 아득한 날들
일흔이 넘은 딸들이 각자
요일을 정해 놓고 집으로 가서
손발이 되어 할머니의 당번을 선다

내게도 요강을 하나 구해 들고
할머니가 더 아프기 전에 한번 보러 오라는
엄마의 지친 목소리 저편으로

나 또한 누군가의 손발이 되어 가는
요즈음, 지린내가 배어나는 방 안에서
사치스런 소망 하나 품어본다

날마다 나 스스로를 살아가자고
나 혼자만의 손과 발로 걸어서 마지막 날에
축복처럼 당도하고 싶다고

—이병금, 〈요강 하나 구해 들고〉

아흔 넘은 어머니를 간병하는 칠순 딸들. 중년 손녀는 거기에서 생로병사의 절실한 실존문제를 본다. 치매 부모나 배우자를 수발하는 사람들은 그 자체로 참담하다. 그러나 더욱 무서운 것은 바로 자신도 얼마 안 있어 그런 모습으로 바뀔 수 있다는 자각이다.

과학과 의학의 발달로 수명은 계속 늘어나겠지만 그건 죽음의 과정을 연장하는 것일 수 있다. 마지막 순간까지 인간의 존엄을 잃고 싶지 않은 것은 누구에게나 절실한 소망이자 염원이다. 치매는 거꾸로 교만한 인간더러 인간의 유한함을 겸허히 받아들이라고 하는 꾸짖음일지도 모르겠다.

2007.7.30

아버지
당신은 위대합니다

사람들이 아기가 귀엽다고 느끼는 것은 유전자 때문이라고 한다. 아기에게 사족을 못 쓰게 만드는 유전자가 인간의 짝짓기와 출산, 양육을 북돋운다는 이론이다. 갓난아기는 그런 과학적 인식을 초월하는 기적이다.

"모든 아기는 신이 인간에게 실망하지 않았다는 전갈傳喝을 지니고 세상에 나온다." 타고르는 연작 단시 〈길 잃은 새〉에서 아기의 무구無垢함이 신의 뜻이라고 했다.

김광림도 〈순연純然〉에서 "샘물 같은/ 숨소리로/ 길어만 올리다가/ 어느새/ 잠든 아가는 천상에 피는/ 얼굴"이라고 노래했다.

갓난아기는 그 자체로 환희요, 천국이다. 부모 된 사람의 삶에서 그 이상 가는 선물은 결코 있을 수 없다.

　아가의 머리맡에 햇빛이 앉아 놉니다
　햇빛은 아가의 손님입니다

아가가 세상에 온 후론
비단결 같은 매일이었습니다
아직 눈도 아니 뵈는 죄그만 우리 아가

아가는 진종일 고이 잡니다
잠은 아가의 요람
아가는 잠에 안겨 자라납니다

아가는 평화의 동산
지즐대는 기쁨의 시내입니다 …

—김남조, 〈아가에게〉

김수영은 1954년 피란지에서 서울로 돌아와 성북동에 거처를 정하고 난 뒤 삶의 단란함에 빠졌다. 얼마 안 되는 고료에 닭까지 치면서 생계를 꾸렸지만 이 무렵 시엔 가족에게 보내는 무한한 신뢰와 사랑을 담았다. 김수영은 1958년 태어난 둘째 아들 우珥를 유난히 귀여워했다. 그가 둘째를 위해 쓴 〈자장가〉는 천진하기까지 하다.

아가야 아가야
열발구락이 다 나와 있네
엄마가
만들어준 빨간 양말에서

아가야 아가야

기저귀 위에는 나이롱종이까지 감겨져 있네

엄마는 바지가 젖는 것이 무서웁단다

아가야 아가야

돌도 아니 된 너는 머리도 한번 깎지를 않고

엄마는

너를 보고 되놈이라고 부르지 …

—김수영, 〈자장가〉

"집안에 애들이 없는 것은 지구에 태양이 없는 것과 같다"A house having no child is like the earth having no sun는 영국 속담이 있다. 요즘엔 결혼생활 요소 1순위에서 밀려난 느낌도 없지 않지만, 아이가 있어 가족과 가정이 보석처럼 소중하게 빛나는 것은 예나 지금이나 다르지 않다.

오늘은 특별한 날이라고

자장면집 한 켠에서 짬뽕을 먹는 남녀

해물 건더기가 나오자 서로 건져주며

웃는다 옆에서 앵앵거리는 아이의 입에도

한 젓가락 넣어주었다

면을 훔쳐 올리는 솜씨가 닮았다

—최영철, 〈인연〉

젊은 부부의 소박한 외식에 아기가 끼어 있지 않았다면 그 자리가 그토록 단란하고 행복하지 않았을지도 모른다. 부부는 아기가 국숫발을 빨아 삼키는 모습에서 핏줄을 확인하고 부부 사랑의 실체를 본다.

갓난아기는 부모의 손가락을 잡는 순간 인생의 첫 악수를 나눈다. 무엇에도 비길 수 없는 감동을 부모에게 건넨다. 아무리 무뚝뚝한 아버지의 가슴도 그 순간 녹아버리고 만다. 아버지에게 그 악수는, 아기가 어른이 돼 세상으로 떠나보낼 때까지 고이 잘 키우겠노라는 일생의 약속이다.

새벽에 잠이 깬 아버지는 평화롭게 잠든 아기를 보며 아기가 태어나 선물했던 감동과 행복의 의미를 되새긴다. 아기에게 품는 세상살이의 소망은 아버지 스스로에 대한 다짐이기도 하다.

아가야 햇살에 녹아 내리는 봄눈을 보면
이 세상 어딘가에 사랑은 있는가 보다

아가야 봄 하늘에 피어 오르는 아지랑이를 보면
이 세상 어딘가에 눈물은 있는가 보다

길가에 홀로 핀 애기똥풀 같은
산길에 홀로 핀 산씀바귀 같은

아가야 너는 길을 가다가

한 송이 들꽃을 위로하는 사람이 되라

오늘도 어둠의 계절은 깊어
새벽하늘 별빛마저 저물었나니

오늘도 진실에 대한 확신처럼
이 세상에 아름다운 것은 아직 없나니

아가야 너는 길을 가다가
눈물을 노래하는 사람이 되라
내가 별들에게 죽음의 편지를 쓰고 잠들지라도
아가야 하늘에는 거지별 하나

—정호승, 〈새벽에 아가에게〉

얼마 전 캄보디아에서 추락한 비행기 잔해에서 한국인 여행자의 시신을 수습하던 수색팀이 한순간에 숙연해졌다. KBS 기자 조종옥 씨와 생후 아홉 달 된 아들이 조종석 바로 뒷좌석에 꼭 끌어안은 채 숨져 있었다.

아버지는 한쪽 팔로 아들의 몸을 둘러 겨드랑이에 품고 있었다. 기내는 프로펠러가 나무에 부딪친 뒤 동체를 뚫고 들어와 엉망이었다. 혈육에게 들이닥치는 죽음을 그 마지막 순간까지 막아보려 했는지 아버지의 나머지 한 팔은 떨어져나가 있었다. 아이의 시신은 팔에 약간의 상처만 남아 있을 뿐이었다. 수색팀은 최후를 맞으면서도 아이를 감싼 눈물겨운 부정父情에 수습할 생각도 잊은 채 한동안 멍하니 바라보고만 있었다 한다.

우리 속담에 '깃 없는 어린 새 그 몸을 보존치 못한다'고 했다. 아기는 부모의 보호 없이는 자라나기 어렵다는 말이다. 아버지는 자식의 영원한 수호자이자 바람막이다. 〈소학小學〉에 '세상에 악한 부모는 없다'(天下無不是底父母)고 했듯 세상의 모든 아버지는 자식을 지키고 가르치고 키우는 데 있어서는 하나같이 지선至善하다.

바쁜 사람들도
굳센 사람들도
바람과 같던 사람들도
집에 돌아오면 아버지가 된다

어린것들을 위하여
난로에 불을 피우고
그네에 작은 못을 박는 아버지가 된다

저녁 바람에 문을 닫고
낙엽을 줍는 아버지가 된다

바깥이 요란해도
아버지는 어린것들에게는 울타리가 된다
양심을 지키라고 낮은 음성으로 가르친다

아버지의 눈에는 눈물이 보이지 않으나
아버지가 마시는 술에는 눈물이 절반이다

아버지는 가장 외로운 사람들이다
가장 화려한 사람들은
그 화려함으로 외로움을 배우게 된다

— 김현승, 〈아버지의 마음〉

아버지는 말 그대로 집과 같은 존재다. 묵묵히 사랑과 근심으로
하루하루 삶의 무게를 짊어지고 살면서 외로움의 술잔을 기울인다.
  엄친嚴親과 자당慈堂이라는 말처럼 어머니가 부드러움과 사적私的
자애慈愛를 뜻한다면 아버지는 공적公的 엄격함의 상징이다. 그렇다
고 아버지의 자식 사랑이 어머니만 못할 리 없다. 다만 그걸 표현하
기가 어쩐지 어색하고 서투를 뿐이다. 겉으론 무뚝뚝해도 안으론
항상 자식들이 안쓰럽다. 부정父情이란 곰삭은 정, 속 깊은 정이다.
  가시고기는 자식을 위해 몸을 내준다. 죽을 때도 새끼들이 있는
쪽으로 머리를 돌리고 죽는다고 한다. 조종옥 씨 부자의 마지막 모
습에서 아버지의 무조건적 사랑, 부모의 무한정한 사랑을 다시 본다.

이 목숨 있는 동안은 자식의 몸 대신하기를 원하고, 내 죽은 뒤에
는 자식의 몸 지키기를 원한다.

—〈부모은중경 父母恩重經〉

2007.7.16

술! 잔을 나누기보다
마음을 나눌 일이다

술에 취하여
나는 수첩에다가 뭐라고 써 놓았다.
술이 깨니까
나는 그 글씨를 알아볼 수가 없었다.
세 병쯤 소주를 마시니까
다시는 술 마시지 말자
고 써 있는 그 글씨가 보였다.

—김영승, 〈반성 16〉

골목에서 골목으로
거기 조그만 주막집,
할머니 한 잔 더 주세요,
저녁 어스름은 가난한 시인의 보람인 것을
……

흐리멍텅한 눈에 이 세상은 다만

순하디순하기 마련인가,

할머니 한 잔 더 주세요.

몽롱하다는 것은 장엄하다 …

— 천상병, 〈주막에서〉

많은 시인에게 술은 시를 지펴 올리는 연료 같은 것이다. 그래서 알렉상드르 라크루아도 "술은 어쩌면 보들레르 이후 문학의 혁신에 가장 크게 기여한 동인일 것"이라고 했다.

애주가 시인 고은이 두어 해 전 어느 신문 인터뷰에서 말했다.

"마시면 행복하고 깨어날 때의 황폐함, 그 황폐함에 대한 자기 회한과 환멸, 연민, 허무와 함께 하기 위해 마시고 또 마셨다. 그렇게 내 시는 쓰여졌다. 나는 시인에게 깨어 있기보다 취해 있기를 권하고 싶다. 취기와 광기를 버리는 것은 시인에게는 죽음이다."

소시민들에게 술은, 흔들리는 세상에서 흔들리는 괴로움을 잠시 이겨보려고 기대는 의지처다. 싸디싼 술을 마시며 떠도는 1970년대 중년 사내들이 무표정한 포장마차 주모 앞에 앉아 젖은 담배처럼 꺼무럭대며 풀려 있다. 술꾼들은 술기운을 빌려 "이제부터 시작이야" 다짐해보지만 잠시일 뿐, 다시 생존의 아귀다툼이 벌어지는 도시의 삶에 흔들린다.

포장술집에는 두 꾼이, 멀리 뒷산에는 단풍 쓴 나무들이 가을비에 흔들린다 흔들려, 흔들릴 때마다 한 잔씩, 도무지 취하지 않는

막걸리에서 막걸리로, 소주에서 소주로 한 얼굴을 더 쓰고 다시
소주로, 꾼 옆에는 반쯤 죽은 주모가 살아 있는 참새를 굽고 있다
한 놈은 너고 한 놈은 나다, … 젖은 담배에 몇 번이나 성냥불을
그어 댕긴다 이제부터 시작이야, 포장 사이로 나간 길은 빗속에
흐늘흐늘 이리저리 풀리고, 풀린 꾼들은 빈 술병에도 얽히며 술
집 밖으로 사라진다 가뭇한 연기처럼, 사라져야 별 수 없이, 다만
다같이 풀리는 기쁨, …

—감태준, 〈흔들릴 때마다 한잔〉

술은 고단한 서민들에게 힘과 위안이다. 술은 입술을 가볍게 하고
속내를 털어놓게 만든다. 술자리에선 친밀감이 과장되고 호언장
담이 거침없다. 술은 말더듬이도 웅변가로 만든다. 두보杜甫가 애
주가 여덟을 유머러스하게 노래한 〈음중팔선가飮中八仙歌〉에 말더
듬이 서생 초수焦遂 얘기가 있다.

"초수는 닷말 술에 의기충천(焦遂五斗方卓然) 고담웅변이 사람
들을 놀래어라(高談雄辯驚四筵)."

하긴 유학의 거두 주자朱子조차 "탁주 석 잔에 호기가 나니(濁酒
三杯豪氣發) 시 한 수 읊으며 축융의 봉우리 뛰어넘겠다(朗吟飛下祝
融峯)"고 했으니.

우리네 술문화는 그러나 호기를 지나쳐 광기로 치닫고 있다. 술
자리는 주사酒邪로 얼룩지기 일쑤이고 밤거리는 술에 익사할 지
경이다. 파출소들이 다루는 한 해 사건사고 15만 건 중에 주정
꾼 처리가 3만 건을 넘는다. 오죽하면 소주가 쌀밥에 이어 한국

남자 에너지원源 2위에 오를까. 소주로 얻는 하루 섭취 칼로리는 128.7kcal. 소주 한 잔은 70kcal이니 매일 소주를 거의 두 잔씩 마시는 셈이다.

회식문화, 접대문화도 '마시고 죽자' 식이다. 정부가 산재보험을 받을 수 있는 직장 '술상무' 기준을 '하루 평균 알코올 80g씩 3년간 마신 사람'으로 정해주는 나라가 다시 있을까. 이 기준에 닿으려면 소주를 하루도 거르지 않고 한 병씩 마셔야 한다.

질병, 사고, 범죄, 일, 가정 …. 우리 사회와 경제가 술로 치러야 하는 손실비용이 한 해 20조 원을 넘는다고 보건복지부가 계산했다. 18~64세 성인 남자 가운데 알코올 남용과 알코올 의존증에 빠진 사람이 전체 인구의 6.8%, 221만 명이라는 통계도 곁들였다. 복지부는 TV 광고 등에서 '절주節酒 캠페인'을 벌이고 있다.

〈조선일보〉의 이 복지부 기사 옆에 "한국 회식문화가 바뀌고 있다"는 〈뉴욕 타임스〉 기사가 나란히 실렸다. 직장마다 전문직 여자 직원들이 늘면서 삼겹살·맥주집·노래방·폭탄주로 이어지던 남성 중심 회식법칙이 무너지고 있다는 기사다. 대신 술을 원치 않거나 일찍 집에 갈 사람을 배려하고, 회식 때 고급 레스토랑이나 극장, 공연장에 가는 일도 잦아졌다고 했다.

얼마 전 서울고법은 여직원에게 일주일에 두 차례 넘게 새벽까지 회식과 음주를 강요한 직장 부서장에 대해 이 여직원에게 3천만 원을 배상하라고 판결했다. 이 게임제작업체 여직원은 술이라곤 맥주 두 잔 겨우 마시고 소주는 아예 입에 대지도 못하는데도 억지로 회식에 끌려 다니다 위염까지 앓고는 두 달 만에 회사를

그만뒀다고 한다. 재판부는 "체질, 종교, 개인 사정으로 술을 못하는 사람에게 음주를 강요하는 것은 그 사람의 건강, 신념, 개인 생활을 포기하라고 강요하는 불법행위"라고 판결했다.

한서漢書 〈초원왕전楚元王傳〉에 '초연사례楚筵辭醴'라는 고사가 나온다. 한나라 초원왕 유교劉交는 한漢 고조 유방劉邦의 아우다. 유교는 재사 목생穆生을 아껴 예로써 대했다. 술을 마시지 못하는 목생을 위해 연회 때마다 단술(醴)을 준비시켜 대신 들게 했다. 유교가 죽고 왕위를 물려받은 아들 무戊가 더 이상 단술을 마련하지 않자 목생은 신하를 대하는 왕의 뜻이 태만해졌다며 떠나간다. 얼마 안 가 유무는 신하를 죽이고 악행을 일삼다 전쟁에서 패해 자결한다.

술자리에서 술 못 마시는 아랫사람을 함부로 하는 직장 상사들이 새겨야 할 고사다. 안 그랬다간 손해배상 판결을 받은 게임제작업체 간부처럼 호되게 당할지도 모른다. 〈뉴욕 타임스〉는 우리 회식문화가 많이 고와졌다고 보도했지만 술 못하는 게 사회활동에 결함이라도 되는 듯 여기는 풍조와 그런 이들을 배려하기는커녕 학대에 가깝게 몰아붙이는 술자리들이 여전하다.

고은이 연전에 문학지에 글을 실었다.

"이제 시인들 가운데 술꾼이 현저하게 줄어들고 있다. 막말로 최근의 시가 가슴에서 터져 나오지 않고 머리에서 짜여져 나오는 일과 무관하지 않다."

애주가의 그 서운한 마음을 모를 바 아니지만 이젠 세상이 많이 달라졌다. 술 안 마시겠다는 사람, 술 못 마시는 사람 허리춤 붙들고 주저앉혀서 되는 일이 아니다.

이백李白이 〈산중여유인대작山中與幽人對酌〉에서 읊었다.

"취했으니 자려네, 자넨 가게나(我醉欲眠卿且去) 내일 아침 맘 내키면 거문고 안고 오게나(明朝有意抱琴來)."

술 친구를 순순히 놓아 보내는 건 사실 주선酒仙 이백이나 닿을 경지다. 우리 평범한 술꾼들은 어지간히 마시고도 서로를 끌어당기느라 자리 파하기가 쉽지 않다. 당장 내일 일은 어찌 되건 뿌리를 뽑고 마는 술문화, 이젠 이별할 일이다.

2007.7.2

눈물의 '밥'이
추억의 별미

푸르르던 청보리밭이 6월이면 황금물결로 일렁인다. 누렇게 익은 보리가 낟알의 무게를 이기지 못하고 휘청댄다. 들녘은 서둘러 보리걷이를 끝내고 모내기철을 맞는다. 농번기의 시작이다. 요즘 세상엔 그저 그런가 보다 하고 지나지만 이 무렵의 감회가 여간 아니던 시절이 있었다. 길고 허기진 보릿고개를 겨우 넘어 보리밥이나마 고봉으로 먹어 보는 6월은 감회쯤이 아니라 감격의 계절이었다.

가을에 거둔 식량이 겨울을 채 넘기기도 전에 바닥나고 춘궁기春窮期 내내 굶주려야 했던 그 시절 유년의 5월을 시인 고은이 회상했다.

"오랜 가난의 굴레는 막 보릿고개를 허위단심 넘어야 했다. 이른 봄의 논두렁 뚝새풀로 죽을 쑤어 먹어야 했고 냉이와 벌금자리 나물을 캐어 겨울 양식이 떨어진 하루하루를 넘기는 입맛을 냈다. 묽은 된장국은 서러웠다."

고은의 유년은 일제의 수탈이 극에 이른 1940년대쯤일 것이다.

일제는 쌀을 빼앗아가고 대신 만주산 좁쌀을 들여왔다. 1930년 조사를 보면 봄마다 풀뿌리, 나무껍질로 연명하는 농민이 125만 가구로 전체의 절반이었다. 밥은 죽으로, 쌀은 잡곡으로, 잡곡은 만주 좁쌀로 대신해야 했다. 절반은 그 좁쌀조차 구하지 못해 싸라기를 멀건 산나물죽에 띄워 먹곤 했다. 굶어죽는 이가 '연년의 거수巨數', 해마다 어마어마한 숫자였다.

1920년생인 조연현의 〈진달래〉에도 슬프고 혹독하던 보릿고개의 기억이 배어 있다.

　진달래는 먹는 꽃
　먹을수록 배고픈 꽃

　한 잎 두 잎 따 먹은 진달래에 취하여
　쑥바구니 옆에 낀 채 곧잘 잠들던
　순이의 소식도 이제는 먼데

　예외처럼 서울 갔다 돌아온 사나이는
　조을리는 오월의 언덕에 누워
　안타까운 진달래만 씹는다
　진달래는 먹는 꽃
　먹을수록 배고픈 꽃

―조연현, 〈진달래〉

아이들은 입술이 퍼래지도록 진달래를 따 먹었고, 감꽃이며 찔레 순을 삼키며 허기를 잊어보려 했다. 굶어죽는 사람은 6·25 직후 는 물론 1960년대까지 이어졌다. 오래 굶어 살가죽이 들떠서 붓 고 누렇게 뜨는 부황도 흔했다.

>··· 소학교 다니던 시절
>어느 해 따뜻한 봄날
>마을 뒷산의 한 무덤 앞에는
>무덤 모양 동그랗게 고봉으로 담은
>흰 밥 한 그릇이 놓여 있었다
>지난해 흉년에 굶어죽은 이의
>무덤이었다
>새싹들을 어루만지는 봄볕 속에서
>봉분은 그의 죽음의 무덤이고
>밥은 그의 삶의 무덤인 양
>서로 키를 재고 있었다
>봄이 되면
>눈물도 아롱이는 먼 아지랑이 속
>다냥한 밥과 무덤 아롱거린다
>
>—김영석, 〈밥과 무덤〉

볕이 잘 들어 밝고 따뜻한 '다냥^{당양·當陽}한' 무덤 앞에 놓인 쌀밥 한 그릇. 죽어서라도 한번 배불리 먹어보라는 그 슬픈 풍경을 기억하는 이가 적지 않을 것이다. 1960년대 소읍, 소도시에서 유소년기를 난 50대에게도 보리밥의 추억은 생생하다.

냉장고도 없던 그 시절 어머니들은 금세 쉬어버린 보리밥을 찬물에 휘휘 저어 헹군 뒤 소쿠리에 담아 바람 잘 통하는 청마루에 걸어뒀다. 이 보리밥을 찬물에 말아 된장에 풋고추 찍어 먹거나 삶은 감자 두어 개를 으깨어 넣고 고추장에 썩썩 비벼먹었다. 찰기 없이 푸석푸석한 보리밥은 금방 꺼졌다. 어머니들은 "뛰지 마라, 배 꺼진다"고 소리치곤 했다.

보릿고개가 태산보다 높다 했지만 황금찬은 에베레스트보다도 높다고 했다. 세상에서 제일 높은 그 고개를 얼마나 많은 이들이 울며 넘었나.

… 코리아의 보릿고개는 높다.
한없이 높아서 많은 사람이 울고 갔다.
─굶으며 넘었다
얼마나한 사람은 죽어서 못 넘었다.
코리아의 보리고개,
안 넘을 수 없는 운명의 해발 구천 미터
소년은 풀밭에 누웠다.
하늘은 한 알의 보리알,
지금 내 앞에 아무것도 보이는 것이 없다.

─황금찬, 〈보리고개〉

하늘이 커다란 보리알로 보이는데 보리 여물기를 기다릴 새가 있었겠는가. 식민지 조선 이래 질긴 민초들의 삶을 그린 유영국의 장편 〈만월까지〉에 채 덜 익은 보리를 먹는 '풋바심' 얘기가 나온다.

보리알이 여물기 훨씬 전부터 겨우 물알이 든 보리이삭을 잎사귀째 잘라서 나물 섞어 죽을 쑤어 먹었다. 푸른 보리죽, 청맥죽靑麥粥이라는 것이다. 참으로 오랜만에 곡기穀氣 든 죽을 들이켜려니 눈에서 별똥이 떨어지듯 눈물이 쏟아진다고 해서 별똥죽이라고도 하고, 눈물을 섞어 먹는다고 해서 옥루죽玉淚粥이라고도 했다.

정부가 1948년부터 시행해 온 보리 수매제도를 폐지한다는 소식이다. 수매제도란 출하기 곡물의 수요·공급을 조절하고 농가 소득을 보전해주려고 해마다 정해진 값에 물량을 사들이는 제도다. 정부는 해마다 수매물량을 5~20%씩, 수매가격을 2~6%씩 단계적으로 내릴 것이라고 한다. 보리가 남아돌기 때문이다. 1970년만 해도 37.3kg이던 한 해 1인당 보리 소비량은 지난해 1.2kg까지 떨어졌다. 한 해 12만t이 생산되지만 9만t밖에 소비되지 않아 재고가 22만t 넘게 쌓였다.

이제 농민들은 다른 작물을 찾을 수밖에 없게 됐다. 보리의 시대가 사실상 끝나는 것이다. 사람들은 꽁보리 비빔밥집에서나 보리밥을 먹는다. 눈물의 밥이 아니라 '웰빙' 별미다. 보리순을 넣어 끓이는 별미 홍어애국엔 그래도 배고프던 시대의 내력이 깃들어 있다.

늦겨울, 초봄엔 채소 구경을 할 수 없던 시절 고릿한 홍어 애

(내장)에 풋풋한 야채 내음을 곁들여주던 것이 보리순이었다. 사시사철 싱싱한 야채들이 쏟아지는 요즘엔 미나리, 부추에 파래, 매생이 같은 것들을 넣으면 더 좋을 테지만 어르신들은 거칠거칠한 보리순 안 들어가면 애국이 아니라고 손을 젓는다. 그래서 홍어집들은 초봄에 보리순을 한꺼번에 사들여 살짝 데친 뒤 물기 빼고 소포장해 냉동해두고 연중 쓴다.

시인 정양은 〈보리민대〉에서 '별똥죽'과 '옥루죽' 얘기를 하고는 그보다 조금 더 보리알이 들었을 때 구워 먹던 일을 회상한다.

… 물알이 틉틉해진 보리이삭을 따서
가마솥에 삶아내어 말려 바순 게
퍼렇게 쫄깃거리는 보리민대다
아이들은 물알이 더 틉틉한 이삭을 골라
어른들 몰래 끼리끼리 구워 먹었다
불에 그슬려 구워낸 뜨거운 보리이삭을
손바닥에 비벼서 후후 불어낸
그 퍼런 보리알도 보리민대다
손바닥에 묻은 껌댕이가 꺼멓게
입언저리에 묻거나 말거나
아이들은 보리민대를 허겁지겁 씹어먹었다

며칠만 지나면 토실토실한 알보리밥을
고봉으로 꾹꾹 눌러 배 터지게 먹으리라

진달래꽃 따먹으며 허천나던
지긋지긋한 봄날도 이제는 끝, 아이들은
보릿고개의 마지막 먹거리
행복한 보리민대를 우적우적 씹으면서
손바닥 껌댕이를 옆엣놈 낯바닥에
다투어 처바르며 낄낄거렸다

— 정양, 〈보리민대〉

이제 구운 보리민대는 몇몇 농촌의 보릿고개 체험마을에서나 맛볼
수 있다. 청보리밭은 고창 학원농장처럼 이름난 관광지가 되기도 한
다. 보리와 함께 지나온 배고픔과 피눈물의 역사가 희미해져 간다.

2007.6.18

부부란 3개월 사랑하고
3년을 싸우고
30년을 참고 견디는 것

미국에 오래 산 의사 시인 마종기의 산문집에 친구인 재미 의사 부부 얘기가 나온다. 이 내과의는 30년 넘게 백인 아내와 살고 있다. 마종기는 친구가 모처럼 서울에 간다고 하자, 가거든 영화 〈서편제〉를 보라고 일렀다.

한국에 온 내과의는 아내와 함께 극장에서 〈서편제〉를 봤다. 영화가 끝나 곁에 있던 아내를 보니 눈물을 닦느라 일어서지도 못하고 있었다. 정신 놓고 영화를 보며 우느라 아내 볼 틈도 없었는데 같이 계속 운 모양이었다. 눈이 퉁퉁 부어 있었다. 남편이 물었다. 한국 판소리를 알 리 없고 영어 자막이 없어 줄거리도 잘 모를 텐데 어떻게 그리도 울었느냐고.

아내가 답했다. 물론 음악도 못 들어본 것이고 이야기도 짐작으로밖에는 모르겠더라. 당신의 눈물을 보며 처음엔 놀라고 당황했는데 천천히 내 가슴도 아파 오더라. 당신이 나중엔 흐느끼기까지 하는 것을 보며 나도 따라 울게 됐다. 당신이 고국을 오랫동안 떠나

살고 있어서 그 외로움 때문에 운 것이 아닐까 하는 생각도 들더라.

부부로 산다는 것은 서로에게 스며드는 것이다. 자라온 환경도, 문화도, 심지어 말도, 피부 빛도 다른 남녀가 고락苦樂을 함께하면서 서로 아주 조금씩 닮아간다. 생각하는 것, 좋아하는 것, 말투, 얼굴까지 비슷해진다. 말로 설명할 수 없는 교감이 쌓인다. 이심전심以心傳心· 심심상인心心相印이다.

부부로 만난 우리, 왜 하필 나이고 당신인가. 그것은 우연인가 운명인가. 시인 남편의 눈에 아내는 어느 날 산행 길 바짓가랑이에 묻어 온 도꼬마리씨다.

멀고 긴 산행길
어느덧 해도 저물어
이제 그만 돌아와 하루를 턴다
아찔한 벼랑을 지나
덤불 속 같은 세월에 할퀸
쓰라린 상흔과 기억을 턴다
그런데 가만! 이게 누구지?
아무리 털어도 떨어지지 않는
억센 가시손 하나
나의 남루한 바짓가랑이
한 자락 단단히 움켜쥐고 따라온
도꼬마리씨 하나
왜 하필 내게 붙어 왔을까?

내가 어디서 와서

어디로 가는지도 모르고

무작정 예까지 따라온 여자 같은

어디에 그만 안녕 떼어놓지 못하고

이러구러 함께 온 도꼬마리씨 같은

아내여, 내친 김에 그냥

갈 데까지 가보는 거다

서로가 서로에게 빚이 있다면

할부금 갚듯 정 주고 사는 거지 뭐 …

—임영조, 〈도꼬마리씨 하나〉

우연인 것 같아도 필연이고 운명인 것이 부부다. 이러구러 한평생
서로 떨어지지 않고 살아갈 수밖에 없는 관계다. 시인 남편이 아
내를 떼려야 떼어놓지 못할 사람이라고 노래하듯 시인 아내에게
도 남편은 그런 존재다. 그 숙명의 매개체가 바로 자식이라고 말
하는 게 각별히 와 닿는다.

아버지도 아니고 오빠도 아닌

아버지와 오빠 사이의 촌수쯤 되는 남자

내게 잠 못 이루는 연애가 생기면

제일 먼저 의논하고 물어보고 싶다가도

아차, 다 되어도 이것만은 안 되지 하고

돌아누워버리는

세상에서 제일 가깝고 제일 먼 남자

이 무슨 웬수인가 싶을 때도 있지만

지구를 다 돌아다녀도

내가 낳은 새끼들을 제일로 사랑하는 남자는

이 남자일 것 같아

다시금 오늘도 저녁을 짓는다

그리고 보니 밥을 나와 함께

가장 많이 먹은 남자

나에게 전쟁을 가장 많이 가르쳐 준 남자

—문정희, 〈남편〉

결혼이란 전생의 원수가 다시 만나 한평생 함께 살면서 서로 원수 갚는 일, 빚 갚는 일이라고들 한다. 하고한 날 지지고 볶으면서도 그 운명을 받아들이며 살아간다.

5월 21일은 올해 정부가 법정 기념일로 정한 첫 '부부의 날'이었다. 부부관계의 소중함을 일깨우고 평등 부부 문화를 확산시키기 위해 제정했다고 한다. 날짜엔 '가정의 달(5월)에 둘(2)이 하나(1) 된다'는 뜻이 담겨 있다. 이날 라디오 음악 프로그램들엔 "사랑한다"는 말을 전하는 부부들의 사연이 넘쳐났다. 그러나 결혼이 소중하다는 깨달음이 어찌 하루뿐일까.

부부 합일의 셈법은 국어학자 이희승이 이미 오래 전에 설파했다.

별다른 개성을 가진 남녀가 결합해 한 개의 인격이 된다는 데는

거기서 벌써 협동의 문제가 생기게 된다. 그리고 부부 간의 협동
이란 1 + 1 = 2가 아니라 1 + 1 = 1이 되는 것이다. 즉 그들의 개성
은 반만 남게 되는 것이다. 반은 죽이고 반만 살리는 것이다. 반
을 죽인다는 것은 희생이요, 반을 살린다는 것은 사랑이다. 희생
의 정신과 애정, 이 두 가지가 없이 부부생활이 불가능한 것은 너
무도 자명한 일이다.

유대 금언집《탈무드》에 "아내의 키가 작으면 남편이 키를 낮추
라"고 했다. 결혼은 둘이 다리 하나씩 묶고 뛰는 이인삼각^{二人三脚}
이다. 한쪽으로 치우치면 쓰러진다. 함민복은 그걸 상^床 들기에서
보아냈다.

긴 상이 있다
한 아름에 잡히지 않아 같이 들어야 한다
좁은 문이 나타나면
한 사람은 등을 앞으로 하고 걸어야 한다
뒤로 걷는 사람은 앞으로 걷는 사람을 읽으며
걸음을 옮겨야 한다
잠시 허리를 펴거나 굽힐 때
서로 높이를 조절해야 한다
다 온 것 같다고
먼저 탕 하고 상을 내려놓아서도 안 된다
걸음의 속도도 맞춰야 한다

한 발

또 한 발

―함민복, 〈부부〉

결혼이란 이것저것 꼬치꼬치 따지는 일이 아니다. 어울렁더울렁 살아가기다. 구전口傳으로 떠도는 굴비 장수 이야기에서 오탁번이 그려낸 부부의 모습은 바보스럽고 슬프고 우습다. 익살스런 외설도 있다. 결혼이란 웃음에 슬픔을 버무린 연민인지도 모르겠다. 시인은 특별하고 엄숙한 말 대신 조금 모자란 듯, 그러나 인간적인 바보 부부 이야기를 능청맞게 하면서 부부란 그런 것이라고 말한다.

수수밭 김매던 계집이 솔개그늘에서 쉬고 있는데
마침 굴비장수가 지나갔다
―굴비 사려, 굴비! 아주머니, 굴비 사요
―사고 싶어도 돈이 없어요
메기수염을 한 굴비장수는
뙤약볕 들녘을 휘 둘러보았다
―그거 한번 하면 한 마리 주겠소
가난한 계집은 잠시 생각에 잠겼다
품 팔러 간 사내의 얼굴이 떠올랐다

저녁 밥상에 굴비 한 마리가 올랐다

—웬 굴비여?

계집은 수수밭 고랑에서 굴비 잡은 이야기를 했다

사내는 굴비를 맛있게 먹고 나서 말했다

—앞으로는 절대 하지 마!

수수밭 이랑에는 수수 이삭 아직 패지도 않았지만

소쩍새가 목이 쉬는 새벽녘까지

사내와 계집은

풍년을 기원하며 수수방아를 찧었다

며칠 후 굴비장수가 다시 마을에 나타났다

그날 저녁 밥상에 굴비 한 마리가 또 올랐다

—또 웬 굴비여?

계집이 굴비를 발라주며 말했다

—앞으로는 안 했어요

사내는 계집을 끌어안고 목이 메었다

개똥벌레들이 밤새도록

사랑의 등 깜빡이며 날아다니고

베짱이들도 밤이슬 마시며 노래 불렀다

—오탁번, 〈굴비〉

결혼 전에는 눈을 크게 뜨고 결혼 후엔 눈을 반쯤 감으라는 말이 있다. 3주 동안 서로 연구하고, 3개월 동안 사랑하고, 3년 동안 싸움하고, 30년 동안은 참고 견딘다. 결혼이란 여러 번에 걸쳐 같은 사람과 사랑에 빠지는 것이다.

2007.6.11

오대산 천년의 숲길 생명의 흙 밟으며
탐욕·화·어리석음 3독毒을 잊는다

강파른 도시에서 우리는 하루하루 조바심을 먹고 산다. 모든 것이 불확실한 세상에 이리 떠밀리고 저리 차이며 하루도 느긋한 날 없다. 누군가에게 쫓기듯 늘 불안하다. 안절부절못한다.

가벼운 교통사고를 세 번 겪고 난 뒤 나는 겁쟁이가 되었습니다. 시속 80킬로만 가까워져도 앞좌석의 등받이를 움켜쥐고 언제 팬티를 갈아입었는지 어떤지를 확인하기 위하여 재빨리 눈동자를 굴립니다.

산 자도 아닌 죽은 자의 죽고 난 뒤의 부끄러움, 죽고 난 뒤에 팬티가 깨끗한지 아닌지에 왜 신경이 쓰이는지 그게 뭐가 중요하다고 신경이 쓰이는지 정말 우습기만 합니다. 세상이 우스운 일로 가득하니 그것이라고 아니 우스울 이유가 없기는 하지만.

—오규원, 〈죽고 난 뒤의 팬티〉

교통사고는 도시의 폭력적 일상을 상징한다. 그 무자비한 손찌검에 몇 차례 얻어맞고 주눅 든 시인은 하고한 날 팬티 걱정을 한다. 죽고 난 뒤 팬티가 뭐 그리 중요하냐고 시인 스스로도 소심증을 어이없어한다. 그래도 살면서는 물론이고 죽은 뒤까지 남의 눈길을 의식할 수밖에 없는 게 오늘 우리네 삶이다.

고달픈 도시의 삶이 집약되는 곳이 지하철이다. '지옥철'이라는 별명 그대로 매일 아비규환 아귀다툼이 벌어지는 아수라장이다. 사람들은 숨도 못 쉬도록 꽉꽉 우겨 넣은 지하철 전동차에서 문명에 시달리고 인간에 치여 비명을 질러댄다.

… 영자야엄마나여기있
어밑에아기가깔렸어
요숨막혀내핸드빽내
구두나좀내리게그만
밀어어딜만져이짐승
쌍년아야귀찢어져손
가락에귀걸이걸렸어
어딜자꾸만주물러소
새끼침튀겨개년말새 …
　　　　　—김기택, 〈우리나라 전동차의 놀라운 적재효율〉

어느 주말 강화도 다녀오는 길에 제법 이름난 절에 들렀다. 그 넓은 주차장이 꽉 차서 주변 도로까지 차들이 넘쳤다. 절까지 이어진 가파른 언덕길엔 동동주며 빈대떡 파는 가게들이 늘어서 있다. 갖가지 주전부리를 벌여놓은 좌판 아주머니들의 호객 소리도 요란했다. 진입로가 사찰 땅이 아니어서 그랬겠지만 찌든 세상사 잠시나마 털어보려고 온 절이 이래서야 되겠나 싶었다. 엄원태 시인이 가 본 〈표충사 가는 길〉도 비슷했던 모양이다.

여름철 주말이면
표충사 가는 길은 늘 막힌다
햇살 아래 주차장은 삶에서 한참 벗어나 있고
절로 가는 길은 양쪽에 늘어 세워진 차들로 비좁다
성긴 참나무 숲 그늘의 길가에는
도토리묵, 막걸리, 부침개, 국화빵이며
산나물, 고사리, 산초 열매까지
주전부리 먹거리를 파는 아낙네들이
땀을 흘리며 화덕들을 하나씩 끼고 전을 부치고 있다
가다 보면 그 아낙네들 팔려는 먹거리들이
질리도록 널려 있다는 느낌이 뜨거운 날씨 때문만은 아닐 것이다
절로 들어가는 길이 마치 숙변 낀 창자 같다
일주문을 지날 때 근처 숲에서 삼겹살 굽는 냄새가 진동하고
다리 밑 개울가에서 사람들은 더위에 벗어제치고들 있다
개들이 지쳐 헐떡이며 어슬렁거리고,
……
절에 들 때까지, 삶의 뜨겁고 끈적거리는 욕망은

그렇듯 끈질기게 그대들 발길에 채이며 걸리적거리는 것이다

사천왕문 지나 절에 들어보라, 거기엔

뿌연 햇살로 가득 찬 넓은 사각 마당이

깨끗이 비어 있는 것을 보게 될 것이다

그것은 이를테면, 똥자루가 확, 터지는 느낌 같은 것인데,

해탈, 해탈이란 것이 뭐 그런 것이 아닌지

삶의 묵은 똥자루가 확, 터지는

—엄원태, 〈표충사 가는 길〉

시인이 간 절 길은 사바세계보다 더 사바세계 같다. 번들거리는
삶의 욕망이 뜨겁게 끈적대는 길은 숙변 낀 창자처럼 갑갑하다.
온갖 사람이 옴짝달싹 못하게 뒤얽혀 비명을 질러대는 도시의 만
원 지하철과 별반 다를 게 없다.

　정작 시인이 말하려는 건 그 길의 끝이다. 사천왕문 지나 절에
들어섰을 때 깨끗하게 비어 빛나는 마당을 보는 감동. 한 방에 숙
변이 씻겨 내려가듯 문 바깥 세속 번뇌로부터 해방되는 것. 해탈解
脫이라는 게 뭐 거창한 게 아니라 바로 그런 것 아니겠냐고 시인
은 말한다. 시인이 굳이 번잡스런 절 진입로를 길게 묘사한 것도
문 하나 사이에 두고 그렇게 가까운 곳에 위안과 평화가 있다는
것을 강조하려는 뜻일 것이다.

　사실 우리 곁엔 아름답고 고즈넉한 절 길이 더 많다. 맘만 먹으
면 언제든 어렵지 않게 찾아들 수 있는 길들이다. 일주문 지나 오
대산 월정사로 들어서는 800m 길은 500년 된 전나무들이 우거

저 한낮에도 해가 들지 않는다. 해질녘이나 동틀 무렵, 기운 햇살 사이로 반짝이는 전나무 숲을 거닐며 청량한 회향檜香을 들이쉬면 몸과 마음이 절로 정화된다. 영주 부석사 은행나무길, 부안 내소사 전나무길, 순천 선암사 전나무·참나무길, 사하촌寺下村 괴목마을에서 송광사 가는 숲길, 그리고 송광사에서 선암사로 넘어가는 조계산 길도 일품이다.

5월 5일 어린이날 '오대산 천년의 숲길 걷기대회'가 열렸다. 월정사에서 상원사까지 오대산 흙길 8km를 사람들이 걸어 올랐다. 1300년 전 신라 자장慈藏 율사가 산문을 연 이후 숱한 고승들이 걸었던 구도求道의 길이다. 월정사는 4년 전 국립공원관리공단이 이 길을 포장하겠다고 나서자 자연 그대로 숲길을 보존하자며 해마다 걷기 행사를 열고 있다.

내내 계곡을 거슬러 가는 20리 길을 걸으며 사람들은 속세를 잊었다. 연둣빛 신록에 눈을 씻고 오대천 맑은 물소리를 귀에 담으며 넉넉한 마음으로 흙길의 생명을 호흡했다. 소동파蘇東坡의 오도송悟道頌 그대로다. "계곡의 물소리는 곧 부처님 설법이요(溪聲便是廣長舌)/ 푸른 산 빛은 청정한 부처님 법신 아닌가(山色豈非淸淨身)." 탈속脫俗의 감흥을 불자佛子만 누릴 수 있는 건 아니다.

향적사 가는 길 어디인가 不知香積寺
몇 리 구름 덮인 산을 오른다 數里入雲峯
옛 숲 우거지고 길은 없는데 古木無人徑

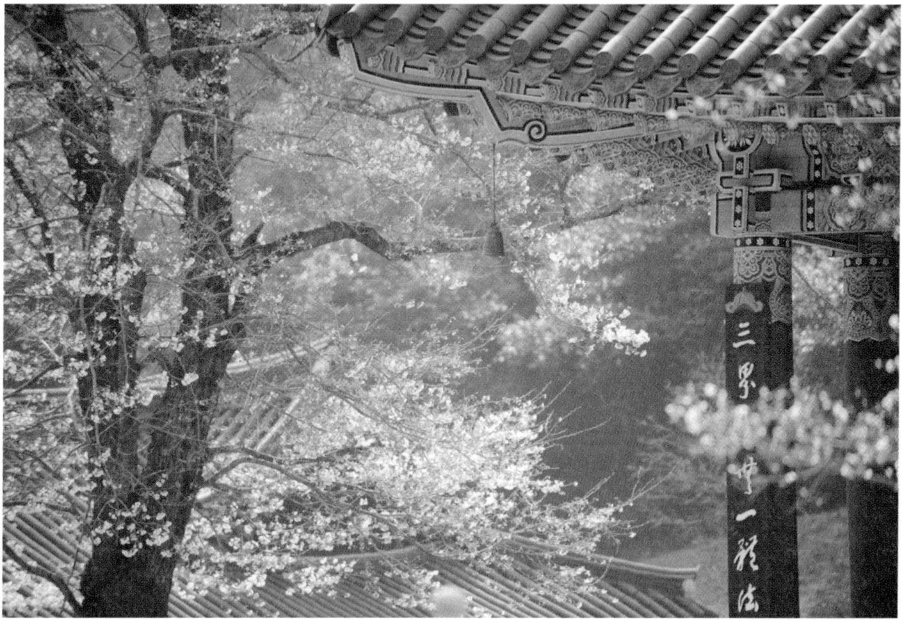

© 오태진

깊은 산 어디선가 종이 울린다 深山何處鐘

조약돌에 부서지는 시냇물 소리 泉聲咽危石

청솔 사이 햇살 서늘하고 日色冷靑松

어스름 연못에 서린 정적은 薄暮空潭曲

편안한 마음이 사념을 눌렀음이라 安禪制毒龍

—왕유王維, 〈향적사 가는 길〉(過香積寺)

절길 걷기엔 말이 필요없다. 모든 것이 정지된 듯 고요한 이 시간, 이채로운 숲 냄새를 맡으며 느릿하게 걸으면 그만이다. 속도와 소음에서 느림과 묵언默言으로, 그 무언의 공간에서 탐욕貪 화瞋 어리석음癡의 삼독三毒을 잠시 잊는다. 걸음도 마음도 절로 가벼워진다.

헛된 애증에 휘둘리며 애면글면 사는 우리네 속인俗人들이다. 먼지 이는 저잣거리를 헤매 살면서 평생 마음에 쌓인 때를 단숨에 벗겨내기란 쉬운 일이 아니다. 그러나 절 집 가는 길 하루만이라도 헛일, 헛걸음, 헛말을 삼갈 수 있다면 그 빈 자리에 부처가 드실지 모른다. 눈으로는 절대 볼 수 없다는 참나眞我를 볼 수 있을지도 모를 일이다.

2007.5.21

아들·딸에 버림받은 노모
경찰서에서도 자식 걱정

한평생 가족 먹여 살리느라 허리가 휜 아버지에게 철부지 아들이
또 손을 벌린다. 아들은 아버지의 오막살이 집을 잡혀서라도 돈을
내놓으라 한다. 어른이 돼서도 고단한 아버지에게 자꾸 기대는 아
들이다. 아버지는 참다 못해 손으로 방바닥을 내려치며 한바탕 야
단을 쳐 본다.

… 뭐 집을 잽혀야 쓰겄다고 아나 여기 있다 문서허고 도장 있응
게 니 맘대로 혀봐라 이 순 싸가지 없는 새꺄 아 내가 언제 너더
러 용돈 한 푼 달라고 혔냐 돈을 꿔달라고 혔냐 그저 맻날 안 남은
거 숨이나 깔딱깔딱 쉬고 사는디 왜 날 못살게 구느냐 말여 왜!
왜! 왜! 아버지 지가 오죽허면 그러겄습니까 이번만 어떻게 … 뭐
오죽허면 그러겄냐고 아 그렇게 여기 있단 말여 니 맘대로 삶아
먹든지 고아 먹든지 허란 말여 에라 이 순 …
그날 은행에 가서 손도장을 눌러 본인 확인란을 채우고 돌아오는

길에 말씀하셨습니다. 아침에 막걸리 한 잔 먹고 헌 말은 잊어버
려라 너도 알다시피 나도 애상바쳐 죽겠다 니가 어떻게 돈을 좀
애껴 쓰고 무서운 줄 알라고 헌 소링게 …

—강형철, 〈아버님의 사랑말씀 6〉

아버지는 결국 아들을 미워하지 못한다. 도리 없이 아들 말을 들
어주고 돌아오는 길, 아버지의 음성은 한결 누그러져 있다. 아버
지 심정을 이해해 달라며 오히려 아들을 달랜다. 우리 속담에 "부
모 속에 부처 있고 자식 속에 앙칼 있다"고 했다. 자식들이 아무
리 모질어도 부모는 결코 자식을 원망하지 않는다.

　미국에 '부메랑 자녀'라는 말이 있다. 독립해 나가 별 소식도 없
이 살다 돈이 궁할 때만 부모를 찾아오는 나이 든 자식을 이른다.
연전에 행정수도 이전 예정지가 발표되면서 한국판 '부메랑 자
식'들이 무더기로 생겨난 일이 있었다. 당시 신문들은 행정수도가
된다고 땅값이 치솟은 충청 시골에 갑자기 '효자'가 늘었다고 보
도했다. 어느 마을 이장은 "어쩌다 명절에나 얼굴을 비치던 자식
들이 갑자기 틈만 나면 손자 손잡고 오는 경우가 마을 세 집에 하
나꼴"이라고 했다. 부모들은 자식들이 느닷없이 왜 그러는지 속
내를 훤히 꿰뚫어보면서도 싫은 기색이 없다. 어쨌건 찾아와주는
자식들이 반갑다. 자식들 원하는 대로 땅 팔아 나눠주면서 "그게
부모 마음"이라고 했다.

　그래도 자식들에게 뭔가 줄 수 있는 부모는 행복한 부모다. 자
식을 가난 속에 두고 떠나는 부모 마음은 찢어진다.

병명도 모르는 채 시름시름 앓으며

몸져 누운 지 이제 10년

고속도로는 뚫려도 내가 살 길은 없는 것이냐

……

나는 또 숨이 가쁘다 열이 오른다

기침이 난다

머리맡을 뒤져도 물 한 모금 없다

하는 수 없이 일어나 등잔에 불을 붙인다

방안 하나 가득 찬 철모르는 어린것들

제멋대로 그저 아무렇게나 가로세로 드러누워

고단한 숨결은 한창 얼크러졌는데

문득 둘째의 등록금과 발가락 나온 운동화가 어른거린다

내가 막상 가는 날은 너희는 누구에게 손을 벌리랴

가여운 내 아들딸들아. …

—김관식, 〈병상록〉

김관식은 재능과 독설, 기행奇行으로 전후戰後 한국 문단을 종횡무
진한 천재였다. 그는 허위와 가식에 찬 문단 행사나 출판기념회에
나타나 판을 뒤엎기 일쑤였다. 느닷없이 국회의원에 출마해 장면
과 대결하기도 했다. "허리 굽신거려/ 제왕의 문턱에 절하고 드나
들며/ 밑구멍 핥으며" 호의호식하던 정치판을 향한 분노의 표시
였다. 그는 자하문 밖 홍은동 산비탈에 무허가 판잣집을 짓고 살
면서도 기개와 자존심을 꺾지 않았다. 한 점 비굴함 없던 그도 자

식들에게만은 떳떳하지 못했다. '병상록病床錄'에 담긴 그의 심정은 그 어떤 부모보다 애틋하다.

어버이는 치매에 걸려서도 자식 걱정을 놓지 않는다.

정신과 병동 복도 끝
면회실에 마주앉았다
분별과 지남력이 바닥난
겨우내 다 파먹은 김칫독처럼
오광 떼던 화투장 팔공산 껍데기 희부연 공백처럼
그는 내면을 지우고 있다 …
빈 독 속을 희부연 공백 속을 메아리처럼 울리며 돌아 올라오는
목소리
살 만큼 나는 살았다 내일이라도 간들 대수냐
남은 너희들이 걱정이다

—홍신선, 〈아버지〉

지난 4월 12일 밤 서울 중부경찰서, 여든한 살 할머니가 어느 시장통 경비실 앞에 혼자 쭈그리고 앉아 있다가 경찰서 보호를 받게 됐다. 할머니는 정정한 편에 정신도 맑았다. 경찰관이 할머니에게 "댁이 어디냐"고 물었다. "몰라, 길을 잃었어." "자녀분들은요?" "우리 아들딸은 잘못이 없어. 그냥 내가 길을 잃은 거야." 할머니는 경찰서에서 하룻밤을 지냈다. 이튿날에야 경찰의 연락을 받고 나온 아들딸을 조사해보니 사정이 이랬다고 한다.

할머니는 시골에서 함께 살던 큰아들을 3년 전 앞세운 뒤 서울로 올라와 3남매 집을 옮겨 다니며 살아 왔다. 다섯 달 전부터는 시장에서 가게를 하는 큰딸 집에서 살았다. 큰딸은 같은 시장에서 장사하는 둘째 아들과 거의 매일 "어머니를 데려가라"며 다퉜다. 이날 오후 딸은 어머니를 무작정 오빠 가게로 데려다 놓고 돌아갔다. 그러자 아들네가 화를 내며 다시 여동생 가게로 어머니를 데려갔다. 다투던 남매는 서로 어머니를 받지 않으려고 가게 문까지 닫고 가버렸다. 할머니 곁에는 요구르트 한 병과 옷가지 몇 벌이 조금씩 나뉘어 담긴 쇼핑백 두 개가 놓여 있었다.

경찰은 노모를 한데에 버려 둔 아들·며느리, 딸·사위를 존속유기혐의로 입건했다. 정작 가슴을 때린 건 할머니 말씀이다. 할머니가 경찰에게 사정했다.

"내가 오래 산 게 죄지, 우리 아이들은 아무 죄가 없어요."

기자들에게 하는 말이 TV 전파를 타기도 했다.

"자식들이 안 모시겠다고 한 적 없어요. 어떤 자식이 더 밉고 고운 것도 없고 다 내 자식인데 ⋯."

자식에게 업신여김을 당해도 부모는 자식을 미워하지 못한다. 어버이를 모시지 않겠다는 현대판 기로棄老의 시대에도 부모 마음은 한결같다.

고려장高麗葬 설화를 다룬 김형영의 〈따뜻한 봄날〉에서 아들은 꽃구경 가자며 어머니를 업고 산길을 나선다.

어머니, 꽃구경 가요

제 등에 업히어 꽃구경 가요

세상이 온통 꽃 핀 봄날
어머니 좋아라고
아들 등에 업혔네

마을을 지나고
들을 지나고
산자락에 휘감겨
숲길이 멀어지자
아이구머니나
어머니는 그만 말을 잃었네
봄구경 꽃구경 눈감아 버리더니
한 움큼 한 움큼 솔잎을 따서
가는 길바닥에 뿌리며 가네

어머니, 지금 뭐 하시나요
꽃구경은 안 하시고 뭐하시나요
솔잎은 뿌려서 뭐 하시나요

아들아, 아들아, 내 아들아
너 혼자 돌아갈 길 걱정이구나
산 길 잃고 헤맬까 걱정이구나

—김형영, 〈따뜻한 봄날〉

어머니는 자기가 버려지는 것보다 아들이 혼자 돌아가다 행여 길 잃을 일이 더 걱정스럽다. 불면 날까 쥐면 꺼질까, 모든 것을 내주고도 자식들과 더불어 사는 행복마저 얻지 못하는 우리네 부모들이다. 자식 사랑 아무리 가없어도 영원한 짝사랑인가 보다.

2007.5.7

4분의 1의 나와 4분의 3의 당신

김승희 산문선

**내 안의 나와 당신, 그 사이의 거리를 말하다.
시인 김승희가 쓴 여성의 자아에 관한
검고 뜨거운 에세이**

강렬한 언어, 그 시적 에로틱스의 현현을 보여주던
그의 아름다운 시세계 이면에는 혹은 연장에는 검
고 뜨거운 산문들이 늘 함께했었다. 그중에서도 자
아, 여성의 자아와 관련된 글들을 모아 한 권의 선
집으로 꾸렸다. 1984년 《벼랑의 노래》를 시작으로
근작 《그래도라는 섬이 있다》(2007)에서 고루 뽑은
김승희의 산문 39편은 줄곧 그를 좋아한 독자뿐 아
니라 처음 그를 접하는 젊은 세대에게도 그의 진면
모를 보여줄 만한 일대기적 기록이다.

신국판 | 264면 | 14,000원

참외는 참 외롭다

김서령 산문집

신문과 잡지에서 인터뷰 전문기자로 오래 일한 칼
럼니스트 김서령의 산문집. 사라져가는 것들을 위
한 김서령의 성찰! 참-외로움, 그 꿋꿋한 다릿심과
싱그러운 땀내, 청량한 고요를 다시 되찾게 하는
아름다운 글들을 모았다. 사소함 속의 위대함을 발
견하고, 낡은 것의 고결함을 사모하는 저자의 섬세
한 시선은 무미해진 당신의 일상을 다시 값지게 만
들어 줄 것이다.

신국판 | 424면 | 18,000원

체념의 조형

김우창 문학선

《체념의 조형》은 문학뿐 아니라 역사, 정치, 예술, 철학 등 인문학 전반을 아우르는 무변광대(無邊廣大)한 김우창의 사유(思惟) 50년의 궤적이다. 문학과 인간과 사회에 대한 깊이 있는 성찰을 행하는 이 책은 한국문학사에서 고전으로 길이 남을 것으로 평가된다. 《체념의 조형》은 다시 출간하는 나남 문학선의 첫 번째 책으로, 이는 문학에 쉬이 접근할 수 있는 수단으로 활용되어, 문학과 담을 쌓았던 현대인들에게 다시금 참된 문학을 일깨우는 장을 열 것이다.

신국판 | 752면 | 32,000원

흰 나무 아래의 즉흥

김승희 문학선

시적 언어의 에로틱스, 그 찰나의 눈부신 현현! 문학인생 40년, 김승희 시세계의 정수를 만나다.

등단 40주년을 기념하며 김승희 문학선이 출간되었다. 초기 시인의 시편을 지배하던 강렬한 태양, 불과 물, 초현실주의적 신화 이미지들은 뚜렷이 구분되는 김승희만의 문학세계를 창조하였고, 이후 점차 현실과 밀착하면서 일상과 여성, 문명과 자본주의와 같은 키워드로 그 외연을 확대해나갔다. 이 책에 실린 200편가량의 시편들과 세 편의 소설은 시인이 자선(自選)한 것으로, 김승희의 시세계와 그 변화, 성장을 들여다보는 데에 부족함이 없다.

신국판 | 608면 | 28,000원

《상상력에 엔진을 달아라》
임헌우 교수의 7년 만의 신작!

스티브를 버리세요

임헌우 (계명대 교수) 지음

이것으로 당신의 마음은 한없이 뜨거워질 것이다.

올컬러 344면
값 14,900원

미래가 깜깜하고 힘들어 잠 못 드는 날이 많아졌다.
그러다 침대 맡에서 우연히 펴 본 이 책은 나에게
질문을 던지는 것 같았다. 너는 지금 행복하냐고,
잘 살고 있냐고.
– 이지윤

참 많이 펼쳤다 덮었다. 때로는 따끔했고, 때로는
먹먹했고, 때로는 따뜻했다. 떠밀려 가는 현실 속에서
나의 좌표를 잃고 살았다. 하지만 이제 그 좌표를
이제 바라볼 용기가 생겼다. 물론 쉽지 않겠지만–
–주미정

나남
nanam
Tel : 031-955-4601
www.nanam.net

상상력에 엔진을 달아라

임헌우 지음

올컬러 값 18,000원

교보문고 63주간 베스트셀러 정치/사회 부문

〈조선일보〉 선정 문화계 30인이 고른 추천도서 30종
2007. 9. 13.〈조선일보〉

'선생님이 권하는 여름방학 추천도서' 30권 선정
책으로 따뜻한 세상 만드는 교사들

'손에 잡히는 책 – 그 아이디어, 정말 놀라워라.'
2007. 5. 14.〈국민일보〉

죽기 전에 꼭 읽어야 할 책 100선,
대학생이 꼭 읽어야 할 책 100선 2012. 네이버 검색

나남 Tel:031-955-4601
nanam www.nanam.net

다큐멘터리 차이나

고희영 지음

여성 다큐작가의 섬세한 눈으로 클로즈업한 중국 서민들의 인사이드 스토리! '세계의 공장'에서 'G2 국가'로 도약하기까지 중국인들의 눈물과 웃음을 담다!

우리는 이웃나라 중국에 대해 얼마나 알고 있을까? '문화대혁명', '세계의 공장', 'G2 국가' 등 파편적 이미지로만 파악하고 있지 않은가?《다큐멘터리 차이나》는 이러한 피상적 이해에서 오는 오해와 편견을 깨고 현대 중국의 진정한 모습을 발견할 수 있도록 도와준다. 〈그것이 알고 싶다〉와 〈뉴스추적〉에서 메인작가로 활동했던 저자는 10년간 중국에서 살며 인구의 99%를 차지하는 평범한 서민들의 삶과 그 삶 속에 흐르는 꿈과 사랑 그리고 아픔을 클로즈업한다.

크라운판 변형 | 304쪽 | 20,000원

산시, 석탄국수

서명수 지음

중국 누들로드의 시작 산시(山西) 그 화려한 국수문화의 숨은 조력자 석탄(煤炭) 중국의 지난 백년을 알고 싶다면 상하이를, 천년을 알고 싶다면 베이징을 보라. 그러나 당신이 중국의 3천 년이 궁금하다면 산시를 보라!

산시사람들이 즐겨하는 말처럼 중국 3천 년 역사가 산시의 이야기와 궤를 같이한다. 국수, 석탄, 그리고 산시사람. 이 책은 이 세 가지 키워드를 중심으로 독자들에게 산시를 소개한다. 중국전문기자인 저자가 직접 산시 곳곳을 누비며 취재한 이야기들은 산시의 과거와 현재, 미래는 물론이고 정치와 경제, 역사와 평범한 산시사람의 일상까지 살아 움직이듯 생생한 산시의 이야기들을 통해 독자들은 산시와 중국의 3천 년과 나아가 현재의 중국을 만날 것이다.

신국판 | 226면 | 15,000원